Q&A
労基署調査への法的対応の実務

弁護士法人デイライト法律事務所
宮﨑　晃　西村裕一
鈴木啓太　森内公彦 著

中央経済社

はじめに

　近年，労働基準監督署による企業の監督や取締りが強化され，話題を呼んでいます。

　労働基準監督署は，企業が労働基準法等の法令に違反していないかを調査するため，事業場に強制立入調査し，違反があれば是正勧告書を交付して改善を促すという役割を担っています。また，悪質，重大な法違反がある場合は，その企業の経営者等の刑事責任を追及するため，検察庁に送検しています。

　これまで労働基準監督署の職員である労働基準監督官の重点ターゲットは，建設現場の作業員や長時間運転のトラック運転手といったブルーカラー層が定番でした。労働者の命に関わる安全管理の観点から監督指導するのが伝統的な職務内容でした。

　ところが，現在，労働基準監督署のターゲットがホワイトカラー層に向けられています。

　すなわち，2014年11月に過労死等防止対策推進法が施行され，政府は，長時間労働の是正を強力に推進しております。

　また，2015年には「かとく」（過重労働撲滅特別対策班）を設置し，長時間の時間外労働が疑われる事業所に立ち入って，調査・指導や摘発を行うようになりました。同年7月，靴販売大手ABCマートが従業員に不適切な残業をさせていたとして，同社と役員・店長を書類送検した事案は，メディアによって報道され，全国の注目を集めました。

　さらに，大手広告代理店電通の過労自殺問題を受け，2016年12月，違法な長時間労働を放置する企業の社名公表基準を厳しくし，これまでの「1か月100時間超」から「1か月80時間超」へ拡大しました。これらの取締りの強化を実行するために，政府は，労働基準監督官を増員する方針を固めています。

　これらの取締りの強化は，各企業や企業をサポートする士業にとってとても気になる問題です。

　ところが，多くの企業は労働基準監督官の職務内容と権限，強制立入調査の進み方，調査への対応方法等について，十分に認識していないのが現状です。また，労働基準監督署への対応について，企業に的確に助言できる専門家も多くありません。

このような社会的状況を背景として，出版社から労働基準監督署への対応に関する書籍発刊の提案を受け，この度，執筆することとなりました。

　本書は，使用者側の労働問題に注力する弁護士4名が労働基準監督署への法的な対応について，企業法務担当者，弁護士や社会保険労務士等の専門家に問題解決の指針を与えるべく著作したものです。「ある日突然，労働基準監督署の調査にあったとき，企業はどのように対応すべきか。」「弁護士や社会保険労務士等の専門家はどのようにして経営者をサポートすべきか。」を念頭に置いて，執筆しています。

　企業法務担当者及び専門家等が実務で使いやすいように，論述は，Q＆Aの設問方式にして問題点の把握をできる限り容易にし，裁判例や行政通達をできる限り紹介しています。また，実務で使用する書式（労働基準監督署からの通知文書のサンプル，是正報告書のサンプルなど）を多く示し，法律の素人の方にも理解しやすいように，できるだけ図表を活用しています。

　これにより，本書は，労働基準監督署対応に苦慮する，企業法務担当者等のハンドブックの役割を果たしています。

　もっとも，企業が置かれた状況は様々であり，具体的な対応は臨機応変に変えなければなりません。この本をひとつの参考にしていただき，各企業が顧問弁護士や社会保険労務士にご相談するなりして対策を立てていただければと思います。

　不備な点，十分に詰められていない点もあろうかと思いますが，本書が不要な労使トラブルを未然に防止し，企業の持続的な成長のお役に立てれば，望外の喜びです。

　最後に，本書の執筆につきましては，出版の企画段階から刊行に至るまで，中央経済社の露本敦さんに大変お世話になりました。心から感謝いたします。

2017年5月

弁護士　宮　﨑　　晃

目　　次

第1章　労基署と労働基準監督官

Q1−1　労基署（労働基準監督署）とは ……………………………… 2

Q1−2　労基署の業務 …………………………………………………… 6

Q1−3　労働基準監督官の権限と職務 ……………………………… 8

Q1−4　司法警察員としての職務 ……………………………………… 10

第2章　強制立入調査の進み方

Q2−1　臨検監督の目的と種類 ………………………………………… 16

Q2−2　臨検監督の通知 ………………………………………………… 18

　【書式1　労基署への来所依頼書】　20

　【書式2　立入調査の通知書】　21

Q2−3　定期監督の対象 ………………………………………………… 22

Q2−4　定期監督の進み方と実施状況 ……………………………… 28

Q2−5　調査の拒否 ……………………………………………………… 31

Q2−6　申告監督の対象 ………………………………………………… 33

Q2−7　申告監督の進み方と実施状況 ……………………………… 35

　【書式3　申告監督の通知書】　36

Q2−8　労働災害の災害調査・災害時監督の対象・進み方 ………… 40

Q2−9　災害調査・災害時監督への対応 …………………………… 42

　【書式4　労災事故発生報告書】　45

　【書式5　労働者死傷病報告書】　46

Q2−10　災害調査・災害時監督の拒否 ……………………………… 47

第3章　是正勧告への対応

Q3-1　是正勧告書 ·· 52
【書式6　是正勧告書】　53

Q3-2　指導票 ··· 54
【書式7　指導票】　55

Q3-3　使用停止処分 ·· 57
【書式8　使用停止命令書】　59

Q3-4　行政指導段階におけるブラック企業の公表 ··············· 58

Q3-5　再監督 ··· 62

Q3-6　是正報告書の提出 ·· 64
【書式9　是正報告書】　66

Q3-7　ケースで考える労基署調査の実際
　　　　　―申告監督における弁護士の活用 ··················· 67

第4章　労基署調査で問題となる違反―就業規則

Q4-1　労基署の重点監督項目 ···································· 74

Q4-2　「かとく」の取締対象 ····································· 77

Q4-3　就業規則で定める事項 ···································· 78

Q4-4　従業員への周知 ·· 82
【書式10　就業規則届出書】　83
【書式11　意見書】　84

Q4-5　非正規社員の就業規則 ···································· 87

Q4-6　労使協定の違反 ·· 88

Q4-7　労働者名簿の違反 ·· 90

目　次　**3**

Q4－8	賃金台帳の違反 ……………………………………… 92
Q4－9	労働関係の重要な書類 ………………………………… 94
Q4－10	労働条件明示義務 ……………………………………… 96
【書式12	雇用契約書】　99

第5章　労基署調査で問題となる違反 ―長時間労働・未払賃金

Q5－1	調査対象 ………………………………………………… 102
【書式13	三六協定届出書】　104
Q5－2	休憩時間の違反 ………………………………………… 108
【書式14	一斉休憩の適用除外に関する協定書】　111
Q5－3	法定休日の違反例 ……………………………………… 114
【書式15	監視・断続的労働に従事する者に対する適用除外許可申請書 （様式第14号（第34条関係））】　119
Q5－4	固定残業代の違反 ……………………………………… 120
【書式16	固定残業代制の規定例】　126
Q5－5	年俸制の固定残業代 …………………………………… 126
Q5－6	歩合給の固定残業代 …………………………………… 129
Q5－7	管理監督者と未払賃金 ………………………………… 131
Q5－8	変形労働時間制 ………………………………………… 137
Q5－9	フレックスタイム制 …………………………………… 142
【書式17	フレックスタイム制の就業規則】　144
【書式18	フレックスタイム制の労使協定】　144
Q5－10	みなし労働時間制 ……………………………………… 146
Q5－11	最低賃金の違反 ………………………………………… 153

| 第6章 | 労基署調査で問題となる違反—退職・解雇 |

Q6-1	解雇事例への労基署の関与 ……………………………………… 160
Q6-2	解雇理由の証明 …………………………………………………… 163
【書式19	解雇理由証明書】 165
Q6-3	在職中の賃金・退職金の支払 …………………………………… 166
Q6-4	療養中の従業員の解雇 …………………………………………… 168
Q6-5	精神不調者の解雇 ………………………………………………… 170

| 第7章 | 労基署調査で問題となる違反—休暇 |

Q7-1	時季変更権 ………………………………………………………… 174
Q7-2	パート労働者の年次有給休暇 …………………………………… 176
Q7-3	計画年休の導入 …………………………………………………… 178
【書式20	計画年休の就業規則】 179
Q7-4	計画年休と労使協定 ……………………………………………… 180
【書式21	計画年休の労使協定(一斉付与の例)】 182

| 第8章 | 労基署調査で問題となる違反
—女性・年少者・外国人 |

Q8-1	女性労働者への配慮 ……………………………………………… 186
Q8-2	マタニティ・ハラスメント ……………………………………… 193
Q8-3	年少者の雇用 ……………………………………………………… 195
Q8-4	外国人労働者と労働法 …………………………………………… 199

目　次　**5**

Q8－5	外国人従業員の労働保険 ………………………………………… 201
Q8－6	不法就労 ……………………………………………………………… 203
Q8－7	外国人技能実習生 ………………………………………………… 206

第9章 労基署調査で問題となる違反 ―労働安全衛生法

Q9－1	労働安全衛生法の違反例 ………………………………………… 212
【書式22】	総括安全衛生管理者・安全管理者・衛生管理者・産業医選任報告	217
Q9－2	ストレスチェックに対する違反 ……………………………… 219
【書式23】	質問票（職業性ストレス簡易調査票）　222
【書式24】	労基署への報告書書式　225
Q9－3	受動喫煙に対する対策 …………………………………………… 226
Q9－4	元請・下請間の違反例 …………………………………………… 228
Q9－5	労災かくし ………………………………………………………… 231
Q9－6	健康診断 …………………………………………………………… 235
【書式25】	健康診断個人票（雇入時）　238
【書式26】	定期健康診断報告書　239
Q9－7	過労死に関する問題 ……………………………………………… 240
Q9－8	リスクアセスメント実施 ………………………………………… 246

第10章 労基署調査で問題となる違反 ―労働者派遣

| Q10－1 | 労働者派遣の法律関係 …………………………………………… 250 |
| Q10－2 | 労災保険給付請求 ………………………………………………… 254 |

| Q10−3 | 派遣可能期間制限 ··· | 256 |

| Q10−4 | 派遣労働者への安全衛生教育 ································· | 262 |

| Q10−5 | 申込みみなし制度 ··· | 265 |

| Q10−6 | 派遣労働者の懲戒処分 ·· | 269 |

| Q10−7 | 偽装請負 ·· | 271 |

第11章　刑事責任の追及と対応

| Q11−1 | 刑事責任追及の流れ ··· | 278 |

| Q11−2 | 送検される場合 ·· | 281 |

| Q11−3 | 送検をされないための対応方法 ······························ | 286 |

| Q11−4 | 刑事責任の主体 ·· | 288 |

第12章　労働災害の法的責任と対応

| Q12−1 | 労働安全衛生法の違反による刑事責任 ····················· | 292 |

| Q12−2 | 業務上過失致死傷罪による刑事責任 ························· | 295 |

| Q12−3 | 労災保険 ·· | 297 |

| Q12−4 | 労災保険の補償範囲 ··· | 302 |

【書式27　療養補償給付たる療養の給付請求書　303】

| Q12−5 | 通勤災害 ·· | 308 |

| Q12−6 | 民事上の損害賠償責任 ·· | 310 |

事項索引／318

判例索引／321

〔法令名等略語〕

安衛法	労働安全衛生法
安衛則	労働安全衛生規則
育児・介護休業法	育児休業，介護休業等育児又は家族介護を行う労働者の福祉に関する法律
行訴法	行政事件訴訟法
均等法	雇用の分野における男女の均等な機会及び待遇の確保等に関する法律
刑訴法	刑事訴訟法
厚組規則	厚生労働省組織規則
公通法	公益通報者保護法
公労法	公共企業体等労働関係法
国公法	国家公務員法
個別労働紛争解決促進法律	個別労働関係紛争の解決の促進に関する法律
最賃法	最低賃金法
障害者雇用促進法	障害者の雇用の促進等に関する法律
職安法	職業安定法
設置法	厚生労働省設置法
地公法	地方公務員法
独禁法	私的独占の禁止及び公正取引の確保に関する法律
派遣法	労働者派遣事業の適正な運営の確保及び派遣労働者の保護等に関する法律
派遣規則	労働者派遣事業の適正な運営の確保及び派遣労働者の保護等に関する法律施行規則
民執法	民事執行法
民訴法	民事訴訟法
民保法	民事保全法
労委規則	労働委員会規則
労基法	労働基準法
労基則	労働基準法施行規則
労契法	労働契約法
労災保険法	労働者災害補償保険法
労審法	労働審判法
労審規則	労働審判規則
労組法	労働組合法
労組施令	労働組合法施行令
労調法	労働関係調整法
労保規則	労働者災害補償保険法施行規則

8

[判例・命令引用略語]

最大判	最高裁判所大法廷判決
最＊小判（決）	最高裁判所第＊小法廷判決（決定）
＊＊高判（決）	＊＊高等裁判所判決（決定）
＊＊高＊＊支判（決）	＊＊高等裁判所＊＊支部判決（決定）
＊＊地判（決）	＊＊地方裁判所判決（決定）
＊＊地＊＊支判（決）	＊＊地方裁判所＊＊支部判決（決定）
＊＊簡判	＊＊簡易裁判所判決
中労委	中央労働委員会命令
地労委	＊＊地方労働委員会命令
県（都道府）労委	＊＊県（都道府）労働委員会命令
年月日　基発　号	厚生労働省通達
民（刑）集	最高裁判所判例集民事（刑事）判例集
高民（刑）集	高等裁判所民事（刑事）判例集
下民（刑）集	下級裁判所民事（刑事）裁判例集
労　民	労働関係民事裁判例集
刑裁資	刑事裁判資料
労裁資	労働関係民事行政裁判資料
行　集	行政事件裁判例集
命令集	不当労働行為事件命令集
訟　月	訟務月報
判　時	判例時報
判　タ	判例タイムズ
中　労	中央労働時報
別冊中労	別冊中央労働時報
労経速	労働経済判例速報
労　旬	労働法律旬報
労旬別冊	労働法律旬報別冊
労　判	労働判例

[書籍略語]

菅野	菅野和夫『労働法』（弘文堂，第11版，2016）

労基署と労働基準監督官

Q1-1　労基署（労働基準監督署）とは

労働基準監督署とはどのような組織ですか。

　　労働基準関係法令の実行を確保するために設けられた労働基準監督機関の第一線機関です。

1　労働基準監督機関

(1) 労働基準監督機関の基本的使命

　憲法は，「賃金，就業時間，休息その他の勤労条件に関する基準は，法律でこれを定める」と規定しています（憲法27条2項）。これを受けて，労働基準法（労基法），労働安全衛生法，最低賃金法などの法律が制定され，使用者に対して，さまざまな義務を課しています。

　国は，このような労働関係法令の実効性を確保するため，企業等がこれらの法令をきちんと守っているかをチェックし，違反がある場合は企業等に法令を守ってもらうための適切な措置をとらなければなりません。

[図表1] 労働基準行政の組織

```
        ┌─────────────────┐
        │    厚生労働省    │
        └─────────────────┘
                 │
        ┌─────────────────┐
        │  都道府県労働局  │ ─── 全国47局
        └─────────────────┘
                 │
        ┌─────────────────┐
        │  労働基準監督署  │
        └─────────────────┘
```

■方面 (監督課) 臨検監督，申告処理，司法警察事務，許可・認定事務など	■安全衛生課 機械，設備の設置等に関する届出審査，安全衛生指導など	■労災課 労災補償事務，労働保険の適用・徴収など	■業務課 庶務・経理事務など	全国 321署 及び4支署

（2）労働基準監督機関の組織と事務

　この機能を担うため，労働基準監督機関として，厚生労働省（本省）のほかに，各都道府県に厚生労働省の下部機関として都道府県労働局が置かれ，さらに都道府県労働局の下部機関として当該労働局管内に労働基準監督署が置かれています。

①　厚生労働省（本省）

　厚生労働省の所掌事務は多岐にわたりますが（設置法4条），労働基準監督行政に関する事務は**図表2**のとおりです。

［図表2］厚生労働省の事務

- 労働基準法など労働条件の最低基準の定立
- 法令の適用に当たって労働局，監督署からの随時の疑義照会に対する回答等
- 労働基準監督官の権限行使の全国統一的な運用を確保するための労働局への指導（監察）
- 都道府県を越える広域事案の指導調整
- 全国一斉の監督指導（名ばかり管理職問題についての一斉監督など）の指示
- 労働基準監督官制度（試験，採用，研修など）の運用

②　都道府県労働局

　都道府県労働局は，厚生労働省の指揮監督を受け，厚生労働省の所掌事務の一部を分掌します（設置法21条）。具体的な事務については，**図表3**のとおりです。

[図表3] 都道府県労働局の主な事務

- 監督署に対する年間監督計画の作成方針の指示と作成された計画が適切かどうかの審査
- 監督計画に沿って監督が行われているか，使用停止命令など事業活動への影響の大きい処分が適切に行われているかの確認・指導（監察）
- 署の管轄を越える広域事案の指揮
- 重大・悪質な労働基準関係法令違反の事案の処理方針の指示，地方検察庁との連携

③　労働基準監督署

　労働基準監督署は，都道府県労働局の指揮監督を受け，当該労働局の所掌事務の一部を分掌します（設置法22条）。具体的な事務については，**Q1-2**（図表4）のとおりです。

2　労働基準監督署

(1) 労働基準監督署とは

　労働基準監督署とは，労働基準法その他の労働関係法令に基づき，事業場に対する監督及び労災保険の給付等を行う厚生労働省の第一線機関です。

　労働基準監督署は全国に321署と4つの支署があります。通常は略称として，労基署，労基，監督署などと呼ばれています。したがって，本書でも，以下「労基署」ということにします。

(2) 労基署の内部組織

　労基署の内部組織は，労働基準法などの関係法令に関する各種届出の受付や，相談対応，監督指導を行う「方面」（監督課），機械や設備の設置に係る届出の審査や，職場の安全や健康の確保に関する技術的な指導を行う「安全衛生課」，仕事に関する負傷などに対する労災保険給付などを行う「労災課」，会計処理などを行う「業務課」から構成されています（署の規模などによって構成が異なる場合があります）。

① 方面（監督課）の主な業務

ア 申告・相談の受付

法定労働条件に関する相談や，勤務先が労働基準法などに違反している事実について行政指導を求める申告を受け付けます。

イ 臨検監督（監督指導）

労働基準法などの法律に基づいて，定期的に，あるいは働く人からの申告などを契機として，事業場（工場や事務所など）に立ち入り，機械・設備や帳簿などを調査して関係労働者の労働条件について確認を行います。その結果，法違反が認められた場合には事業主などに対しその是正を指導します。また，危険性の高い機械・設備などについては，その場で使用停止などを命ずる行政処分を行います。

ウ 司法警察事務

事業主などが，度重なる指導にもかかわらず是正を行わない場合など，重大・悪質な事案については，労働基準法などの違反事件として取調べ等の任意捜査や捜索・差押え，逮捕などの強制捜査を行い，検察庁に送検します。

② 安全衛生課の主な業務

安全衛生課は，労働安全衛生法などに基づき，働く人の安全と健康を確保するための措置が講じられるよう事業場への指導などを行っています。具体的には，クレーンなどの機械の検査や建築工事に関する計画届の審査を行うほか，事業場に立ち入り，職場での健康診断の実施状況や有害な化学物質の取扱いに関する措置（マスクの着用など）の確認などを行っています。

③ 労災課の主な業務

労災課は，労働者災害補償保険法に基づき，働く人の，業務上または通勤による負傷などに対して，被災者や遺族の請求により，関係者からの聴き取り・実地調査・医学的意見の収集などの必要な調査を行った上で，事業主から徴収した労災保険料をもとに，保険給付を行っています。

④ 業務課の主な業務

業務課は，労基署全体の庶務，経理等を担当しています。ここには主に労働事務官が配置されています。

(3) 職員構成

労働基準監督署は，①労働基準監督官，②労働技官，③労働事務官という3種類の職員で構成されています。これを3官制度といいます。

労働基準監督官は，事業場の監督，法令違反の強制捜査，送検等の業務を行っています。監督官は全国に3,200名ほどいます。政府は，大手広告代理店電通の過労自殺問題を受け，違法な長時間労働を厳しく取り締まるために監督官を増員する方針を固めています。

労働技官は，事業場の災害調査，ボイラー検査等の技術的業務を行っています。

労働事務官は，一般事務，会計・経理事務，労災保険事務等の業務を行っています。

〔宮﨑　晃〕

Q1-2　労基署の業務

労働基準監督署はどのような業務を行っているのですか。

事業場に対し監督を行い，労働基準関係法令違反を是正指導し，重大・悪質な事案の場合，送検するなどの業務を行っています。

1　法律による行政の原理

労基署は，厚生労働省の第一線の行政機関です（**Q1-1**参照）。

行政機関である以上，「法律による行政の原理」が働きます。「法律による行政の原理」とは，行政は，行政機関独自の判断で行われてはならず，国民の代表である国会が定めた法律に従ってのみ行われなければならないことをいいます。

行政権という国家権力は，私たち国民の生活に，大きな影響を及ぼします。例えば，税金の徴収に関して，政府が思うまま徴収していたのでは，国民は納得せず，社会は混乱します。そこで，法律による行政の原理というものが必要となります。すなわち，行政は，必ずルールに従って活動しなければなりません。また，そのルール（法律）は，国民が選挙で選んだ国会議員によって作成されなければなりません。これが，「法律による行政の原理」です。

第1章 労基署と労働基準監督官　　7

　したがって，労基署が行うことができる業務についても，法律の根拠が必要となります。

2　労基署の活動の根拠となる法律と所掌事務

　厚生労働省設置法は，労基署の名称，位置，管轄区域，所掌事務及び内部組織については，厚生労働省令で定めると規定しています（設置法22条2項）。

　そして，これを受けて，厚生労働省組織規則は，労基署の所掌事務について，図表4のように規定しています（厚組規則790条）。

［図表4］労基署の所掌事務

①　労働契約，賃金の支払，最低賃金，労働時間，休息，災害補償その他の労働条件に関すること。 ②　労働能率の増進に関すること。 ③　児童の使用の禁止に関すること。 ④　産業安全（鉱山における保安を除く）に関すること。 ⑤　労働衛生に関すること（労働者についてのじん肺管理区分の決定に関することを含み，鉱山における通気及び災害時の救護に関することを除く）。 ⑥　労働基準監督官が司法警察員として行う職務に関すること。 ⑦　政府が管掌する労働者災害補償保険事業に関すること。 ⑧　労働者の保護に関すること。 ⑨　家内労働者の福祉の増進に関すること。 ⑩　前各号に掲げるもののほか，法律（法律に基づく命令を含む）に基づき労働基準監督署に属させられた事務に関すること。

3　労基署の重要な業務

　労基署は，法令に基づき上記の所掌事務を行っていますが，これらを履行するための具体的な活動として，以下の業務が重要となっています。

[図表5] 労基署の重要な業務

- 労働基準監督官が個別事業場に対し監督を行い，労働基準関係法令違反を是正指導
- 労働基準監督官が司法警察員として重大・悪質な労働基準関係法令違反の事案を送検
- 労働者からの申告の受付
- 就業規則，「三六協定」など労使協定の受理・指導

〔宮﨑　晃〕

Q1-3　労働基準監督官の権限と職務

労働基準監督官の権限と業務はどのようなものですか。

　事業所に立ち入り，労基法などの労働関係法令に違反していないかを調査し，法違反があった場合は使用者を逮捕・捜索・送検するなどの権限を有しています。

1　労働基準監督官とは

　労働基準監督官とは，労働基準関係法令に基づいてあらゆる職場に立ち入り，法に定める基準を事業主に守らせることにより，労働条件の確保・向上，働く人の安全や健康の確保を図り，また，労働災害に遭われた人に対する労災補償の業務を行うことを任務とする厚生労働省の専門職員（国家公務員）をいいます。

　この労働基準監督官になるためには，原則として，労働基準監督官試験に合格しなければなりません（労基法99条，労働基準監督機関令1条）。労働基準監督官に任用されると，配置先は，労働基準主管局（厚生労働省の内部部局として置かれる局で労働条件及び労働者の保護に関する事務を所掌するものをいいます），都道府県労働局及び全国の労基署となります（労基法97条1項）。

2　労働基準監督官の行政上の職務権限

　労基署が第一線の監督機関であることから，そこに配置される労働基準監督

官の権限は重要となります。労働基準監督官の職務権限は，労基法をはじめとした労働関係法令に定められています。

労働基準監督官の行政上の職務権限のうち，特に重要なものについては以下のとおりです。

① 労基法上の権限

労基法は，労働基準監督官は「事業場，寄宿舎その他の附属建設物に臨検し，帳簿及び書類の提出を求め，又は使用者若しくは労働者に対して尋問を行うことができる」と規定し（労基法101条1項），労働基準監督官の立入調査に法的な根拠を与えています。

「臨検」という用語から，監督官による立入調査は「臨検」ないし「臨検監督」などと呼ばれています。

「帳簿及び書類」とは，労働者名簿（労基法107条），賃金台帳（同法108条）及び雇入，解雇，災害補償，賃金その他労働関係に関する重要な書類を指します。これらの書類について，使用者には3年間の保存義務があり（同法109条），労働基準監督官から提出を求められた場合は提出しなければなりません。行政解釈によると，これらは磁気ディスクによる保存も認められています（平成7年3月10日基収第94号，平成8年6月27日基発第411号）。

なお，労働基準監督官は臨検の際，身分証明書を携帯しなければなりません（労基法101条2項）。

② 安衛法上の権限

労働安全衛生法にも労働基準監督官の立入調査の根拠となる規定があります。労働基準監督官は，「事業場に立ち入り，関係者に質問し，帳簿，書類その他の物件を検査し，若しくは作業環境測定を行い，又は検査に必要な限度において無償で製品，原材料若しくは器具を収去することができる」と規定されています（安衛法91条1項）。

また，同法は，医師の資格を有する労働基準監督官については，「就業を禁止すべき伝染性の疾病にかかった疑いのある労働者の検診を行なうことができる」と規定しています（安衛法91条2項）。

これらはあくまで行政上の権限であり，犯罪捜査の場合は刑事訴訟法上の手続を踏むことが必要となります。

3　労働基準監督官の司法警察員としての権限

　労働基準監督官は，上記の行政上の職務権限のほか，司法警察員としての職務権限を有しています。

　司法警察員とは，刑事事件の捜査に関して，警察官のような職務を行う行政庁の職員をいいます（司法警察職員について，くわしくは**Q1-4**を参照してください）。

　労働基準監督官は，警察官ではありませんが，労働関係法令違反等の罪に関しては刑事訴訟法に規定する司法警察員としての職務を行うことができるのです。したがって，労働基準監督官には，逮捕（現行犯逮捕・緊急逮捕・令状逮捕），逮捕の際の令状によらない差押え・捜査・検証及び令状による差押え・捜査・検証等の権限があります。また，労働基準監督官は，事件を検察官に対して送致する（いわゆる送検）ことも行っています。

　このように労働基準監督官は，所定の労働関係法令違反に関して強制捜査を行えるという強力な権限を有しています。

　なお，税務調査を行う税務署の税務職員の場合，強制捜査の権限を持っていません。

　したがって，税務調査の税務職員よりも労働基準監督官の方が強力な権限を有しているといえます（税務調査の場合も質問検査を拒否等した場合に罰則はありますが，あくまで任意調査です）。

〔宮﨑　晃〕

Q1-4　司法警察員としての職務

労働基準監督官が行う司法警察員としての職務はどのようなものですか。

　労働基準法などの労働関係法令に違反する罪について，捜査・逮捕・送検する職務を担っています。

1　刑事手続の担い手

　日本における捜査の第一次的な担当者は司法警察職員です。すなわち，刑事訴訟法は，「司法警察職員は，犯罪があると思料するときは，犯人及び証拠を

捜査する」と規定しています（刑訴法189条2項）。同法は，司法警察職員のほかに，検察官や検察事務官にも捜査権限を認めていますが，数から言えば，圧倒的に司法警察職員が多いといえます。

　捜査機関としての司法警察職員は，縦の関係において司法警察員と司法巡査に分けられ（刑訴法39条3項），横の関係において一般司法警察職員と特別司法警察職員に分けられています（同法190条）。

（1）司法警察員と司法巡査

　司法巡査は，司法警察員を補助して個々の事実行為的な捜査を行うことができるにすぎません。

　そのため，司法警察員には与えられているが，巡査には与えられていない権限があります（図表6参照）。

　なお，司法巡査といえども，被疑者や参考人の取り調べ等はなしえます。

［図表6］司法警察員にのみ与えられている権限の例

> ※括弧内は刑訴法の根拠条項
> ① 各種令状請求権（199条2項・218条3項）
> 　ただし，緊急逮捕の場合における逮捕状請求権を除く。
> ② 逮捕された被疑者を釈放又は送致する権限（203条・211条・216条）
> ③ 事件の送致・送付の権限（246条・242条・245条）
> ④ 告訴・告発・自首の受理権限（241条・245条）
> ⑤ 検察官の命により検視する権限（229条2項）

　労働基準監督官は司法警察員であり，上記の権限が与えられていることになります。

（2）一般司法警察職員と特別司法警察職員

　警察庁及び都道府県警察の警察官を総称して，一般司法警察職員といいます（刑訴法189条）。警察法の定めるところに従い，一般的な警察活動を責務としています（警察法2条・17条・30条・36条）。

　一般司法警察職員以外の者で，特別の事項について司法警察職員として捜査の職務を行う特定の行政庁の職員等を総称して特別司法警察職員といいます。

12

この特定の行政庁の職員は，本来の職務を行うに際して犯罪を発見する機会が多く，その犯罪については，その職員の有する職務上の専門知識を活用した方が捜査の実効を期し得る場合が多いことから司法警察職員とされています。

労働基準監督官のほかに，例えば，海上保安官，自衛隊の警務官，麻薬取締官，皇宮護衛官などが該当します。

2 労働基準監督官の司法警察職員としての職務

労働基準監督官は，労働関係法令違反の罪について，特別司法警察職員となります。

例えば，労働基準法は，「労働基準監督官は，この法律違反の罪について，刑事訴訟法に規定する司法警察官の職務を行う」と定めています（労基法102条）。

その他，労働基準監督官が特別司法警察職員としての権限を有する労働関係法令は下図のものがあげられます。

［図表7］特別司法警察職員の権限を有する主な法律

※括弧内は根拠条項

① 労働基準法（102条）
② 労働安全衛生法（92条）
③ 最低賃金法（33条）
④ 賃金の支払の確保等に関する法律（11条）
⑤ じん肺法（43条）
⑥ 家内労働法（31条）
⑦ 炭鉱災害による一酸化炭素中毒症に関する特別措置法（14条）
⑧ 作業環境測定法（40条）

労働基準監督官には，上図の法律に違反する罪については，自ら捜査，逮捕（現行犯逮捕・緊急逮捕・令状逮捕），逮捕の際の令状によらない差押え・捜査・検証及び令状による差押え・捜査・検証等の権限があります。また，事件を検察官に対して送致する（いわゆる送検）ことも行うことができます。

3　検察官との関係

　司法警察職員たる労働基準監督官は，労働関係法令に違反する犯罪があると思料するときは，犯人及び証拠を捜査し，法律に特別の定めがある場合を除き，事件を検察官に送致しなければなりません（刑訴法189条2項・246条）。

　検察官にも捜査権があり，司法警察職員との間の調整を図る必要があるため，検察官には司法警察職員に対する一定の指示権・指揮権が認められています。

　司法警察職員は，この検察官の指示又は指揮に従わなければなりません。

　そのため，労働基準監督官には，いわば2人の上司がいることとなります。1人は日常業務を指揮命令する同じ機関（労基署など）の上司，もう1人は事件の担当検察官です。

〔宮﨑　晃〕

強制立入調査の進み方

Q2-1　臨検監督の目的と種類

労基署が私の企業に調査に来ることになりました。そもそも調査とは何の目的で行われるのですか。また，調査の種類にはどのようなものがありますか。

臨検監督とは，労働基準法をはじめとする各種労働法令が企業で遵守されるようにするために，労基署に与えられた重要な権限の1つです。

その種類としては，定期監督，申告監督，災害時監督，再監督の4つがあります。

1　臨検監督とは

臨検監督とは，労働基準法をはじめとした各種労働法令が遵守されるよう，労働基準監督官が事業場に強制的に立ち入り，事業主の事情聴取や書類の確認等を行うことをいいます。

この臨検監督については，司法警察事務とともに，労基署のうち監督課の業務となっています。

2　臨検監督の種類

臨検監督には，**図表1**のとおり，4つの種類があるとされています。それぞれの特徴については，個別のＱ＆Ａ（定期監督**Ｑ２－３**，申告監督**Ｑ２－６**，災害時監督**Ｑ２－８**，再監督**Ｑ３－５**）をご確認ください。

[図表1]　臨検監督の種類

定期監督	労基署が監督計画に基づいて，事業場を抽出した上で調査を行う方法
申告監督	事業場に勤務する労働者からの具体的な相談を契機として労基署が調査を行う方法
災害時監督	労災事故が発生した場合に，原因を調査するもの
再監督	上記3つの監督後に改善がなされているかを調査するもの

3 臨検監督の一般的な流れ

臨検監督は一般的には，**図表2**のような形で進みます。

[図表2] 臨検監督の流れ

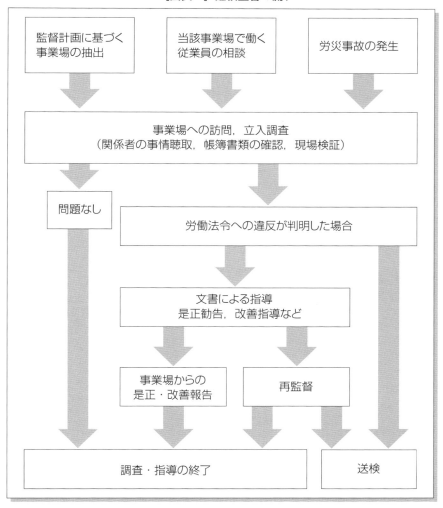

まず、臨検監督の端緒（きっかけ）として、定期監督の場合は、労基署の年間計画に基づいて、対象となる事業場を決定します。また、申告監督の場合には、実際に就労する労働者からの申出、災害時監督の場合には、労災事故の発生が端緒になります。

事業場の調査を決定した場合、次に労働基準監督官が事業場を訪問する日を決定します。そして、事業場で関係者の事情聴取や賃金台帳や就業規則といった書類の確認、災害時監督の場合には、現場検証を行います。

こうした調査により、問題が発見されなければ、特に指導や勧告を受けることなく、労働基準監督官による調査は終了となります。しかしながら、調査により労働法令への違反が判明した場合には、通常は文書による指導、是正勧告が出されます。悪質な事案については、指導や是正勧告を経ることなく、いきなり送検されるケースもあります。

指導や是正勧告が出されると、労基署は一定期間待った上で、事業場の改善状況を確認します。ここで違反状態が是正されていると判断できれば、調査は終了となります。改善が見られない場合には、再度の勧告を行ったり、場合によっては改善の意向が見られないとして送検されることもあり得ます。

〔西村　裕一〕

Q2-2　臨検監督の通知

労基署の調査に先立って、労基署から何か連絡があることはありますか。それとも抜打ちで来るのでしょうか。

　立入調査に先立って、労基署から連絡があるかについては、事案によって異なります。したがって、何の連絡もなく、突然労働基準監督官が事業場に調査に来る、いわゆる抜打調査も行われています。

1　臨検監督の際の通知

臨検監督の流れについては、**Q2-1**で解説しましたが、この臨検監督の開始に先立って、調査対象となった事業場に事前に通知がなされるかどうかについては、事案に応じて異なります。

すなわち、労基署から事前に事業場へ立ち入る旨を通知すると、書類を改ざ

んしたり，破棄したり，関係者同士で口裏合わせをするなどの可能性が生じてしまいます。したがって，事前に通知することで，調査の実効性が確保できないと労基署が判断するケースでは，事前の通知はなく，抜打ちで臨検監督が行われます。

　例えば，時間外労働の実態確認や時間外労働の前提となる36協定の締結の有無の確認，就業規則の備置き状況の確認といった目的で立入調査を行う場合には，事前通知をすると調査の効果が薄いため，抜打ちの場合が多いかと思います。

　他方，事業場に立入調査を行った際に，事情聴取をしなければならない代表者や担当者が不在ということになると，そもそも調査を行うことができなくなります。また，抜打ちで調査に行くと，事業場が関係書類をすぐに提出することはできず，調査に時間と労力が生じることになります。そのため，事情聴取が必要な事案については，立入調査の前に事業場に通知がなされた上で調査に移っていきます。

2　事前通知の方法

　事前通知の方法については，調査を担当する労働基準監督官が事業場に対して，電話をしたり，FAXや郵便で書類を送付したりすることで行われます。

　書面による通知の場合には，**書式1**や**書式2**のような書面が届きます。書式1は，労基署への来所を依頼する書類，書式2は事業場へ労働基準監督官が調査に入る旨の書類です。これらの書類には，調査日時，調査場所，調査に当たって準備しておく書類や問い合わせ先が記載されています。

3　通知があった場合の対応

　臨検監督に先立って，事前に通知がなされた場合には，通知書の内容を確認して，何の調査なのかを把握しておく必要があります。その上で調査予定日が対応できなかったり，準備期間が確保できないような場合には，あらかじめ担当する労働基準監督官に連絡して日程の変更を申し出ることも検討します。

　特に，申告監督の場合には，労働者側から具体的な相談がなされているため，使用者としても関係書類の確認や関係者からの聞き取りを通じて，事実関係の確認を行っておく必要があります。

　そして，調査期日には弁護士や社労士といった専門士業に立ち会ってもらう

20

などの対策を講じることも重要です。弁護士が立ち会うことにより，労働基準監督官としても，弁護士と協議をすることで調査を円滑に進めようという要素が働き，弁護士が介入しないケースと比べて，スムーズに調査が進むことが多いです。

したがって，労基署から通知が来た場合には，弁護士や社労士に相談すべきでしょう。

【書式1　労基署への来所依頼書】

　　　　　　　　　　　　　　　　　　　　　　　　○○労基署発第○号
　　　　　　　　　　　　　　　　　　　　　　　　平成○年○月○日

　　○○株式会社代表者　　殿

　　　　　　　　　　　　　　　　　　　　　　○○労働基準監督署長　　印

　　　　　　　　　労働条件の調査について

　　平素より労働基準監督行政の運営につきまして，御理解と御協力をいただき感謝申し上げます。

　　昨今，労働者が安心して働くことのできる労働条件の整備，確保を図ることがますます重要となっております。そのため，当署では，法定労働条件の確保を主眼とした調査を実施することにいたしました。

　　つきましては，下記日時に当署へ御来所くださるようお願いいたします。

　　　　　　　　　　　　　　　記

1　日時　平成○年○月○日午前○時
2　担当官　○○労働基準監督官
3　持参書類
　（1）本状及び来庁者の印鑑
　（2）労働者名簿
　（3）就業規則その他の社内規則
　（4）賃金台帳及び給与明細書等の賃金関係書類
　（5）・・・
4　やむを得ない事情で当日御来所できない場合には，あらかじめご連絡ください。
　　　　　　　　　　　　　　　　　　　　　　　　　　　　　　　以上

第2章　強制立入調査の進み方　　*21*

【書式2　立入調査の通知書】

平成○年○月○日

○○株式会社
代表取締役○○　殿

○○労働基準監督署
労働基準監督官　　○○

労働時間適正化のための監督の実施について

　平素より労働基準監督行政の運営につきまして，御理解と御協力をいただき感謝申し上げます。

　さて，当署におきましては，労働時間の適切な管理の促進を図るために事業場に対し監督指導を行っておりますが，この度，貴事業場に対して監督を実施することとなりました。

　つきましては，下記日時に本職が貴事業場に趣き，労働時間の管理状況について調査させていただきます。調査に当たっては，下記書類等をご準備いただくようお願いいたします。なお，下記日時に不都合がございましたら，本職までご連絡ください。

記

1　日時　平成○年○月○日午前○時
2　ご準備いただく書類
　（1）就業規則，雇用契約書及び労働条件通知書
　（2）時間外・休日労働に関する協定書
　（3）タイムカードなど労働時間管理関係書類
連絡先
　〒○○○−○○○○　○○市・・・・
　ＴＥＬ　○○○−○○○−○○○○（担当　○○）

以上

〔西村　裕一〕

Q2-3 定期監督の対象

定期監督ではどのような点が調査の対象となっているのでしょうか。

　定期監督では，毎年重点事項が定められ，当該計画に従って，調査を行っています。平成29年度は，長時間労働に対する監督の強化や第三次産業や陸上貨物運送業での労災事故防止などとなっています。

1　定期監督とは

定期監督とは，労基署の臨検監督のうち，厚生労働省で毎年春に作成される方針に基づいて，対象となる事業場を選別した上で行うものです。その意味では，実際の労働者からの労働法令違反についての相談によって行われる申告監督や労働災害が発生してから行われる災害時監督と違い，日頃から労基署が調査を行うことで，未然に労働法令違反による弊害の発生を防止する，あるいは最小限に抑える目的でなされる調査と位置づけることができます。

2　定期監督の対象

上述のとおり，定期監督の前提となる方針は，毎年4月の年度初めに厚生労働省が全国の都道府県労働局長宛てに行政通達という形で出しています。これは，「地方労働行政運営方針」と呼ばれるもので，労働行政を取り巻く情勢やその年での課題，行政機関としての基本的な対応指針や重点施策が記載されています。

各都道府県労働局は，厚生労働省が示す全国的な方針を踏まえて，それぞれの地域で特に重視する項目などを決定し，実際に定期監督を進めていきます。

3　平成28年の重点事項

平成28年度の労働基準監督行政における重点事項は図表3のとおりでした。

対象の事項としては，働き過ぎ防止に向けた取組みの推進がまず挙げられており，具体的には，「適切な労働時間管理及び健康管理に関する窓口指導，監督指導等を徹底する」と定められています。そして，「特に，各種情報から時間外労働時間が1か月当たり100時間を超えていると考えられる事業場や長時

間にわたる過重な労働による過労死等に係る労災請求が行われた事業場に対して，引き続き監督指導を徹底する」とされており，100時間を超える時間外労働が行われている事業場は監督の対象となる可能性が高かったはずです。

賃金不払については，「重大又は悪質な事案に対しては，司法処分を含め厳正に対処する。」と示されており，最低賃金違反や多数の労働者への賃金不払の事案は，送検されることも十分にあり得ます。実際に，福岡労働基準監督署平成28年2月24日の事案では，派遣事業を営む法人が労働者5名に最低賃金法以下の賃金しか支払っていなかった事案について，法人はもとより代表者個人も送検されています。

また，注力業種として，平成28年度は自動車運転者が第一に挙げられていました。したがって，運送業を定期監督の主な対象に据えていたと考えられます。その他にも，介護労働者や派遣労働者，医療機関の労働者にも言及されています。社会福祉事業や派遣の多い建設業，看護師の夜勤といった交代勤務の多い医療機関の調査を念頭に置いていたと思われます。

労災事故については，方針の中で第三次産業，とりわけ社会福祉施設を最重点業種としており，小売業や飲食業にも言及されています。

このように，その年の厚生労働省の地方労働行政運営方針を紐解くことで，労基署がどの分野を調査するかという重点項目や対象業種がわかります。

［図表3］ 平成28年度地方労働行政運営方針の概要
(労働基準監督行政の部分を抜粋)

（1）雇用環境改善の推進
（2）働き過ぎ防止に向けた取組の推認
　ア　長時間労働の抑制及び過重労働による健康障害防止に係る監督指導等
　イ　過労死等防止対策の推進
（3）労働条件の確保・改善対策
　ア　法定労働条件の確保等
　　（ア）法定労働条件の確保等
　　（イ）賃金不払残業の禁止
　　（ウ）若者の「使い捨て」が疑われる企業等への取組
　　（エ）未払賃金立替払制度の迅速かつ適切な運営
　イ　特定の労働分野における労働条件確保対策の推進

（ア）自動車運転者

　　（イ）障害者

　　（ウ）外国人労働者・技能実習生

　　（エ）介護労働者

　　（オ）派遣労働者

　　（カ）医療機関の労働者

　　（キ）パートタイム労働者

　ウ　労働時間法制の見直し内容の周知

　エ　「労災かくし」の排除に係る対策の一層の推進

（4）最低賃金制度の適切な運営

（5）労働者が安全で健康に働くことができる環境づくり

　ア　労働災害を減少させるための業種横断的な取組

　　（ア）転倒災害防止対策

　　（イ）交通労働災害防止対策

　　（ウ）非正規雇用労働者等対策

　イ　労働災害を減少させるための重点業種別対策

　　（ア）第三次産業

　　（イ）製造業

　　（ウ）建設業

　　（エ）陸上貨物運送事業

　ウ　化学物質による健康障害防止対策

　エ　職場におけるメンタルヘルス・健康管理対策

　オ　石綿健康障害予防対策

　　（ア）建築物解体における石綿ばく露防止対策の推進

　　（イ）石綿の輸入禁止の徹底等

　カ　職業性疾病等の予防対策

　　（ア）熱中症予防対策

　　（イ）じん肺予防対策

　キ　受動喫煙防止対策

　ク　安全衛生優良企業公表制度の周知

（6）労災補償の迅速・適切な処理等

　ア　労災保険給付の迅速・適正な処理

　　（ア）標準処理期間内の迅速・適正な事務処理等

　　（イ）脳・心臓疾患事案及び精神障害事案に係る迅速・適正な処理

第2章　強制立入調査の進み方　　25

　　（ウ）石綿救済制度等に係る周知徹底及び石綿関連疾患の請求事案に係る迅
　　　　速・適正な処理
　　（エ）マイナンバーの適切な取扱い
　　イ　休業（補償）給付と障害厚生年金等の併給調整の確実な実施
　　ウ　労災診療費の支払の適正化
　　　（ア）労災診療費の適正払いの徹底
　　　（イ）労災診療費算定基準改定に係る対応
　　エ　第三者行為災害に係る適正な債権管理等
　　オ　行政争訟に当たっての的確な対応
（7）署の窓口サービスの向上，各種権限の公正かつ斉一的な行使
（8）社会保険労務士制度の適切な運営
（9）家内労働対策の推進
　　ア　最低工賃の新設・改正の計画的推進及び周知の徹底
　　イ　家内労働法の履行確保

4　平成29年度の重点事項

　そして，今年度（平成29年度）の重点事項についても発表されましたが，**図
表4**のとおりとなっています。平成28年と大幅な変更はありませんが，労働災
害について，陸上貨物運送事業が建設業などより先に言及されていたり，長時
間労働についてはより厳しく対応していくことが盛り込まれていたりと気をつ
けるべきポイントを把握することができます。こうした方針を踏まえて，自社
の労務管理に問題点がないかセルフチェックをされることをお勧めします。制
度が未整備の場合には，社労士や弁護士に相談するのが賢明です。

［図表4］平成29年度地方労働行政運営方針の概要
（労働基準監督行政の部分を抜粋）

（1）「働き方」の推進などを通じた労働環境の整備・生産性の向上
　　ア　仕事と生活の調和の実現
　　　（ア）長時間労働の抑制及び過重労働による健康障害防止に係る監督指導等
　　　（イ）労働者の適正な把握のために使用者が講ずべき措置に関するガイドラ
　　　　インの周知・徹底

（ウ）過労死等防止対策の推進

イ　労働条件の確保・改善対策

（ア）法定労働条件の確保等

a　基本的労働条件の確立等

b　賃金不払残業の防止

c　若者の「使い捨て」が疑われる企業等への取組

d　未払賃金立替払制度の迅速かつ適正な運営

（イ）特定の労働分野における労働条件確保対策の推進

a　自動車運転者

b　外国人労働者，技能実習生

c　障害者

d　介護労働者

e　派遣労働者

f　医療機関の労働者

g　パートタイム労働者

（ウ）労働時間法制の見直し内容の周知

（エ）「労災かくし」の排除に係る対策の一層の推進

ウ　最低賃金制度の適切な運営（最低賃金額の周知徹底等）

（2）労働者が安全で健康に働くことができる職場づくり

ア　治療と仕事の両立支援

（ア）企業文化の抜本改革

（イ）企業と医療機関との連携強化及び患者に対する相談の充実

イ　第12次労働災害防止計画の最終年度における労働災害を防止するための
安全対策

（ア）重点業種への取組

a　第三次産業

b　陸上貨物運送事業

c　製造業

d　建設業

（イ）労働災害防止に係る業種横断的対策に当たっての留意事項

a　転倒災害防止対策

b　交通労働災害防止対策

c　非正規雇用労働者等対策

ウ　第12次労働災害防止計画の最終年度における労働者の健康確保のための

取組
（ア）化学物質による健康障害防止対策
（イ）職場におけるメンタルヘルス・健康管理対策
 a メンタルヘルス対策の推進
 b 労働者の健康管理対策の推進
 c 小規模事業場への支援の周知，利用勧奨
（ウ）石綿健康障害予防対策
 a 建築物解体における石綿ばく露防止対策の推進
 b 石綿の製造禁止の徹底等
（エ）職業性疾病等の予防対策
 a 熱中症予防対策
 b じん肺予防対策
（オ）受動喫煙防止対策
エ 労働安全衛生行政の運営に係るその他の業務について
（ア）安全衛生優良企業公表制度の周知
（イ）ボイラー等の製造時等検査の登録機関への移行
（ウ）安全衛生教育等の推進について
（3）労災補償の迅速・適切な処理等
ア 労災保険給付の迅速・適正な処理
（ア）過労死等事案に係る迅速・適正な処理
（イ）石綿救済制度等に係る周知徹底及び石綿関連疾患の請求事案に係る迅速・適正な処理
（ウ）請求人等への懇切・丁寧な対応
（エ）マイナンバー制度への適切な対応
イ 労災補償業務の効率化
（ア）相談員等の積極的活用
（イ）職員等の能力向上を図るための効果的な研修の実施
（4）署の窓口サービスの向上，各種権限の公正かつ斉一的な行使
（5）社会保険労務士制度の適切な運営
（6）家内労働対策の推進
ア 最低工賃の新設・改正の計画的推進及び周知の徹底
イ 家内労働法の履行確保

〔西村 裕一〕

Q2-4　定期監督の進み方と実施状況

定期監督はどのような流れで進んでいくのでしょうか。また，労基署の調査の件数などはどういった状況でしょうか。

　対象とする事業場を決定した上で，抜打調査を行うか，事前通知の上で立入調査に入るかといった調査方法を決定して，書類確認や事情聴取といった調査を行っていきます。平成27年は13万3,116件の調査が実施されています。

1　定期監督の流れ

Q2-3で解説した厚生労働省の地方労働行政運営方針及びこれに基づいて作成される各都道府県の労基署の監督計画に基づいて，調査をする事業場を決定します。

そして，決定した事業場に対して，どのような形で調査を行うのかを検討します。すなわち，抜打調査にするのか，事前に通知した上で事業場に立入調査に行くのか，事業場の担当者を労基署に来署してもらう形で行うのかという方法を選択します。

抜打調査以外の場合には，文書により通知するケースが多いですが，事業場に電話をしてアポイントをとることもあります（詳細は**Q2-2**を参照してください）。

そして，実際の調査では，就業規則や労働者名簿，賃金台帳や雇用条件通知書，三六協定などの各種労使協定届といった書類の点検や事業場で勤務する労働者や代表者からの聞き取りを行って，労働法令違反の事実がないかどうかをチェックしていきます。

2　定期監督の実施状況

平成27年に全国の労基署で行った監督の件数は，図表5のとおり，16万9,236件にのぼり，定期監督（災害時監督を含む）はそのうち13万3,116件を占めています（78.7％）。

調査対象業種ですが，建設業が4万5,424件（34.1％），製造業が3万5,713件（26.8％），商業1万7,676件（13.3％），保健衛生業8,414件（6.3％），接客接待業

6,480件（4.9％）となっています（**図表6**）。災害時監督を含めていることもあるとは思いますが，建設業や製造業といった業種で全体の60％を占めていることがわかります。平成26年と平成27年では対象業種の比率に大きな差異はありません。

[図表5] 監督件数と内訳（平成26年，平成27年）

平成26年

定期監督（災害時監督を含む）	12万9,881件（78.0％）
申告監督	2万2,430件（13.5％）
再監督	1万4,138件（8.5％）
合計	16万6,449件

平成27年

定期監督（災害時監督を含む）	13万3,116件（78.7％）
申告監督	2万2,312件（13.1％）
再監督	1万3,808件（8.2％）
合計	16万9,236件

[図表6] 調査対象業種（平成26年，平成27年）

平成26年

建設業	4万5,837件（35.3％）
製造業	3万3,512件（25.8％）
商業	1万8,346件（14.1％）
保健衛生業	7,523件（5.6％）
接客娯楽業	6,696件（5.2％）

平成27年

建設業	4万5,424件（34.1％）
製造業	3万5,713件（26.8％）
商業	1万7,676件（13.3％）
保健衛生業	8,414件（6.3％）
接客娯楽業	6,480件（4.9％）

3 違反状況

こうした定期監督によって，何らかの労働法令違反の違反が発見されるケースが平成27年は9万2,034件に上っています。この数字は，定期監督の全調査件数の69.1％に当たります。平成26年は69.4％です。

つまり，調査を受けた事業場の7割近くの事業場で違反が発見され，指導や是正勧告を受けているということになります。

指摘される違反の内容ですが，図表7のとおりとなっています。労働時間についての違反が最も多くなっています。これは，時間外労働に当たって36協定を締結していないというのが典型的な違反になります。また，健康診断についての違反としては，年に1回の定期健康診断を受けさせていない場合が考えられます。労働条件の明示の違反は，雇用契約書や労働条件通知書の未交付が挙げられます。

[図表7] 違反の主な内容（平成26年，平成27年）

平成26年	
労働時間についての違反	30.4％
安全基準についての違反	28.4％
割増賃金についての違反	22.1％
健康診断についての違反	20.8％
労働条件の明示についての違反	16.8％
就業規則についての違反	12.7％

平成27年	
労働時間についての違反	30.0％
安全基準についての違反	27.7％
健康診断についての違反	21.9％
割増賃金についての違反	21.1％
労働条件の明示についての違反	16.9％
就業規則についての違反	11.6％

このように，これまでの定期監督の実施状況を分析していくことで，調査に

よってどのような点の違反が判明しているかがわかるとともに、労基署がチェックしている点も明らかになってきます。それぞれの分野での注意点や具体的なチェックポイントは第3章を参照してください。

〔西村　裕一〕

Q2-5　調査の拒否

労基署から調査の案内が来ましたが、定期監督を拒否することはできますか。

　労基署の定期監督は、労働基準法や労働安全衛生法に根拠規定のある法律上の調査です。したがって、これを拒否することはできません。調査を拒否したり、調査で虚偽の報告をしたりすると刑事処分を科せられることになります。

1　定期監督の根拠

　労働基準法は、労働基準監督官に、事業場、寄宿舎その他の附属建設物に臨検し、帳簿及び書類の提出を求め、又は使用者若しくは労働者に対して尋問を行う権限を与えています（労基法101条1項）。また、労働基準監督官は、労働基準法違反の罪について、刑事訴訟法に規定する司法警察官の職務を行うこととされています（同法102条）。

　同様の規定は、労働安全衛生法にも見られます（安衛法91条1項・92条）。

　したがって、労基署の定期監督は、こうした法の根拠に基づくものです。

2　定期監督の拒否

　前項の定期監督の性質から、労基署の定期監督を拒否することはできません。

　調査の方法として、労基署への来所を促された場合（Q2-2・書式1の書面が届いた場合）、何の連絡をすることなく、指定された日に労基署を訪れなかった場合には、事業場へ後日電話連絡が入ったり、あるいは労働基準監督官が抜打ちで調査に来たりする可能性が高くなります。

　その際、担当する労働基準監督官としては、事業場から連絡がない以上、非協力的な事業場であると判断して、厳しい態度で臨むという姿勢をもって調査

を進めていくことになり，その後に悪影響を与えかねません。したがって，労基署の連絡を無視するのは到底得策とはいえません。

同じく，労働基準監督官が事業場を来訪する場合でも，事業場内への立入りを拒否したりすることはできません。調査権限が法律上認められているため，労働基準監督官の行為が建造物侵入罪になることはありません。なお，労働基準監督官は，調査に際して，その身分を証明する証票を携帯しなければならないとされており（労基法101条2項），事業場が労働基準監督官に身分証の提示を求めることはできます。

そして，労働基準法は，120条の罰則規定において，労働基準監督官の臨検を拒み，妨げ，若しくは忌避し，その尋問に対して陳述をせず，若しくは虚偽の陳述をし，帳簿書類の提出をせず，又は虚偽の記載をした帳簿書類の提出をした者には30万円以下の罰金に処すると定めています（労基法120条4号）。したがって，設例の事案のように，調査の案内が来たにもかかわらず，無視し続ければ，刑事処分の可能性も出てきてしまいますので注意が必要です。

3 調査日時の変更

しかしながら，例えば，労基署から案内された日時は都合が悪く，労基署へどうしても来署できない場合もあります。このような場合は，無視するのでなく，事前に担当する労働基準監督官に連絡して日時の変更をしてもらうようにするべきです。

基本的に，定期監督の場合には，通知書が届いてすぐに連絡すれば日時の変更には応じてもらえる可能性が高いと考えられます。しかしながら，何回も日時を変更したりすることや一度事業場の方から提案した日を後日，直前になって変更するといったことは調査の拒否と評価されますので，控えなければなりません。

また，労働基準監督官が抜打ちで事業場を訪問した際に，代表者が出張で不在にしている場合など，定期監督に対応できない場合もあり得ます。このような抜打調査の場合には，代表者がいない旨を伝えて労働基準監督官に再来訪をお願いします。仮に，調査の内容として，代表者の事情聴取が必要な場合には，労働基準監督官としてもその日に調査を行うことはできませんので，改めて調査日を設けざるをえません。ただし，就業規則や三六協定届の締結状況の確認といった形式的な面の調査の場合，代表者が不在にしていても，その場にいる

労働者に就業規則の場所や三六協定の締結の有無を確認すれば足りるので、この場合には、調査を別日に変更することは困難でしょう。

〔西村　裕一〕

Q2-6　申告監督の対象

申告監督ではどのような点が調査の対象となっているのでしょうか。

申告監督は、定期監督と違って、当該事業場で働く労働者からの申告を受けて調査がなされます。したがって、労働者の関心事である未払賃金に関する調査が多いのが特徴です。

1　申告監督とは

申告監督とは、労基署の臨検監督のうち、実際に事業場で就労する労働者からの個別の相談・申告を受けて、労働基準監督官が調査を行うものです。

そのため、定期監督と異なり、労基署に具体的な労働法令違反の疑われる案件が持ち込まれるというのが特徴で、労基署も相応の労力を用いて調査を行っています。基本的には、労働基準監督署が事業場を訪問する形での調査になり、抜打調査の可能性も定期監督に比べ高くなります。

2　労働者からの相談・申告

厚生労働省は、各都道府県の労働局や労基署といった全国380か所に総合労働相談コーナーを設置しています。この総合労働相談コーナーでは、解雇、雇止め、配置転換、賃金の引下げ、募集・採用、いじめ・嫌がらせ、パワハラなどのあらゆる分野の労働問題を対象としています。相談対象は労使双方を受け付けていますが、基本的には労働者側の相談が多数を占めています。

そして、労働者からの相談の中で、労働基準法等の法律に違反の疑いがある場合は、行政指導等の権限を持つ担当部署に取り次ぐことになるとされており、これがまさに申告監督の端緒（きっかけ）になるわけです。

また、労働基準法104条1項は、事業場に同法に違反する事実がある場合において、労働者は、その事実を行政官庁又は労働基準監督官に申告することができるという規定も設けています。これは刑事分野の告訴、告発に似た制度に

当たります。

　なお，申告監督について，どの事業場を調査対象にするかは，あくまで調査権限を有している労働基準監督官に委ねられています。その意味では，労働者からの相談・申告はあったが，調査はしないということもあり得ます。しかしながら，個別の具体的な相談・申告がなされているため，申告を受けた労働基準監督官は，当該労働者に事業場の調査状況や事業場の意向を適宜伝える役割も果たしています。そのため，労働者からの相談がなされた事案の多くは，調査対象として，調査を進めているのが実情です。

　労働者の相談事項としては，自身の生活に直結しやすい賃金に関するものや解雇や雇止めといった雇用そのものについてが多くなっています。詳しくは，**Q2-7**を参照してください。

3　申告労働者の不利益取扱いの禁止

　申告監督は上述のように内部告発の性質があります。そのため，使用者の中には，労基署へ相談・申告を行った労働者を不当に取り扱ったり，場合によっては解雇や雇止めを行って，雇用を打ち切るなどの行動に出たりするおそれがあります。

　こうした内部告発者が不当に取り扱われないようにするため，労働基準法は，「使用者は，前項の申告をしたことを理由として，労働者に対して解雇その他不利益な取扱をしてはならない。」と定めています（労基法104条2項）。そして，この規定に違反して，申告した労働者に不利益取扱いを行った事業者には，6か月以下の懲役又は30万円以下の罰金が科せられるとされており（同法109条1号），労基署の調査に応じない場合と異なり，懲役刑を選択できる点で，より重い違反と捉えていることがわかります。

〔西村　裕一〕

Q2-7 申告監督の進み方と実施状況

申告監督はどのような流れで進んでいくのでしょうか。また，労基署の調査の件数などはどういった状況でしょうか。

　　　　申告監督は，事前通知のある事案の場合，臨検の理由が具体的に記載された通知書が届いて，調査が開始されます。
　　　　申告監督は年間3万件を超えており，商業や接客娯楽業に対する調査が多いのが特徴です。

1　申告監督の流れ

　申告監督は，**Q2-6**で解説したとおり，労働者が労基署に所在する総合労働相談コーナーへ相談したり，申告することで，労基署が実際に事業場の調査を行うかどうか決定します。

　調査することが決まれば，定期監督の場合と同じく調査方法を検討します。そして，抜打調査の場合には，事業場への事前の連絡はありませんが，事前通知を行う場合には，**書式3**のような書面が担当する労働基準監督官によって作成され，送付されます。

　この書面では，定期監督と異なり，臨検の理由が記載されることが多いです。ここに具体的な労働者の氏名が記載されている場合には，当該労働者が申告を行ったと把握することができます。もっとも，労基署への申告は，匿名や第三者（労働者の家族など）でも可能とされており，労働者が自ら申告した事実を事業場へ伝えないでほしいと申し出ている場合には，具体的な氏名は記載されずに作成されます。

【書式3　申告監督の通知書】

平成○年○月○日

（株）○○
代表取締役　殿

○○労働基準監督署長

臨　検　通　知

下記のとおり貴事業場を臨検することになりましたので，通知いたします。

記

1　日時　平成○年○月○日（○）午前○時～（所要時間約90分）
2　場所　貴事業場
3　担当者　労働基準監督官○○
4　臨検の理由
　　貴事業場の労働者○○氏から，労働基準法違反にかかる申告がなされたため
5　確認事項
　　賃金の支払状況について
6　ご準備いただくもの
　　（1）雇用契約書及び労働条件通知書
　　（2）賃金台帳，労働者に交付した給与明細書
　　（3）タイムカードといった労働時間に関する資料
　　（4）就業規則，給与規定
　　（5）時間外労働，休日労働に関する労使協定届
　　なお，調査状況によっては，上記以外にも資料の提出を求める場合もあります。

2　申告監督の実施状況

　申告監督の総数は，**図表8**のとおり毎年3万件を超えています。そのうち，4,000件ほどは前年の積み残しとなっているため，新規受理件数は2万6,000件ほどです。平成26年と平成27年の2年間を見ると，微減といった傾向です。

　実際に申告のあった事業場を対象に申告監督を実施した割合は，70.7％（平成26年），73.4％（平成27年）となっており，申告があった7割強の事業場に

調査を行っている状況です。

[図表8] 申告監督の実施状況（平成26年，平成27年）

平成26年

総数	3万1,709件
前年からの繰越し	4,620件
新規受理	2万7,089件
処理完了件数	2万7,580件

平成27年

総数	3万399件
前年からの繰越し	4,119件
新規受理	2万6,280件
処理完了件数	2万6,308件

　また，申告されている内容としては，賃金不払が毎年最も多く，次いで解雇をはじめとする雇用問題が続きます（**図表9**）。賃金不払は新規受理件数の80％以上となっています。

[図表9] 申告の内容（平成26年，平成27年）

平成26年

賃金不払	2万3,022件（85.0％）
解雇	4,239件（15.6％）

平成27年

賃金不払	2万2,364件（85.1％）
解雇	4,017件（15.3％）

※割合は新規受理件数に占めるもの，1件の申告で複数の項目を含むものがあるため，100％を超えている。

　申告監督の対象となっている業種は定期監督と異なり，建設業や製造業よりも商業や接客娯楽業の件数が多くなっています（**図表10**）。

[図表10] 申告監督の対象業種（平成26年，平成27年）

平成26年	
商業	4,056件（18.1%）
接客娯楽業	3,531件（15.7%）
建設業	3,440件（15.3%）
その他の事業	2,857件（12.7%）
製造業	2,413件（10.8%）
平成27年	
商業	3,949件（17.7%）
建設業	3,554件（15.9%）
接客娯楽業	3,345件（15.0%）
その他の事業	2,948件（13.2%）
製造業	2,304件（10.3%）

3 賃金不払の案件の状況

　上記のとおり，申告監督の多数を占めている賃金不払の問題については，事件として取り上げて，厚生労働省も労働基準監督年報で個別に統計を発表しています。

　前年の平成26年に比べると，平成27年は事件数や対象労働者数，金額ともに減少傾向にあります。しかしながら，減少傾向とはいえ，依然として労働基準監督官の調査により年間9,000件以上の案件が解決され，対象となった労働者は1万7,000人以上であり，2万人に迫る状況です。金額も42億円に上っています（**図表11**）。

　業種別の件数では，商業，建設業，接客娯楽業の順に件数が多くなっています（**図表12**）。他方で，対象労働者数は，平成26年，平成27年ともに，件数トップの商業ではなく製造業が一番多くなっています。このことから，製造業では，1件の事件で複数の労働者に対する賃金不払が問題となっているという傾向がわかります。平成27年に関しては，対象金額のトップも製造業という結果が出ています（約22億1,829万円）。

第2章 強制立入調査の進み方 **39**

[図表11] 賃金不払事件の処理状況 (平成26年，平成27年)

平成26年

	新規案件	解決案件
件数	1万6,021件	9,917件
対象労働者数	3万3,494人	1万8,540人
金額	約104億5,645円	約43億533万円

平成27年

	新規案件	解決案件
件数	1万5,002件	9,604件
対象労働者数	2万9,647人	1万7,178人
金額	約97億7,364円	約42億4,959万円

[図表12] 賃金不払事件の業種別件数 (平成26年，平成27年)

平成26年

業　種	件　数
商業	2,946件 (18.4%)
建設業	2,618件 (16.3%)
接客娯楽業	2,604件 (16.3%)

平成27年

業　種	件　数
商業	2,774件 (18.5%)
建設業	2,475件 (16.5%)
接客娯楽業	2,398件 (16.0%)

4　裁判所との関係

　申告監督については，裁判所との関係も問題になります。すなわち，労基署へ相談，申告を行った労働者が紛争解決手段として，後に裁判所の訴訟や労働審判を選択するということがあります。

　この場合，申告の内容になっている問題については，最終的には裁判所の司

法判断がなされることになります。そのため、調査を行う労働基準監督官も事案に応じて対応が変わってきます。

すなわち、賃金不払の事件のうち、最低賃金違反による賃金不払のケースであれば、裁判所の司法判断を待たずとも、最低賃金の基準が明確にあるため、労働基準監督官の方で違反の有無を判断し、指導や勧告を出すことができます。

しかしながら、時間外労働についての賃金不払で、労働者と使用者との間で、そもそも時間外労働があったかどうかが争点になって、裁判所に訴訟が提起された場合、労働基準監督官としては、調査を進めて、事業場へ指導、勧告を行うには、争点となっている時間外労働の有無について判断せざるを得ません。そうすると、裁判所の判断と異なる可能性も出てくる上、そもそも明確に法令違反の事実を確認できないという状態で指導、勧告を出すのを躊躇するということもあります。

したがって、労働者が裁判所での手続を選択した場合には、労基署としては対応をいったん終了して、その後の経過を見守るということも申告監督では起こり得ます。

〔西村　裕一〕

Q2-8　労働災害の災害調査・災害時監督の対象・進み方

どのような場合に、災害調査や災害時監督が実施されるのでしょうか。またその際に労働基準監督署にはどのような対応をする必要がありますか。

　　災害調査は死亡事故の発生など重大な労働災害が発生した場合に、事故発生後、速やかに実施されます。災害時監督は、事故報告書などから法違反の可能性がある事故について調査が実施されます。災害調査、災害時監督のいずれについても労働基準監督官等からの事情聴取など誠実に対応する必要があります。

1　災害調査

(1) 災害調査の対象

災害調査は、労働災害により被災者が死亡した場合や、同時に複数人が被災する重大災害の場合、被災者が一人でも重篤な傷害を負った場合に実施されま

す。

災害調査の目的は，労働安全衛生法など法違反の有無の調査をすること，災害発生原因を明らかにすること，原因を解消し事業主に再発防止を促すとともに今後同種の災害が起きないように，労働災害防止に向けた行政施策の立案・展開に役立てることにあります。

（2）災害調査の実施方法

災害調査では，労働基準監督署に連絡が入り次第，速やかに労働基準監督官と産業安全専門官，労働衛生専門官等が現場に行きます。

調査の内容は，災害発生現場の元々の状況，被災の状況，災害発生の原因，労働安全衛生法等の法違反の有無などを中心に調査が実施されます。調査の中で，法違反が災害の発生原因になっていると認められる場合には，司法審査に切り替わります。

調査の結果は，すべて都道府県労働局に報告され，事案によっては，厚生労働本省労働基準局に報告されることになります。

（3）企業の対応

まず，企業としては，重大災害が発生し，労働者が死亡，瀕死の重傷，中毒，爆発災害が発生した場合には，所轄の労基署に連絡をしなければならず，一定の重大事故に関しては事故報告書を提出する必要があります。

また，企業としては，現場に調査に来た労働基準監督官等による事情聴取に対応し，また，労働基準監督官から二次災害防止のための指示がされた場合には，可能な限り協力しなければなりません。

災害発生の原因が労働安全衛生法と同法に基づく規則その他の法令について違反がある場合には，事業の関係者に労働基準監督署への出頭を命じられる場合があります。

2　災害時監督

（1）災害時監督の対象

災害時監督は，災害調査を実施するケースに該当しない一定以上の労働災害が発生した場合に，労働基準監督官が実施します。労働災害の発生を把握し，同種の労働災害の発生防止を主眼として実施される臨検監督です。

(2) 災害時監督の実施の流れ

　労働基準監督官が企業から提出された死傷病報告や労災の請求書などから，もともと事故の発生原因に法令違反がありそうなものをピックアップして臨検を実施します。違反の例としては，作業手順などの作業方法に関する違反，機械そのものの問題に関する違反，環境の管理に関する違反などが考えられます。

　労働基準監督官は，災害時監督を実施した結果をもとに，問題があれば災害再発防止のために是正勧告や指導票を渡すなどして，是正指導することになります。

(3) 企業の対応

　企業としては，臨検に来た労働基準監督官に対して，事故報告書に記載している事故の発生状況や被災労働者の状態などについて，具体的に説明することが求められます。また，事前に資料の開示を求められているならば，その準備も必要となります。

　臨検に当たって，対応に不安があるのであれば，弁護士などの専門家に立ち会ってもらうことも検討すべきでしょう。

〔鈴木　啓太〕

Q2-9　災害調査・災害時監督への対応

　労働災害が発生した際，労働基準監督署との関係でどのような対応をすればよいでしょうか。

　事故によっては，事故報告書，労働者死傷病報告書を労働基準監督署に提出する必要があります。労働基準監督官による現場検証や事情聴取がされる場合もあり，その際には誠実な対応が求められます。

1　企業の対応

　労働災害が発生した場合には，まず被災労働者の救護と二次災害を防止するための安全確保に努めなければなりません。その後の対応としては，**図表13**のような流れになります。

[図表13] 労働災害の対応フロー

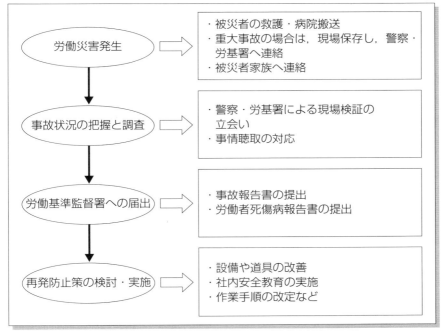

(1) 事故現場の保存

　工場内など企業の管轄範囲内において、労働災害が発生した場合には、現場は災害発生時のまま保存しておく必要があります。重大事故である場合には、事故後に警察や労働基準監督署の現場検証がされる可能性があるからです。労働災害が発生してしまった以上、警察や労働基準監督署に協力することは必須です。事情聴取などにも誠実に対応することが求められます。

(2) 労働基準監督署への届出

　労働災害が発生した場合には、労災事故発生報告書（**書式4**）と労働者死傷病報告書（**書式5**）を労働基準監督署に提出しなければなりません。

　労災事故報告書は、火災、爆発、建設物の倒壊、遠心機械の破裂事故、ボイラーの破裂等の事故が起きた場合に提出しなければなりません。労災事故発生報告書には、被災労働者に関する情報、災害の発生状況、受傷の内容・程度、

受診した病院などを記載することになります。災害の発生状況に関しては，できる限り具体的に記載する必要がありますが，絶対に虚偽の事実を記載してはいけません。虚偽の報告をした場合や報告をしなかった場合には，50万円以下の罰金に処せられることになります（安衛法120条5号・100条，安衛則96条）。

　労働者死傷病報告書は，労働者が業務中等に負傷し，又は中毒や疾病にかかったことにより，死亡もしくは休業した場合に，労働基準監督署に提出しなければなりません。災害発生後，「遅滞なく」提出しなければならず，概ね1週間から2週間以内には提出しなければなりません。災害発生から概ね1か月を経過している場合は，提出が遅れた理由について書面で提出を求められることがあります。労働者死傷病報告書を提出しなかったり，虚偽の報告をした場合には，事故報告書の場合と同様の刑事処分が科されることになります。

（3）再発防止の検討・実施

　企業としては，同様の労働災害を発生させないためにも，災害が発生した原因を十分に調査し，災害発生防止のために具体的な改善策を検討し実施していかなければなりません。

　例えば，設備のメンテナンスに原因があったのであれば，メンテナンスの方法・頻度について見直す必要があるかもしれません。作業手順に問題があったり，あるいは，従業員の安全への意識が欠如していたことにより災害が発生したのであれば，手順を再検討した上で，従業員に周知し，社内で安全教育を実施する必要があるでしょう。

　また，安全衛生管理体制を整備するに当たっては，現場の従業員の意見を参考にすることも大切です。作業中に危険に感じた事例を報告・提案する制度を設けて，労働災害が発生する前に危険因子を除去することも検討すべきです。職場の安全パトロール員や安全ミーティングの進行役を当番制で全従業員に担当させるといった制度を実施することも従業員の安全への意識を高めるためにも有効な方法といえるでしょう。

〔鈴木　啓太〕

第2章　強制立入調査の進み方　　**45**

【書式4　労災事故発生報告書】

労災事故発生報告書

平成　　年　　月　　日提出

被災労働者氏名		生年月日	昭和・平成　　年　　月　　日	
仕事内容		電話番号		
当日の業務開始時刻	午前・午後　　時　　分	整理番号（組合員証に記載）		
就業時刻	午前・午後　　時　　分　～　午前・午後　　時　　分　まで			
住所	〒			
災害発生日	平成　　年　　月　　日　午前・午後　　時　　分頃			
事故報告者	本人　又は（氏名：　　　　　　　連絡先：　　　　　　）			
現認者（災害を目撃した人又は近くにいた人又は災害発生を最初に報告を受けた人）	なし			
	あり	現認者名： 職種（会社名・役職）： 連絡先：		

災害発生状況	どんな場所（災害発生場所住所（番地まで）と、工事名称）	
	どういう作業をしているとき	
	どのようにして	
	どこを負傷した	

災害発生の原因	不注意　・　故意　・　勘違い　・　不慣れ　・　体調不良　・　睡眠不足　・　考え事 その他（　　　　　　　　　　　　　　　　　　　　　　　　　　　）
ケガの程度	通院　　日程度　・　入院　　日程度　・　自宅療養　　日程度　・　不明
受診した病院	病院名： 住所： 電話番号：
受診した薬局	薬局名： 住所： 電話番号：
略図（災害発生時の状況を図示してください）	

【書式5　労働者死傷病報告書】

労働者死傷病報告

様式第23号（第97条関係）（表面）

```
8 1 0 0 1
```

労働保険番号（建設業の工事に従事する下請人の労働者が被災した場合、元請人の労働保険番号を記入すること。）

都道府県　所掌　管轄　　基幹番号　　枝番号　統一事業場番号

事業の種類

事業場の名称（建設業にあっては工事名を併記のこと。）

カナ

漢字

工事名

職員記入欄
派遣先の事業の
労働保険番号

都道府県　所掌　管轄　　基幹番号　　枝番号　統一事業場番号

派遣労働者が被災した場合は、派遣先の事業場の郵便番号

事業場の所在地

電話（　　）

構内下請事業の場合は親事業場の名称、
建設業の場合は元方事業場の名称

派遣労働者が被災した場合
は、派遣先の事業場の名称

提出事
業者の
区分

派遣先　派遣元

郵便番号

労働者数

人

発生日時（時間は24時間表記とすること。）

元号　　年　　月　　日　　時　　分

7：平成

被災労働者の氏名（姓と名の間は1文字空けること。）

カナ

漢字

生年月日

元号　　年　　月　　日

1：明治　2：大正
5：昭和　7：平成

（　　）歳

性別

男　女

いずれかに○

職種

経験期間

年　月

休業見込期間又は死亡日時（死亡の場合は死亡欄に○）

休業見込

いずれかに○

死亡

死亡日時

月　週　日

傷病名

傷病部位

被災地の場所

災害発生状況及び原因

①どのような場所で　②どのような作業をしているときに　③どのような物又は環境に　④どのような
不安全な又は有害な状態があって　⑤どのような災害が発生したかを詳細に記入すること。

略図（発生時の状況を図示すること。）

報告書作成者
職　氏　名

職員記入欄

起因物

店社コード

業種分類

事故の型　発注者種類　事業場等区分　業務上疾病

1：該当
2：非該当

自由設定項目

（1）　　　（2）　　　（3）

年　　　月　　　日

事業者職氏名

労働基準監督署長殿

印

受付印

Q2-10 災害調査・災害時監督の拒否

業務中に労働者が死亡する事故が発生しましたが，労基署に会社内部を見せたくありません。調査を拒否することはできますか。

労働基準監督官には事業場に立入調査する権限が法的に認められています。何ら正当な理由なく拒めば罰則が科される可能性もあり，企業にとってメリットはないので，労働基準監督官の調査に対しては誠実に対応すべきです。

1 労働災害の発生状況

昭和60年の労働災害による死傷者数は25万7,240人でしたが，平成21年では，10万5,718人と半分以下にまで減少しました。しかし，近年，死傷者数は増加傾向にあり，**図表14**のとおり，平成28年における労働災害による死傷者数は11万5,610人で，そのうち，894人の方が死亡災害で亡くなっています。前年（平成27年）と比べると，死亡災害で亡くなった人数は932人から減少しているものの，死傷者は11万4,292人と増加しています。

[図表14] 平成28年の労働災害の死傷者数

業　種	死傷者数	死亡者数
製造業	2万6,035人	170人
鉱業	182人	6人
建設業	1万4,786人	286人
交通運輸事業	3,278人	15人
陸上貨物運送業	1万3,741人	92人
港湾運送業	284人	10人
林業	1,542人	41人
農業，畜産・水産業	2,720人	35人
第三次産業	5万3,042人	239人
全産業	11万5,610人	894人

48

　こうした現状も踏まえ，政府は，平成25年4月～平成30年3月までの5年間を計画期間とする「第12次労働災害防止計画」を実施するなど，労働災害を減少させるために様々な施策を打ち出しています。計画の中には，各業種が持つ特性を踏まえた対策を盛り込むなど具体的な内容になっています。

　そのため，労基署においても法令違反の可能性のある労働災害が発生した場合には，厳しい態度で臨んでいるようです。

2　災害調査・災害時監督の法的根拠

　労働災害を防止するためには，労働災害がどのようにして発生したのか原因を調査する必要があり，また，必要に応じて事業主に対して，指導・勧告などを実施し，同種の労働災害の発生を防止しなければなりません。

　こうした調査をする権限が労働基準監督官には認められています。労働基準法101条1項には「労働基準監督官は，事業場，寄宿舎その他の附属建物に臨検し，帳簿及び書類の提出を求め，又は使用者若しくは労働者に対して尋問を行うことができる」と規定されています。また，労働安全衛生法91条1項には「労働基準監督官は，この法律を施行するため必要があると認めるときは，事業場に立ち入り，関係者に質問し，帳簿，書類その他の物件を検査し，若しくは作業環境測定を行い，又は検査に必要な限度において無償で製品，原材料若しくは器具を収去することができる」と規定されています。

3　災害調査・災害時監督の拒否

　臨検監督は，裁判官の令状をもって行う強制捜査ではないため，使用者が拒んでいる場合には，強行して実施することはできません。しかし，臨検に際して，「臨検を拒み，妨げ，若しくは忌避し，その尋問に対して陳述せず，若しくは虚偽の陳述をし，帳簿書類の提出をせず，又は虚偽の記載をした帳簿書類を提出した者」は労働基準法120条4号に該当し，罰金30万円以下の対象となります。また，臨検の拒否を続けて，送検手続をされ，外部にその実態が露見するようなことになれば企業の信用も損なわれてしまうことになります。

　したがって，正当な理由なく労働基準監督官の調査を拒否することは企業にとってリスクでしかありません。

　万一，調査の日程などが合わず，どうしても調整できないなどのやむを得ない理由があるのであれば，そうした事情を労働基準監督官に事前に説明して，

代替日を設定してもらうなど誠実に対応すべきです。

　労働基準監督官の調査がどうしても不安であるのであれば，弁護士や社労士などの専門家に立ち会ってもらうなどすればよいので，調査自体には応じるべきです。

〔鈴木　啓太〕

第**3**章

是正勧告への対応

Q3-1 是正勧告書

労基署から是正勧告書を受け取りました。これは一体どういった書類ですか。

是正勧告書とは，労働基準監督官による調査の結果，労働法令違反の事実が認められた場合に，一定の期間を定めて改善を求める書面です。

この是正勧告は，行政指導で強制力はありませんが，放置すれば，書類送検のリスクもあります。

1 是正勧告書とは

是正勧告書とは，労働基準監督官による定期監督や申告監督，災害時監督などの各種調査によって，事業場に労働法令違反の事実が確認された場合に作成される書面です。

労働基準監督官は，**書式6**のような是正勧告書を調査時に携帯しているのが通常で，調査の結果，違反があると判断された場合，その場で，「法条項等」，「違反事項」，「是正期日」を記入して，事業場の担当者へ交付することがあります。調査の場で交付されない場合には，後日労基署への出頭を促されて，そこで交付されます。なお，交付の際は，受領欄に署名，押印を求められます。

2 是正勧告の法的効力

是正勧告の法的な効力については，労働基準監督官という行政機関の行政指導と捉えられています。したがって，是正勧告はあくまで，行政処分ではなく，指導の範疇にあるとされており，是正勧告に対して，行政不服審査法や行政事件訴訟法により，不服申立てや取消訴訟を提起することはできません。

そうすると，是正勧告は強制力をもたない指導にすぎないので，これに従わなくても問題ないとも考えられます。

しかしながら，是正勧告は，**書式6**の是正勧告書のとおり，罰則付きの各種労働法令に違反している状態を改善しなければ，送検手続をとることもあります。送検手続とは刑事処分を行うかどうかについて，検察官に記録を送付するということです。したがって，是正勧告を無視して，違反を放置したままにす

第3章　是正勧告への対応　　53

【書式6　是正勧告書】

是　正　勧　告　書

平成○年○月○日

株式会社○○
代表取締役○○　殿

○○労働基準監督署
労働基準監督官○○　　印

　貴事業場における下記労働基準法，労働安全衛生法違反及び自動車運転者の労働時間等の改善のための基準違反については，それぞれ所定期日までに是正の上，遅滞なく報告するよう勧告します。

　なお，法条項に係る法違反（罰則のないものを除く。）については，所定期日までに是正しない場合又は当該期日前であっても当該法違反を原因として労働災害が発生した場合には，事案の内容に応じ，送検手続をとることがあります。

　また，「法条項」欄に□印を付した事項については，同種違反の繰り返しを防止するための点検責任者を事項ごとに指名し，確実に点検補修を行うよう措置し，当該措置を行った場合にはその旨を報告してください。

法条項等	違　反　事　項	是正期日
労働基準法第32条	時間外労働に関する協定の締結及び届出なく労働者に時間外労働を行わせていること。	○・○・○

受領年月日，受領者	平成○年○月○日　　　　　　　　　　○○　　　　　印	（　）枚のうち（　）枚目

れば，最終的には刑事処分を受ける可能性もあります。

　そのため，是正勧告は強制力をもたない行政指導であるとはいえ，事実上は，これに従わざるを得ないですし，実際にも適切にこれに対応するのが得策です。

　是正勧告書への対応は，Ｑ３－６を参照してください。

〔西村　裕一〕

Q3-2　指導票

労基署から指導票を受け取りました。是正勧告書と何か違いはありますか。

　指導票とは，労働法令に対する違反とまではいえないものの，改善することが望ましい事項について，労働基準監督官が交付する書面です。その点で，違反の事実を前提とした是正勧告書と性質が異なっています。

1　指導票とは

指導票とは，労働基準監督官による定期監督や申告監督，災害時監督などにより，労働法令に違反する事実は確認できないものの，改善することが望ましい事項について作成される書面です。

したがって，Q3-1で説明した労働法令に対する違反が確認された場合に作成される是正勧告書とは性質が異なっています。

この指導票は，労基署の労働技官（産業安全専門官，労働衛生専門官）が事業場を訪れ，労働衛生面についての指導を行った場合にも交付されることがあります。なお，労働技官には，是正勧告書を作成，交付する権限は認められていません。

2　指導票への対応

このように，指導票は是正勧告書以上に効力的にはそれほど強いものではありません。しかしながら，**書式7**のとおり，この指導票についても，指摘された事項の改善状況について，報告をしなければなりません。

報告を怠った場合には，改善状況の確認のために，再度労働基準監督官の調査がなされる可能性もあるため，対応が必要です。

3　長時間労働に関する指導の状況

この点に関し，労基署は，長時間労働に伴う過労死などの問題を受け，長時間労働に対する調査を徹底しています。Q2-3で解説した地方労働行政運営方針でも，長時間労働に対する監督について，ここ数年は毎年言及しています。

【書式7　指導票】

指　導　票

平成○年○月○日

○○株式会社

代表取締役　　○○　　殿

○○労働基準監督署

労働基準監督官○○　　　　印

　貴事業場における下記事項について，改善措置をとられるよう指導いたします。なお，改善の状況については，平成○年○月○日までに報告してください。

指導事項

1　貴事業場で勤務する労働者の時間外労働時間数が月間80時間を超える者が見受けられるため，これを月間80時間以内へ削減するように努めること。

2　貴事業場で勤務する労働者の時間外労働時間数が月間80時間を超えている労働者に対し，医師等による面接指導等の必要な措置を実施するように努めること。

受領年月日，受領者	平成○年○月○日 ○○　　印	（　）枚のうち（　）枚目

　平成27年4月から同年12月までの間には合計8,530の事業場に対して，臨検監督が行われており，その結果も公表されています（次頁**図表1**）。

　これによれば，違法な時間外労働があったとして是正勧告を受けた事業場は，4,790事業場であり，全体の56.2％に上ります。また，健康障害防止に関する指導がなされた事業場は6,971事業場に上っており，実に全体の81.7％に及んでい

ます。厚生労働省は，今回の結果の公表に際して，特に月100時間を超える残業が疑われる事業場などに対する監督指導等の徹底を図ると言及しており，現時点で該当している事業場は早急な対策が必要です。

[図表１] 長時間労働に対する是正勧告，指導の状況
（平成27年４月〜同年12月）

〔是正勧告〕	
監督指導の実施事業場数	8,530事業場
違法な時間外労働があったもの	4,790事業場（56.2%）
時間外労働の実績が最も長い労働者の時間数が１か月当たり	
100時間を超えるもの	2,860事業場
150時間を超えるもの	595事業場
200時間を超えるもの	120事業場
250時間を超えるもの	27事業場
賃金不払残業があったもの	813事業場（9.5%）
月100時間を超えるもの	362事業場
過重労働に対する健康障害防止措置が未実施のもの	1,272事業場（14.9%）
〔指導票〕	
過重労働による健康障害防止措置が不十分なため改善を指導したもの	6,971事業場（81.7%）
うち，時間外労働を月80時間以内に削減するよう指導したもの	5,167事業場
労働時間の把握方法が不適切なため指導したもの	1,558事業場（18.3%）
うち，時間外労働の最も長い労働者の時間数が月100時間を超えているもの	477事業場

　このように，指導票は是正勧告書以上に労働基準監督官より交付されているケースが多いのが実情です。なお，長時間労働に対する具体的な違反事例や対応は**第５章**を参照してください。

〔西村　裕一〕

Q3-3 使用停止処分

労基署から，事務所の設備を使用しないように指示されました。これはどういった処分でしょうか。

　　　　使用停止処分とは，労働災害を未然に防止するために，事業場の施設や機械について，その使用を禁止するものです。これは，是正勧告や指導と異なり，行政処分に当たります。
　　　　使用停止命令は主に，労働災害の多い建設業と製造業で出されています。

1　使用停止処分とは

　労働基準法は96条の3第1項で，「労働者を就業させる事業の附属寄宿舎が，安全及び衛生に関し定められた基準に反する場合においては，行政官庁は，使用者に対して，その全部又は一部の使用の停止，変更その他必要な事項を命ずることができる。」と規定しています。また，同法103条は，「労働者を就業させる事業の附属寄宿舎が，安全及び衛生に関して定められた基準に反し，且つ労働者に急迫した危険がある場合においては，労働基準監督官は，第96条の3の規定による行政官庁の権限を即時に行うことができる。」と定めています。
　すなわち，労働基準監督官は，安全衛生基準に違反した状態で，それが労働者に対して急迫した危険があると判断した場合には，すぐに使用停止命令を発令できることになっています。
　同様の規定は，労働安全衛生法にも見られます（安衛法98条1項・99条1項）。
　使用停止命令は，是正勧告や指導と異なり，事業場の施設や機械を使用できないという具体的な不利益が生じますので，行政処分に当たります。したがって，当該処分に不服のある場合には，行政不服審査法や行政事件訴訟法の規定に基づいて，不服申立てや取消訴訟を提起することができます。

2　使用停止命令の現状

　こうした使用停止命令の実際の発令状況ですが，平成27年は全国で5,884件です。発令された業種ですが，労働災害の多い，建設業や製造業がほとんどで，この2業種で全体の94.9％を占めています（次頁図表2）。

具体的には，定期検査を受けていないフォークリフトやクレーン車の使用について，検査を受けるまで禁止するといったケースがあります。

命令は，**書式8**のような書面により発令されます。

[図表２] 使用停止命令の発令状況（平成27年）

	発令件数
全体	5,884件
建設業	3,671件（62.4%）
製造業	1,910件（32.5%）

〔西村　裕一〕

Q3-4　行政指導段階におけるブラック企業の公表

最近，「ブラック企業」という言葉をよく耳にしますが，是正勧告を受けただけで，そのことを公表されることはあるのでしょうか。

平成27年5月より，送検された事案だけでなく，是正勧告を受けた段階で企業名を公表される制度が導入されています。

平成29年1月からは，公表基準も厳しくなっており，2か所以上の事業場で月80時間を超える時間外・休日労働がある企業は，公表のリスクがあります。

1　ブラック企業の公表

近年，「ブラック企業」という言葉をテレビやラジオ，インターネットなど，あらゆる媒体で耳にします。平成24年からは「ブラック企業大賞」という不名誉な賞を決定するという動きもあります。

ブラック企業の定義は法律用語ではないため，明確にはありませんが，労働法令違反が重大で，労働環境が劣悪な企業を指すと考えられています。

こうしたブラック企業の要因の1つとして，長時間の時間外労働の常態化があります。この長時間の時間外労働を強いている企業について，厚生労働省が公表基準を定めています。

第3章　是正勧告への対応　　*59*

【書式8　使用停止命令書】

使用停止命令書

平成○年○月○日

（株）○○　殿

○○労働基準監督
労働基準監督署長○○　　　　印

　貴事業場における下記の「命令の対象物件等」欄記載の物件等に関し、「違反法令」欄記載のとおり違反があるので労働基準法第96条の3，103条，労働安全衛生法第98条に基づき，それぞれ「命令の内容」欄及び「命令の期間又は期日」欄記載のとおり命令します。なお，この命令に違反した場合には送検手続をとることがあります。

番号	命令の対象物件	違反法令	命令の内容	命令の期間又は期日
1	フォークリフト	労働安全衛生規則第151条の21	フォークリフトの定期検査を行うこと	平成○年○月○日

1　上記命令について，当該違反が是正された場合には，その旨報告してください。なお，「番号」欄に□印を付した事項については，今後同種違反の繰り返しを防止するための点検責任者を事項ごとに指名し，確実に点検補修を行うよう措置して併せて報告してください。
2　この命令に不服がある場合には，この命令があったことを知った日の翌日から起算して60日以内に厚生労働大臣○○労働局長○○労働基準監督署長に対して審査請求をすることができます（命令があった日から1年を経過した場合を除きます。）。
3　この命令に対する取消訴訟については，国を被告として（訴訟において国を代表するものは法務大臣になります。），この命令があったことを知った日の翌日から起算して6か月以内に提起することができます（命令があった日から1年を経過した場合を除きます。）。
4　この命令書は3年間保存してください。

受領年月日，受領者
平成○年○月○日　　○○　　印

60

　平成27年までは，基本的に是正勧告という行政指導段階で企業名を公表することはありませんでした。しかしながら，長時間労働に対する取締りの強化の一環として，送検される以前の是正勧告段階で，一定の基準を満たす企業については，公表することになりました。

２　公表基準の推移

（１）平成27年改定

　平成27年５月18日付基発0518第１号では，以下の要件をいずれも満たす場合には，企業名を公表することとなっていました。

　１　社会的に影響力の大きい企業であること

　具体的には，複数の都道府県に事業場を有している企業であって，中小企業基本法でいう中小企業に該当しないものをいうとされています。

　２　違法な長時間労働が相当数の労働者に認められ，このような実態が一定期
　　　間内に複数の事業場で繰り返されていること

　ここでいう「違法な長時間労働」については，労働時間，休日，割増賃金について，労働基準法違反の事実が存在し，かつ，１か月あたりの時間外・休日労働時間が100時間を超えている場合をいいます。

　また，「相当数の労働者」については，１か所の事業場において10名以上の労働者又は当該事業場の４分の１以上の労働者が該当するとされています。

　そして，「一定期間内に複数の事業場で繰り返されている」という点については，概ね１年間程度の間に３か所以上の事業場で違反がある場合を指すとしています。

　この基準により企業名を公表されたのが，千葉県に本社のある「株式会社エイジス」という企業です（平成28年５月19日）。千葉労働局より公表された情報によれば，この企業では，４つの事業場で，10名以上（最大18名），最長で約197時間の時間外・休日労働が存在していたとされています。

　この企業の事案が是正勧告の段階の公表として全国で初めての事案だったた

第3章　是正勧告への対応　　*61*

め，報道も大きくなされました。

（2）平成29年改定

　この公表基準は，平成29年1月に再度改定されています（平成29年1月20日付基発0120第1号）。主な変更点は以下のとおりです。

- 概ね1年間程度の間に3か所以上の事業場で違反がある場合
  ➡ 2か所以上（本社で2回以上も含む）の違反が認められること
- 1か月あたりの時間外・休日労働時間が100時間を超えている場合
  ➡ 80時間を超える時間外・休日労働がある場合

3　注意点

　基準の改定により，1年以内に2か所以上の事業場で，1か月80時間を超える時間外・休日労働が発覚した場合，企業名の公表の可能性が出てきます。

　この公表制度について，厚生労働省は，当該企業への制裁ではなく，あくまでその事実を広く社会に情報提供することにより，他の企業における遵法意識を啓発し，法令違反の防止の徹底や自主的な改善を促進させ，もって，同種事案の防止を図るという公益性を確保することを目的とすると位置づけています。しかしながら，公表された企業は，当然マスコミなどを通じて，企業名を明らかにされるわけですので，事実上社会的な信用や企業イメージの悪化は避けられません。

　こうした悪影響が及ばないように，日頃から労働時間の管理を行うことが重要になってきています。

〔西村　裕一〕

Q3-5 再監督

労基署の調査は一度で終わりですか。何回か調査されることはあるのでしょうか。

定期監督をはじめとする各種監督により、違反が発見され、是正勧告が出されたケースのうち、担当した労働基準監督官が是正状況の確認をするために、再度調査を行うことはあります。

したがって、労基署の調査は一度きりで終わるということは断言できません。

1 再監督とは

定期監督や申告監督、災害時監督によって、労働法令違反が認められた場合、調査を担当した労働基準監督官は是正勧告書を交付します（詳しくはQ3-1を参照）。

この是正勧告書に従って、改善がなされているかどうかを確認するために再度調査を行うことがあり、この調査を再監督といいます。

再監督が行われるケースは大きく分けると、①是正勧告書に定めた期間内に是正勧告書が提出されない場合、②是正報告書の提出はあったものの、その後の実態を確認する必要があると労働基準監督官が判断した場合、③是正勧告書の交付をするために、労基署への来署を要請したものの、これに応じない場合があります。

このように再監督の調査時期については、③の場合を除けば、是正勧告書で定めた是正期限の後ということになります。

また、②のケースに関して、具体的にどのような違反事由が再監督の対象となるかについては明確な基準が公表されているわけではありません。しかしながら、Q2-3で解説した地方労働行政運営方針で記載のある事項は労基署が注視している分野なので再監督の可能性が高いといえます。同じく、多数の労働者との関係で違反の事実が認められる場合や労働災害が現実に発生している災害時監督の事案では、適切な改善がなされていなければ、労働者に与える影響が大きいため、再監督を行う方向で労働基準監督官も考えると予想されます。

なお、①のケースについては、是正勧告があった時点で是正勧告書を適切に

第3章 是正勧告への対応 **63**

[図表3] 再監督の状況（平成25年～平成27年）

年　　度	再監督の件数	法違反の認められた事業場に対する割合
平成25年	1万4,226件	12.6%
平成26年	1万4,138件	13.3%
平成27年	1万3,808件	12.8%

[図表4] 送検件数（平成25年～平成27年）

	平成25年	平成26年	平成27年
全体の送検件数	1,043件	1,036件	966件
〔内訳〕			
労働基準法違反	474件	400件	402件
労働安全衛生法違反	560件	628件	550件
最低賃金法違反	8件	8件	14件
賃金の支払の確保等に関する法律違反	1件	0件	0件

提出すれば，再監督を防げる可能性があり，③のケースでは，是正勧告書をきちんと労基署へ受取りに行けば，同じく再監督を防げる可能性が高いといえます。その意味では，是正勧告に対して，どのように対応するかが非常に重要になります。この点については，**Q3－6**を参照してください。

2　再監督の実施状況

実際の再監督の状況ですが，**図表3**のとおりとなっています。直近3年間の統計によれば，毎年1万4,000件前後の再監督が行われており，割合としては法違反の確認された事業場の10社に1社は，再監督のために，再度労働基準監督官が事業場の調査を行っている状況です。

3　再監督での違反

なお，仮に再監督による調査をきっかけに，是正勧告書で改善するよう求められていた事項が改善されていないなど，当初の調査で発見された労働法令違反の事実が継続している場合には，再度の是正勧告の可能性があるだけでなく，改善に対する事業場の認識が不十分であり，悪質であると評価されて，検察庁へ送検されるリスクが高まってきますので注意が必要です。

この点，送検された件数について，直近3年間の統計は前頁の**図表4**のとおりであり，毎年1,000件近い案件が検察庁へ送検されている状況です。違反法令としては，労働安全衛生法違反の件数が最も多くなっています。

〔西村　裕一〕

Q3-6　是正報告書の提出

是正勧告書を受け取りましたが，これに対してどのように対応すればよいですか。是正報告書はどのように記載すればよいのでしょうか。

是正勧告書を労働基準監督官より交付された場合，是正期限までに，指摘された項目を改善しなければなりません。その上で，是正報告書を作成し，労基署へ報告することが求められています。
是正報告書には，違反についての言い訳を書くのではなく，あくまで改善した内容を記載します。

1　是正勧告に対する対応

Q3-1で解説したとおり，労働基準監督官による監督調査の結果，労働法令違反の事実が確認された場合，是正勧告書が事業場へ交付されます。

これに対して，事業場としては，指摘された事項を是正期日までに改善しなければなりません。なぜなら，改善がなされていない場合，改善の意識が欠如している，労基署の勧告を無視する悪質な事業場であるとして送検される可能性があるからです。

したがって，是正勧告書を受け取った場合，まずは労働基準監督官が問題視している点は何であるかをしっかり把握することが重要です。その上で，改善するために必要な対応や施策を具体的に検討していきます。

例えば，常時雇用する労働者数が10名以上いる事業場で就業規則を作成していない点を是正勧告書で問題視された場合には，中身はともかくとして就業規則を作成し，これを労基署へ届け出ることによって，是正の改善はなされたことになります（もちろん，就業規則は，当該事業場の最低基準や基本的ルールを定める非常に重要なものですので，中身の検討が不十分な規則を作成すべきものではありません）。

2 是正報告書の作成

そして，実際に改善を行った場合には，是正報告書を作成して，労基署へ提出します。是正勧告自体は，Ｑ３−１で説明したとおり，直ちに何らかの法的効果をもたらすものではありませんが，この是正報告書を提出しない場合には，改善されていない可能性が高いと調査を担当した労働基準監督官は考えますので，かなりの確率で再監督が行われることになるでしょう。この再監督は，抜打ちの可能性もあります（再監督については，Ｑ３−５を参照）。

また，実際には指摘された事項を改善していないにもかかわらず，是正したように虚偽の是正報告書を提出することはもちろん許されません。仮に，その後の再監督，事業場で勤務する従業員からの申告や別の内容での定期監督により，是正勧告の事項が改善されていないことが判明した場合は，悪質な使用者であると判断されて，送検される可能性が極めて高くなりますし，虚偽の報告を行ったこと自体が労働基準法104条の２への違反となって，30万円以下の罰則が科されるおそれも出てきます（労基法120条５号）。

なお，是正勧告書に記載されている期限までに改善ができなかったことが直ちに罪になるわけではありません。したがって，期限までに改善ができそうにない場合には，虚偽の是正報告書を作成してその場しのぎの対応をするのではなく，あらかじめ調査を担当した労働基準監督官に連絡して，改善の進捗状況と改善が期限までに完了しない理由を説明するようにします。労働基準監督官としてもその理由に納得ができれば，期限の延長に応じてくれるケースもあります。

是正報告書については，決まった書式はありません。しかしながら，**書式９**のような形で改善事項を簡潔に記載することがポイントです。

3 専門家への相談

労働基準監督官による調査によって是正勧告を受けた場合，当該事業場には少なくとも何かしらの労働法令違反があるということですから，何が問題であるかを専門家である弁護士や社労士に相談すべきでしょう。

その上で，是正勧告期限までにどのように改善策を講じるかのアドバイスを受け，サポートを受ける必要があります。専門家に依頼することで，改善策の提案はもちろん，その後の是正報告書の作成や労働基準監督官とのやりとりも

サポートを受けることができ，企業が本来の活動に注力することが可能になります。

【書式9　是正報告書】

是　正　報　告　書

○○労働基準監督署長　殿

平成○年○月○日
○○（株）
代表取締役○○　　印

　平成○年○月○日貴署より指摘された労働基準法，労働安全衛生法等の違反事項又は指導事項につき，下記のとおり是正いたしましたので，本書をもってご報告いたします。

法違反条項	是正内容	是正年月日
労働基準法89条	新たに正社員就業規則，パートタイマー就業規則を制定し，該当労働者へその内容を説明，告知するとともに，貴署へ届出を行った。	平成○年○月○日
労働基準法32条	従業員代表者との間で時間外・休日労働に対する協定届を締結し，貴署へ同届を提出した。	平成○年○月○日

以上

〔西村　裕一〕

第3章　是正勧告への対応　*67*

Q3-7　ケースで考える労基署調査の実際 ―申告監督における弁護士の活用

【設例】※登場する企業や人物は仮名であり，実在しない。

　株式会社デイライトスーパーは，福岡県内に3店舗のスーパーマーケットを有する小売店である。

　このうちの1店舗で勤務していた木村剛は，平成29年3月に入り，同年4月末日をもって退職したいと会社へ辞表を提出してきた。会社は木村の辞表を受理し，退職日である4月末日を迎え，雇用契約は終了した。

　株式会社デイライトスーパーには，退職金について，以下のような規定を有しており，木村は退職時点で，勤続年数が5年間を超えていたため，退職金受給対象者となっていた。

退職金規程（抜粋）

第2条　退職金は当社勤続5年以上の従業員が退職した場合に支給する。

第8条　第3条で算出された退職金は，従業員退職後1か月以内に従業員が指定する銀行口座に振り込む方法により支払う。

第10条　退職した従業員に就業規則第55条に定める懲戒事由があり，懲戒解雇となった場合には，退職金を支給しない，あるいは支給額を減額して支払うことがある。

　木村が退職してから，しばらく経った同年5月7日，木村が勤務していた店舗の商品在庫管理システムが不自然に操作されていることが判明した。実際に店舗に入荷されていた数量から販売個数を引いた数字が店舗の在庫数と合わない商品が数多く見つかったのである。

　木村は，退職直前まで在庫管理の責任者として商品在庫管理システムを使用する権限をもっており，会社は，木村がシステムを操作して，不正に商品を持ち出したと考えた。木村が仮に会社の考えどおり，商品を不正に持ち出していたとしたら，木村の行為は窃盗罪に該当する行為であり，当然就業規則第55条に定める懲戒事由に該当する。

　会社は，木村に対して，事実関係を確認するまでは，退職金を支払うことはできないと判断し，退職金の支払を行わなかった。そして，木村に対

して，調査のために店舗に来るよう要請する文書を送付した。

これに対して，木村は何らの回答をしないまま，退職から1か月が経過した。

その後，退職から3か月が経過した平成29年7月になって，会社に木村からの文書が届いた（**文書1**）。そこには，退職金が支払われていないこと，このまま支払がなければ，労働基準監督署へ通報する旨が記載されていた。

会社は，以前に木村へ送った調査要請を無視した挙句，このような書面を送付してきた木村に対して，慣慨するとともに，調査に応じなかったということは木村が商品在庫管理システムを操作して商品を持ち出したに違いないと考え，木村からの文書を無視し，退職金を支払わなかった。

すると，木村からの文書が届いてから1か月経過した平成29年8月になって事態が急変した。木村の勤務していた店舗の電話が鳴ったのである。電話口の相手は，労働基準監督官であった。店長である田中吾郎が用件を聞くと，「来週，木村さんの件でお店に伺います」とのことであった。

驚いた田中は，急いで弁護士に相談することにした。

〔文書1〕

退職金支払のお願い

〒○○○-○○○○
福岡県福岡市・・・・
株式会社デイライトスーパー　御中

　私は，貴社で5年間以上働いてきましたが，平成29年4月30日をもって退職をいたしました。
　ところが，その後，貴社から退職金が支払われておりません。したがって，この書面をもって，私の退職金を速やかに支払うよう求めます。
　支払先は下記口座にお願いいたします。
　　○○銀行　○○支店　普通　番号○○○○○○○
　　名義　キムラ　ツヨシ

> なお，平成29年7月いっぱいまでに支払っていただけない場合には，労働基準監督署に今回のことを相談しに行きます。ですので，きちんと支払ってください。
>
> 　　　　　　　　　　　　　　　　　　　　平成29年7月10日
> 　　　　　　　　　　　　　　　　　　　　　　木村　剛　印

　　　申告監督の場合は，このように労働者との具体的なトラブルがきっかけとなります。
　　この事例の田中店長のように，労働基準監督署から連絡があったらすぐに弁護士に相談して，対応を任せるのが得策です。

［その後の経緯］

　田中から相談を受けた弁護士佐藤正広は，木村の商品窃盗の疑いを裏付ける資料の整理を田中に依頼した。

　そして，調査を担当する労働基準監督官へ連絡を入れた。「弁護士の佐藤と申します。株式会社デイライトスーパーの調査の件ですが，私が担当することになりましたのでよろしくお願いいたします。早速ですが，調査の日とされている8月17日は私が対応できないので，別日に変更していただけないでしょうか」

　このやり取りにより，調査日は8月17日から1週間後の25日に変更となった。

　そして，調査期日当日，店舗で待ち受ける田中と弁護士佐藤の元へ労働基準監督官が到着した。田中は，店舗奥にある店長室に労働基準監督官を通し，身分証の提示と名刺交換を行い，世間話もそこそこに本題に話が及んだ。

監督官　「今日店舗をお伺いさせていただいたのは，おわかりの通り木村さんの件です。実は木村さんから労働基準監督署の方へ相談があって，退職金が御社から支払われないとのことですが。」

佐　藤　「調査に来られた理由は，理解しております。木村氏に退職金を支払っていないのは事実です。ただし，会社も理由もなしに支払っていないわけではありません。その点について，木村氏からはお話はありましたか。」

監督官　「いえ。具体的な話は特に…。」

佐　藤　「そうですか。」

監督官　「先生から説明していただけますでしょうか。」

佐　藤　「わかりました。実は，木村氏が退職して間もなくの平成29年5月に
　　　　　なって，商品在庫管理システムの不自然な操作が発覚しまして，仕入
　　　　　れた商品と販売個数からあるべき在庫が合わない商品がいくつかある
　　　　　のです。田中店長，資料をお願いします。」

田　中　「はい。先生。これが資料です。」
　　　　　資料を監督官に渡して説明する。

佐　藤　「この商品在庫管理システムを木村氏は退職直前まで責任者として取
　　　　　り扱っていました。ですので，会社としては，木村氏が店舗の商品を
　　　　　盗んでいたと考えているのです。」

監督官　「そうでしたか。それで，そのことと退職金を支払わないこととの関
　　　　　係は？」

佐　藤　「はい。これがこの会社の退職金規程なのですが，この第10条に懲戒
　　　　　事由があり，懲戒解雇となった場合には，退職金を支給しないという
　　　　　規定が定められています。したがって，会社側としては，この規定に
　　　　　該当すると判断しています。」

監督官　「なるほど。先生のご見解は理解しました。ところが，この規程では，
　　　　　『懲戒解雇となった場合』となっています。今回木村さんは懲戒解雇
　　　　　になったわけではないですよね。」

佐　藤　「現時点では，確かにそうです。しかしながら，田中店長は，木村氏
　　　　　の問題が判明してすぐの5月に木村氏宛てに手紙を送付して，店舗に
　　　　　来て事情聴取するように働きかけていたのです。場合によっては木村
　　　　　氏の退職理由を会社として変える必要性があるためです。ところが，
　　　　　木村氏からは何の音沙汰もなく，時間が経過していました。その矢先
　　　　　に木村氏から書面が届いたのです。」

監督官　「そういう経過だったのですね。それは，無視した木村さんにも非が
　　　　　ありそうですね。」

佐　藤　「はい。ですので，こちらとしては，木村氏にきちんと店舗に来ても
　　　　　らって，事実関係を明らかにした上で，今回の退職金の問題に対応し
　　　　　たいと考えています。木村氏が商品を盗んでいるのであれば，その代
　　　　　金も払っていただく必要がありますし。」

監督官 「会社と先生のお考えは理解できました。木村氏には一度きちんと店舗に来て事情を説明するように伝えておきましょう。ただし，現時点では，懲戒解雇になっていない以上，退職金は支払っていただく必要性があると考えています。ですので，先生，勧告書だけはお出しして帰らせていただきます。」

佐　藤 「わかりました。では，木村氏にこちらの意向を伝えていただいた上で，私と木村氏でお話しさせていただきます。おそらく木村氏との話し合いに一定の期間を要するので，1か月ほどお時間いただけますか？」

監督官 「わかりました。それではそれで勧告書を作成しますのでお待ちください。」

是正勧告書（**文書2**）を作成する。

佐　藤 「では，木村氏との交渉経過は，直接私から監督官へご連絡しますので，会社には連絡されないでください。他の従業員が電話を取っても困りますし。」

監督官 「わかりました。連絡をお待ちしております。」

[解説]

　設例の労働基準監督官と佐藤弁護士のやりとりのように，弁護士が入ることで，調査に対応する労働基準監督官も企業が誠実に対応しようとしていると感じるため，基本的には弁護士が介入しないケースよりも企業側の事情にも配慮しながら，調査を進める傾向があります。

　調査日程の変更もその1つの表れです。また，設例の佐藤弁護士が是正までに1か月は欲しいと伝えたことで，是正勧告の期限が1か月後に設定されたのも，あらかじめ企業側で見通しを示した結果です。

　そして，申告監督という事例の性質もありますが，木村と佐藤弁護士が交渉（事実確認）を行うという点を踏まえて，労働基準監督官との連絡窓口も会社の責任者である田中ではなく，佐藤弁護士となっています。

　このように，労働基準監督署の調査には，専門家である弁護士に事前に相談の上，立ち会ってもらうことで企業の負担を大きく軽減することができます。

〔文書２〕

是 正 勧 告 書

平成29年8月25日

株式会社デイライトスーパー
田中吾郎　殿

福岡　労働基準監督署
労働基準監督官○○　印

　貴事業場における下記労働基準法違反については，所定期日までに是正の上，
遅滞なく報告するよう勧告します。
　なお，法条項に係る法違反（罰則のないものを除く。）については，所定期日
までに是正しない場合には，事案の内容に応じ，送検手続をとることがあります。
　また，「法条項」欄に□印を付した事項については，同種違反の繰り返しを防
止するための点検責任者を事項ごとに指名し，確実に点検補修を行うよう措置
し，当該措置を行った場合にはその旨を報告してください。

法条項等	違　反　事　項	是正期日
労働基準法第24条	元労働者木村剛の退職金を所定期日である平成29年5月31日までに支払っていないこと。	H29・9・30

受領年月日，受領者	平成29年8月25日 田中　吾郎　　　印	（1）枚のうち（1）枚目

〔西村　裕一〕

第**4**章

労基署調査で問題となる違反
——就業規則

Q4-1 労基署の重点監督項目

労基署はどのような事項を重点的に監督していますか。

　月80時間を超える残業が行われている事業場などに対する監督指導の徹底をはじめ，長時間労働の是正に向けた取組みを積極的に行っています。

1　過重労働解消キャンペーン

平成28年6月に閣議決定された「ニッポン一億総活躍プラン」や「日本再興戦略2016」には，「長時間労働の是正に向けた法規制の執行強化」が盛り込まれるなど，長時間労働対策の強化が喫緊の課題となっています。

これを受け，厚生労働省は，「過労死等防止啓発月間」の一環として「過重労働解消キャンペーン」を平成28年11月に実施し，長時間労働の削減等の過重労働解消に向けた取組みを推進するため，使用者団体・労働組合への協力要請，リーフレットの配布などによる周知・啓発等の取組みを集中的に実施しました。

また，このときの重点監督は，下表の内容とされていました。

[図表1] 重点監督の内容

1　監督の対象とする事業場等
　以下の事業場に対して，重点監督を実施
　①長時間にわたる過重な労働による過労死等に係る労災請求が行われた事業場等
　②労働基準監督署及びハローワークに寄せられた相談等を端緒に，離職率が極端に高いなど若者の「使い捨て」が疑われる企業等
　※必要に応じ夜間の立入りを実施。
　※②については，監督指導の結果，法違反の是正が図られない場合は，是正が認められるまでハローワークにおける職業紹介の対象としない。
2　重点的に確認する事項
　①時間外・休日労働が時間外・休日労働に関する協定届（いわゆる三六協定）の範囲内であるかについて確認し，法違反が認められた場合は是正指導する。

②賃金不払残業がないかについて確認し，法違反が認められた場合は是正指
　導する。
③不適切な労働時間管理については，労働時間を適正に把握するよう指導する。
④長時間労働者については，医師による面接指導等，健康確保措置が確実に
　講じられるよう指導する。
3　書類送検
　重大・悪質な違反が確認された場合は，送検し，公表する。

　この重点監督は，労働基準関係法令の違反が疑われる全国7,014の事業場に
対して集中的に実施されました。そして，4,711の事業場（全体の67.2％）で労
働基準関係法令違反を確認し，そのうち2,773の事業場（39.5％）で違法な時間
外労働が認められたため，それらの事業場に対して，是正に向けた指導が行わ
れました。

［図表2］重点監督の結果のポイント

1　重点監督の実施事業場：7,014事業場
　4,711の事業場（全体の67.2％）で労働基準関係法令違反あり。
2　主な違反内容
　（1）違法な時間外・休日労働があったもの：2,773事業場（39.5％）
　　　うち，時間外・休日労働の実績が最も長い労働者の時間数が
　　　1か月当たり80時間を超えるもの：1,756事業場（63.3％）
　　　うち，月100時間を超えるもの：1,196事業場（43.1％）
　　　うち，月150時間を超えるもの：257事業場（9.3％）
　　　うち，月200時間を超えるもの：52事業場（1.9％）
　（2）賃金不払残業があったもの：459事業場（6.5％）
　（3）過重労働による健康障害防止措置が未実施のもの：728事業場（10.4％）
3　主な健康障害防止に係る指導の状況
　（1）過重労働による健康障害防止措置が 不十分なため改善を指導したもの：
　　　5,269事業場（75.1％）
　　　　うち，時間外労働を月80時間以内に削減するよう指導したもの：3,299事
　　　業場（62.6％）
　（2）労働時間の把握方法が不適正なため指導したもの：889事業場（12.7％）

厚生労働省は，上表の結果を踏まえて，長時間労働が行われている事業場などに対する監督指導の徹底をはじめ，長時間労働の是正に向けた取組みを積極的に行っていくと発表しています。

例えば，今年も11月に同様の過重労働解消のためのキャンペーンを予定しています。

その他の取組みの1つとして，厚生労働省は，平成29年1月20日，「労働時間の適正な把握のために使用者が講ずべき措置に関するガイドライン」を策定し，公表しました。このガイドラインでは，労働時間の適正管理に対する使用者の責務を明らかにし，労働時間に該当するか否かについて具体例（**図表3**参照）が記載されています。これは，従来より通達されていた「労働時間の適正な把握のために使用者が講ずべき措置に関する基準」（平成13年4月6日，基発339号）を，より具体的にしたものといえます。

[図表3] 労働時間の具体例

①　使用者の指示により，就業を命じられた業務に必要な準備行為（着用を義務づけられた所定の服装への着替え等）や業務終了後の業務に関連した後始末（清掃等）を事業場内において行った時間

②　使用者の指示があった場合には即時に業務に従事することを求められており，労働から離れることが保障されていない状態で待機等している時間（いわゆる「手待時間」）

③　参加することが業務上義務づけられている研修・教育訓練の受講や，使用者の指示により業務に必要な学習等を行っていた時間

また，同省は，違法残業の疑いで書類送検した事案などを平成29年5月からホームページで一括掲載するようになりました。対象は，平成28年10月以降に労使協定の上限を超えて違法に残業させたり，残業代を支払わなかったりした疑いなどで書類送検した事案です。

従来は報道発表してもホームページに掲載していない都道府県労働局がありました。違法残業事案をホームページへ掲載することで，一罰百戒の効果を得ようとするものです。労働基準法違反容疑で書類送検された電通を巡っては，滋賀県などが発注事業の競争入札への参加停止の措置を取っており，自治体への情報提供という狙いもあります。

このような状況からすると，今後，労基署は，長時間労働が疑われる事業所に対して，より積極的に監督を行っていくことが予想されます。

〔宮﨑　晃〕

Q4-2　「かとく」の取締対象

「かとく」（過重労働撲滅特別対策班）の重点監督対象はどのようなものですか。

　　従来，「かとく」は，月100時間超残業が疑われるすべての事業場を重点監督の対象としていました。昨今のブラック企業問題を踏まえ，重点監督対象を拡大し，現在は月80時間超のすべての事業場を対象としています。

1　「かとく」とは

「かとく」とは過重労働撲滅特別対策班の通称です。

平成27年，過重労働による健康被害の防止などを強化するため，違法な長時間労働を行う事業所に対して監督指導を行う過重労働撲滅特別対策班，通称「かとく」が東京労働局と大阪労働局の2か所に設置されました。このとき，かとくに配属されたのは，ベテランの労働基準監督官（東京に7名，大阪に6名）です。厚生労働省の発表では，違法な長時間労働を強いる企業の中には，パソコンに保存された労働時間のデータを改ざんするなど悪質なケースも多いことから，それに対応するための高度な捜査技術が必要となってくるため，専門機器を用いてデータの解析を行い，過重労働が認められる企業などに監督指導や検査を行っていくとの紹介がありました。

発足したとき，マスコミからは，いわゆるブラック企業対策として設けられた特別チームと大々的に報じられました。

また，最近では，大手広告代理店・電通の過労死自殺の事件の際，「黄色い腕章を付けたスーツ姿の男女7人の精鋭からなる，『かとく』チームが，電通本社ビルにさっそうと乗り込んでいった」などと報道されました。かつては，東京地検特捜部による捜査がマスコミに大きく取り上げられていましたが，最近は検察よりも「かとく」の捜査に関心が寄せられています。

厚生労働省は，平成28年4月，「第3回長時間労働削減推進本部」の会合を開催し，今後の長時間労働対策として，監督指導・捜査体制の強化について発表しました。そして，従来，「かとく」は東京局・大阪局のみ設置されていましたが，都道府県すべての労働局（47局）に，長時間労働に関する監督指導等を専門に担当する「過重労働特別監督監理官」を各1名配置するとしました。

　また，企業本社への監督指導や都道府県労働局の行う広域捜査活動を迅速かつ的確に実施できるよう，本省（労働基準局監督課）に司令塔的機関として，過重労働特別対策室（本省かとく）を設置しました。これにより，「かとく」の取締対象は日本全国に広がり，かつ，厚生労働省と各労働局が連携して取締りを実施し得る体制が構築されています。

2　「かとく」の重点監督対象

　従来，「かとく」は，月100時間超残業が疑われるすべての事業場を重点監督の対象としていました。厚生労働省の発表によれば，平成27年4月から12月の間に約8,500の事業場に監督を行い，その結果，違法な残業が行われていたのは6割弱，そのうち，月80時間超の残業があったのが約8割，月100時間超の残業があったのが約6割となっています。

　このような結果を受けて，厚生労働省は重点監督対象を拡大し，現在は月80時間超のすべての事業場を対象としています。試算では，月100時間超残業が疑われる事業場は約1万事業場であったのに対し，月80時間超の事業場は約2万事業場に上るといわれています。

〔宮﨑　晃〕

Q4-3　就業規則で定める事項

　就業規則を策定したいと考えていますが，具体的にどのようなことを規定しなければなりませんか。

　　就業規則では，労働時間等の絶対的必要記載事項のほか，相対的必要記載事項，任意記載事項を規定します。

1 就業規則に規定する事項

　就業規則には，必ず記載しなければならない事項（これを絶対的必要記載事項といいます），その制度を置く場合は就業規則に記載しなければならない事項（相対的必要記載事項），記載するか否かが自由な事項（任意記載事項）があります。

2 絶対的必要記載事項

　以下の項目は，必ず就業規則に定めなければなりません。
- 始業及び終業の時刻，休憩時間，休日，休暇並びに労働者を2組以上に分けて交替に就業させる場合においては就業時転換に関する事項
- 賃金（臨時の賃金等を除く）の決定，計算及び支払の方法，賃金の締切り及び支払の時期並びに昇給に関する事項
- 退職に関する事項（解雇の事由を含む）

［図表4］絶対的必要記載事項

分類	記載事項	説　明
労働時間・休日・休暇関係	始業及び終業の時刻	当該事業場における所定労働時間の開始時刻と終業時刻。例えば，「1日8時間」というような規定では違反となる。また，始業等の繰り上げや繰り下げが行われる場合はその旨を記載する。
	休憩時間	休憩時間の長さ，与え方（一斉に与えるか，交替で与えるか等）について具体的に規定する。また，休憩時間の繰り上げや繰り下げが行われる場合はその旨を記載する。
	休日	休日の日数，与え方（1週1回，または1週の特定日（例えば「日曜日」）等），休日の振替・代休等の制度がある場合はその旨記載する。
	休暇	労基法上の年次有給休暇，産前産後の休暇，生理日の休暇，育児・介護休業法に基づく休暇，労基法37条3項の休暇（代替休暇），事業場が任意に定める特別休暇（年末年始休暇，夏季休暇，慶弔休暇等）等。
	就業時転換に関する事項	労働者を2組以上に分けて交替に就業させる場合は，交替期日や交替順序に関する事項。

賃金関係	賃金（臨時の賃金等を除く）の決定・計算	賃金額ではなく，学歴，資格，経験年数等の賃金の決定要素，又は賃金体系をいう。
	賃金の支払方法	月給制，日給制，出来高払い制等の支払の方法をいう。
	賃金の締切り及び支払の時期	例えば，月給制の場合は「月末締めの翌月20日払い」など。
	昇給	昇給期間，昇給率，その他昇給の条件等をいう。
退職関係	退職に関する事項（解雇事由を含む）	ここでいう「退職」とは解雇を含めて労働契約が終了するすべての場合をいう。したがって，任意退職，定年退職，契約期間満了による退職，解雇等，労働者が身分を失うすべての場合に関する事項を記載する。

3　相対的必要記載事項

　以下の項目は，その制度を置く場合は就業規則に記載しなければなりません。
- 退職手当の定めをする場合：適用される労働者の範囲，退職手当の決定，計算及び支払の方法並びに退職手当の支払の時期に関する事項
- 臨時の賃金等（退職手当を除く）及び最低賃金額の定めをする場合：これに関する事項
- 労働者に食費，作業用品その他の負担をさせる定めをする場合：これに関する事項
- 安全及び衛生に関する定めをする場合：これに関する事項
- 職業訓練に関する定めをする場合：これに関する事項
- 災害補償及び業務外の傷病扶助に関する定めをする場合：これに関する事項
- 表彰及び制裁の定めをする場合：その種類及び程度に関する事項
- 上記の他に当該事業場の労働者のすべてに適用される定めをする場合：これに関する事項

4　任意記載事項

　上記の他に，任意記載事項として，自社の経営の考え方（企業理念等），就業規則の目的，労働能率の維持・向上に関する事項，法令に定められている事項の確認規定等について，記載することがあります。

[図表5] 相対的記載事項

記載事項	説　明
退職手当	退職手当制度は，必ず設けなければならないものではなく，制度があれば，適用される労働者の範囲，退職手当の決定，計算及び支払の方法並びに退職手当の支払の時期に関する事項を記載する。 例えば，勤続年数，退職事由等の退職手当額決定のための要素，算定方法，一時金で支払うのか年金で支払うのか等の支払方法をいう。
臨時の賃金・最低賃金額	臨時の賃金等の制度があれば，その支給条件，支給額の計算方法，支払期日等を明確に記載する。
食費，作業用品，その他の負担	「その他」の負担とは，社宅費，共済組合費等をいう。これらを負担させる場合はその金額を記載する。
安全・衛生	「安全及び衛生に関する事項」とは，労働安全衛生法等に規定されている事項のうち，当該事業場において特に必要な事項の細目，法令に規定されていない事項であっても，当該事業場の安全衛生上必要なもの等をいう。
職業訓練	職業訓練の種類，内容，期間，訓練を受けることができる資格，訓練中の労働者に特別の権利義務を設定する場合にはそれに関する事項，訓練終了者に対して特別の処遇をする場合にはそれに関する事項を記載する。
災害補償・業務外の傷病扶助	災害補償及び業務外の負傷や病気の扶助に関する事項を記載する。
表彰及び制裁	表彰については，その種類及び程度に関する事項を記載する。 制裁については，懲戒処分の事由・種類・程度・手続等を記載する。なお，制裁は法令に違反するもののほか，公序良俗に反するようなものは認められない。

5　実務上の留意点

　最低限，絶対的必要記載事項及び相対的記載事項については就業規則に明記しましょう。

　また，マネジメントの観点から企業理念等の任意記載事項についても，でき

れば記載したほうがよいでしょう。

就業規則は一度策定したら終わりではいけません。就業規則でよく見受けられる不備は，最新の法令に対応していないものです。労働関係法令は，社会状況の変化に合わせて絶えず改正されています。従業員の労働条件に関する法令の新設・改正が行われたら，そのたびごとに就業規則の内容を変更するようにしましょう。

〔宮﨑　晃〕

Q4-4　従業員への周知

就業規則を策定しましたが，従業員には特に見せるなどのことはしていませんでした。このような場合も労基署から違反していると指摘されますか。また，このような就業規則は有効でしょうか。

　　　常時10人以上の労働者を使用する使用者は，就業規則を作成し，従業員へ周知しなければなりません。
　　　また，採用時又は採用直後において労働者が当該就業規則の内容を知り得る状態になければ，当該就業規則は労働契約の条件とはなりません。

1　就業規則の作成・届出義務がある事業場

就業規則は，すべての企業が作成しなければならないというわけではありません。就業規則を作成する義務があるのは，常時10人以上の労働者を使用する使用者です。この場合，使用者は，就業規則を作成するだけでなく，作成した就業規則を所轄の労基署に届けなければなりません（労基法89条）。

常時10人以上の労働者の「常時10人以上」とは，状態として10人以上の労働者を使用していることをいいます。したがって，通常は10人未満で，繁忙期のみ10人を超えるような場合は該当しません。

また，「労働者」とは正社員だけではなく，パートタイマーや契約社員も含まれます。ただし，人材派遣会社から派遣されている派遣社員や同じ構内の下請会社の労働者は除かれます。

さらに，常時10人以上を使用しているか否かは，企業単位ではなく，個々の

第4章　労基署調査で問題となる違反──就業規則　　*83*

【書式10　就業規則届出書】

就業規則届

○○労働基準監督署長　殿

平成　　年　　月　　日

　今回，別添のとおり当社の就業規則，その他関係規程を制定いたしましたので，従業員代表の意見書を添付のうえお届けします。

　　　事業所の所在地　　○○○○
　　　事業所の名称　　　○○○○○株式会社
　　　使用者職氏名　　　代表取締役　○○○○　㊞

事業場で判断されます。したがって，例えば，1企業が東京と福岡に2つの事業所を持っていて，東京が7名，福岡が9名の場合，合計すると16名ですが，いずれの事業場も10名未満なので，就業規則の作成義務はないことになります。

　書式10は就業規則を労基署へ届け出るときに使用する書式のサンプルです。特に様式は決まっていませんが，参考として掲載しています。

2　就業規則の意見聴取

　就業規則は，作成に当たって当該事業場の労働者の過半数で組織する労働組合，又は，労働者の過半数を代表する者の意見を聴かなければなりません（労基法90条）。

　「労働者の過半数で組織する労働組合」とは，当該事業場のすべての労働者のうち，その過半数を占める労働者が加入している労働組合をいいます。

　「労働者の過半数を代表する者」とは，当該事業場の全部の労働者の過半数

【書式11　意見書】

意見書

○○株式会社
代表取締役　○○○○　殿

平成　　年　　月　　日

　平成　　年　　月　　日付をもって意見を求められた就業規則について，下記のとおり意見を提出します。

記

　特に異議はございません。

従業員代表：氏名　　　　　㊞

（選出の方法：話合い）

を超えるものによって代表された者をいいます。この場合，部長などで労働基準法41条2号の管理監督者に該当する者は代表者となることはできません（労基則6条の2第1項1号）。また，代表の選出方法は，選挙，投票や話合いによるべきで，会社経営者などが指名で選出すると労基法違反となります（同規則6条の2第1項2号）。

　中小企業においては，労働者の過半数で組織される労働組合が存在しないことが多く，多くの場合は労働者の過半数を代表する者から意見を聴取することとなります。

　「意見を聴く」とは，文字どおり「意見を求める」ということで，同意を得る必要まではありません。企業側としては，意見を尊重すべきですが，法律上はその意見に拘束されることはありません。

　書式11は意見書（従業員代表の場合）のサンプルです。特に様式は決まっていませんが，参考として掲載しておきます。トラブル防止のために本人に署

名押印をしてもらうようにしてください。

3 就業規則の周知義務

　使用者は，就業規則を作成し，労基署へ届け出るだけでなく，常時各作業場の見やすい場所へ掲示し，又は，備え付けること，書面を交付すること，又はコンピュータを使用した方法によって，労働者に周知させなければなりません（労基法106条1項，労基則52条の2）。

　使用者がこの周知義務を履行しない場合，30万円以下の罰金に処せられます（労基法120条1号）。

　また，就業規則の周知は労基法違反を回避するだけではなく，就業規則の効力発生要件でもあるため極めて重要です。

　すなわち，労働契約法は，労働契約を締結する場合において労働条件を詳細に定めずに労働者が就職した場合において，使用者が合理的な労働条件が定められている就業規則を労働者に「周知」させていた場合には，労働契約の内容は，「その就業規則で定める労働条件によるものとする」と規定しています（労契法7条本文）。

　この「周知」は，上記労働基準法上の周知とは異なり，「実質的に見て当該事業場の労働者集団に対して当該就業規則の内容を知りうる状態においていたこと」と解されています（菅野199頁）。したがって，採用時又は採用直後において労働者が当該就業規則の内容を知り得る状態になければ，当該就業規則は労働契約の条件とはなりません。

　なお，就業規則の周知が契約内容を補充する効果を有するのは，労働契約において詳細な条件を定めていなかった場合です。就業規則の内容と異なる労働条件を個別に合意していた場合，原則として，個別合意の方が優先されます（労契法7条）。ただし，個別合意で定めた労働条件が就業規則で定める基準に達しない場合，その個別合意の労働条件ではなく就業規則で定める基準が契約内容となります（同法12条）。これを就業規則の最低基準効といいます。

　例えば，就業規則に定める賃金とは異なる低額の報酬支払を合意する場合，就業規則に定める賃金が労働契約の内容となると考えられます。

[図表6] 就業規則の届出の流れ

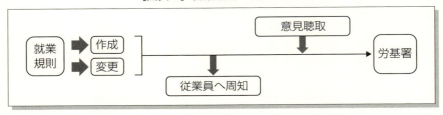

4 実務上の留意点

　上記のとおり，就業規則の作成義務があるのは，常時10人以上の労働者を使用する使用者です。しかし，常時10人未満であっても，労使間のトラブル防止のために作成すべきです。

　作成する場合，厚生労働省のモデル就業規則をインターネット上からダウンロードすることも可能です。

　しかし，この就業規則はあくまでモデルであり，企業の経営戦略や個別の事業場の実情を踏まえたものではありません。また，就業規則は一度作ると，労働者側に不利益に変更するのは難しい場合があります。作成する際は，就業規則に詳しい専門家に相談の上，企業の経営戦略や事業場の実情に整合したものにすることをおすすめします。

　また，就業規則を策定しても，周知していない企業が多く見受けられます。上記のとおり，就業規則の策定は効力発生要件でもあるので，周知を確実にするようにしてください。

〔宮﨑　晃〕

Q4-5　非正規社員の就業規則

　わが社には正社員のほか，パートタイマーや契約社員もおりますが，正社員の就業規則しか作成しておりません。
　この場合にも問題がありますか。

　　　　就業規則の作成義務がある事業場は，正社員のみならず，パートタイマー等の非正規社員についても就業規則の作成義務があり，作成しないと労働基準法違反として労基署から是正指導される可能性があります。

1　就業規則の作成・届出義務がある事業場

　就業規則を作成する義務があるのは，常時10人以上の労働者を使用する使用者です（労基法89条）。
　この作成・届出義務について，詳しくは前出（Q4-4）を参照してください。

2　就業規則の記載内容

　就業規則には，必ず記載しなければならない事項（これを絶対的必要記載事項といいます），その制度を置く場合は就業規則に記載しなければならない事項（相対的必要記載事項），記載するか否かが自由な事項（任意記載事項）があります。
　絶対的必要記載事項には，労働時間関係（始業及び終業の時刻，休憩時間等），賃金関係（賃金の決定方法等），退職に関する事項があります。
　この就業規則の記載内容について，詳しくは前出（Q4-3）を参照してください。
　正社員とパートタイマー，契約社員は，通常，これらの労働条件が異なります。したがって，就業規則の作成義務がある事業場は，正社員のみならず，パートタイマー等の非正規社員についても就業規則の作成義務があり，作成しないと労働基準法違反として労基署から指摘される可能性があります。
　なお，就業規則の作成の仕方としては，次の2つがあります。
① 　正社員用の就業規則とは別に，パートタイマー用，契約社員用の就業規則

を作成する方法
② 1つの就業規則に，正社員，パートタイマー等すべての労働者のことを記載する方法

いずれでも構いませんが，従業員の確認のしやすさや，今後の改訂（就業規則の変更）作業等の管理の利便性を考えると，①の方法の方がよいと思われます。

3　実務上の留意点

仮に，正社員用の就業規則しか作っていない場合，就業規則の最低基準効の問題で，労使トラブルに発展する可能性も考えられます。

就業規則の最低基準効とは，労働契約を締結する際，個別合意で定めた労働条件が就業規則で定める基準に達しない場合，その個別合意の労働条件ではなく就業規則で定める基準が契約内容となることをいいます（労契法12条）。

例えば，就業規則に定める賃金とは異なる低額の報酬支払を合意する場合，就業規則に定める賃金が労働契約の内容となると考えられます。

このことから，例えば，契約社員の就業規則が作成されていない場合，契約社員から，労働条件について，「正社員の就業規則に定める基準が契約内容になる（例えば，本来は賞与の支給対象ではないが，正社員と同様に賞与の支給対象となるなど）」などと主張されるリスクがあります。

このような労使トラブルを防止する観点からも，すべての労働者の就業規則を作成しておくべきです。

〔宮﨑　晃〕

Q4-6　労使協定の違反

労使協定とはどのような取り決めですか。
また，労使協定について，労基署はどのような場合を問題視しますか。

労使協定とは，使用者が労働者との間で締結される，書面による協定のことをいいます。労使協定を締結すべき場合は種々ありますが，労働者に残業させる場合は労使協定が必要であり，これを締結していないと是正勧告等の対象となります。

1 労使協定の締結と届出義務

　労働基準法は，使用者に対して，一定のことを実施する場合，事前に労働者との間で労使協定を締結しなければならないと定めています。この労使協定の中には労基署への届出が必要なものとそうでないものがあります。労働者に与える影響が大きいものなど，特に労基署が把握しておく必要性が高いものについては届出が必要となっています。

　労働基準法における労使協定の締結と届出義務を整理すると**図表7**のとおりとなります。

[図表7] 労使協定の整理

労使協定の締結が必要な事項	労基法の根拠条項	労基署への届出義務
時間外・休日労働	36条	○
賃金から法定控除以外のものを控除する場合	24条	×
1か月単位の変形労働時間制	32条の2	○（注1）
1年単位の変形労働時間制	32条の4	○
1週間単位の非定型的変形労働時間制	32条の5	○
フレックスタイム制	32条の3	×
休憩の一斉付与の例外（交替休憩）	34条	×
専門業務型裁量労働制	38条の3	○
企画業務型裁量労働制	38条の4	○
事業場外労働のみなし労働時間制	38条の2	○（注2）
年次有給休暇の時間単位での付与	39条4項	×
年次有給休暇の計画的付与	39条6項	×
年次有給休暇の賃金を標準報酬日額で支払う場合	39条7項	×
労働者の貯蓄金をその委託を受けて管理する場合	18条2項	○
1か月60時間を超える時間外労働の賃金　引上げ部分の代替休暇の付与	37条3項	×

注1：就業規則に定めた場合には届出は不要
注2：事業場外労働が法定労働時間内の場合は不要

　例えば，労働基準法では，法定労働時間外の労働が禁止されていて，もし，違反した場合には会社が罰則を受けることになります。

しかし，時間外労働に関する協定を締結し，労基署へ届け出ていれば，罰則を受けることがなく時間外労働を命ずることができるようになります（労基法36条）。

なお，この時間外・休日労働に関する労使協定は，労働基準法36条に基づくものであることから，通常「三六（サブロク）協定」と呼ばれています。

2 実務上の留意点

労使協定は，従業員の過半数代表者（過半数労働組合がある場合はその労働組合。以下「過半数代表者等」という）との間で締結しなければなりません。すなわち，労使協定は，過半数代表者等が同意しなければ締結できません。

なお，就業規則は過半数代表者等の同意までは不要です。すなわち，就業規則は過半数代表者等から意見を聴くだけでよく，仮に，意見を就業規則の内容に反映しなかったとしても，そのこと自体は違法ではありません。

また，労使協定は，締結するだけではなく，就業規則と同様に労働者に周知しなければなりません（労基法106条）。使用者は，労使協定を常時各作業場の見やすい場所へ掲示し，又は，備え付けること，書面を交付すること，又はコンピュータを使用した方法によって，労働者に周知させなければなりません（労基法106条1項，労基則52条の2）。

使用者がこの周知義務を履行しない場合，30万円以下の罰金に処せられますので注意が必要です（労基法120条1号）。

〔宮﨑　晃〕

Q4-7　労働者名簿の違反

労働者名簿とはどのようなものですか。
また，労働者名簿について，労基署はどのような場合を問題視しますか。

労働者名簿とは，労働者の氏名等法所定の事項が記入された名簿です。使用者は，労働者名簿を作成・記入し，必要な訂正をし，かつ，3年間保存しておかなければ，労働基準法違反となります。

1 労働者名簿の調製義務

使用者は，事業場ごとに（2つ以上の事業場を持っている企業は，それぞれの事業場ごとに）労働者名簿を，各労働者（日日雇い入れられる者を除く）について作成し，労働者の氏名，生年月日，履歴等下図に掲げる事項を記入しなければなりません（労基法107条，労基則53条）。

［図表8］ 労働者名簿の記入事項

① 氏名
② 生年月日
③ 履歴
④ 性別
⑤ 住所
⑥ 従事する業務の種類（常時30人未満を使用する事業においては記入不要）
⑦ 雇入れの年月日
⑧ 退職の年月日及びその事由（解雇の理由も含む）

また，上図の事項に変更があった場合，使用者は遅滞なく訂正しなければなりません（労基法107条2項）。

さらに，使用者は，この労働者名簿を3年間保存しておかなければなりません（労基法109条）。

なお，この3年間の起算点は，労働者の死亡，退職又は解雇の日となります（労基則56条1号）。

したがって，使用者は，労働者名簿を作成・記入し，必要な訂正をし，かつ，3年間保存しておかなければ，労働基準法違反となります。労働者名簿の違反の場合は30万円以下の罰金が法定刑となっています（労基法120条1号）。

2 パソコン等に保存する方法

近年はペーパーレス化が進んでいることから，労働者名簿をパソコン等で作成し，電子データとして保存する企業が増えています。このような場合，労働者名簿をわざわざ紙で出力して保存しなければならないのかが労働基準法上明らかではないため問題となります。

これについては、行政解釈（通達）があり、次の①及び②のいずれをも満たす場合には、労働基準法の要件を満たすものとして取り扱うとされています（平成7年3月10日基収第94号）。

① 電子機器を用いて磁気ディスク、磁気テープ、光ディスク等により調製された労働者名簿に法定必要記載事項を具備し、かつ、事業場ごとにそれぞれ労働者名簿を画面に表示し、及び印字するための装置を備え付ける等の措置を講ずること。

② 労働基準監督官の臨検時等労働者名簿の閲覧、提出等が必要とされる場合に、直ちに必要事項が明らかにされ、かつ、写しを提出し得るシステムとなっていること。

〔宮﨑　晃〕

Q4-8　賃金台帳の違反

賃金台帳とはどのようなものですか。
また、賃金台帳について、労基署はどのような場合を問題視しますか。

賃金台帳とは、使用者が事業場ごとに賃金支払の都度遅滞なく各労働者ごとに調製しなければならないと定められている台帳です。使用者は、賃金台帳を作成・記入し、3年間保存しておかなければ、労働基準法違反となります。

1　賃金台帳の調製義務

使用者は、事業場ごと（2つ以上の事業場を持っている企業は、それぞれの事業場ごとに）に賃金台帳を作成し、すべての労働者（日日雇い入れられる者を含む）について、労働者ごとに下図に掲げる事項を記入しなければなりません（労基法108条、労基則54条）。

[図表9]　賃金台帳の記入事項

① 氏名
② 性別

③　賃金計算期間：日日雇い入れられる者（1か月を超えて引き続き使用される者を除く）は記入する必要がない。

④　労働日数

⑤　労働時間数

⑥　時間外労働時間数，休日労働時間数及び深夜労働時間数

⑦　基本給，手当その他賃金の種類ごとにその額：通貨以外のもので支払われる賃金がある場合には，その評価総額

⑧　法令及び労使協定に基づいて，賃金の一部を控除した場合には，その額

　使用者は，この賃金台帳を3年間保存しておかなければなりません（労基法109条）。

　なお，この3年間の起算点は，最後の記入をした日となります（労基則56条2号）。

　したがって，使用者は，賃金台帳を作成・記入し，3年間保存しておかなければ，労働基準法違反となります。賃金台帳の違反の場合は30万円以下の罰金が法定刑となっています（労基法120条1号）。

2　パソコン等に保存する方法

　労働者名簿と同様，近年はペーパーレス化が進んでいることから，賃金台帳をパソコン等で作成し，電子データとして保存しているような場合，賃金台帳をわざわざ紙で出力して保存しなければならないのかが労働基準法上明らかではないため問題となります。

　これについては，Ｑ4－7で紹介した行政解釈（通達）が適用され，①及び②のいずれをも満たす場合には，労働基準法の要件を満たすものとして取り扱うとされています（平成7年3月10日基収第94号）。

①　電子機器を用いて磁気ディスク，磁気テープ，光ディスク等により調製された賃金台帳に法定必要記載事項を具備し，かつ，事業場ごとにそれぞれ賃金台帳を画面に表示し，及び印字するための装置を備え付ける等の措置を講ずること。

②　労働基準監督官の臨検時等，賃金台帳の閲覧，提出等が必要とされる場合に，直ちに必要事項が明らかにされ，かつ，写しを提出し得るシステムとなっていること。　　　　　　　　　　　　　　　　　　　　　　　　〔宮﨑　晃〕

Q4−9　労働関係の重要な書類

労働者名簿，賃金台帳のほかに，労働関係に関する重要な書類はありますか。

また，それらの書類について，労基署はどのような場合を問題視しますか。

　　　　雇入れ，解雇，災害補償，賃金その他タイムカードなど労働時間の記録に関する書類が重要です。

これらは3年間の保存義務があり，違反した場合は30万円以下の罰金に処せられます。

1　記録の保存義務

労働基準法は，使用者に対し，労働者名簿，賃金台帳及び雇入，解雇，災害補償，賃金その他労働関係に関する重要な書類について，3年間の保存義務を課しています（労基法109条）。

これは労働関係の紛争解決及び監督上の必要から，その証拠を保存するために，労働関係に関する重要書類について，一定期間保存すべき義務を定めたものと解されます。

このような法の趣旨からすると，ここでいう「その他労働関係に関する重要な書類」とは，例えば，出勤簿，タイムカード，労使協定書等が該当すると考えられます。

なお，行政解釈（通達）も，始業・終業時刻など労働時間の記録に関する書類は「その他労働関係に関する重要な書類」に該当するとし，関係する書類としては，使用者が自ら始業・終業時刻を記録したもの，タイムカード等の記録，残業命令書及びその報告書並びに労働者が自ら労働時間を記録した報告書などがあるとしています（平成13年4月6日基発第339号）。保存義務に違反した場合は30万円以下の罰金が法定刑となっています（労基法120条1号）。

2　保存期間

保存期間である3年の起算点は，書類によって異なりますが，**図表10**のとおりです。

[図表10] 記録の保存期間

記　録	保存期間の起算日
労働者名簿	労働者の死亡，退職又は解雇の日
賃金台帳	最後の記入をした日
雇入れ又は退職に関する記録	労働者の退職（解雇）又は死亡の日
災害補償に関する記録	災害補償が終わった日
賃金その他労働関係に関する重要な書類	その完結の日

3　パソコン等に保存する方法

　近年はペーパーレス化が進んでいることから，労働関係に関する記録をパソコン等で作成し，電子データとして保存する企業が増えています。このような場合，労働関係に関する記録をわざわざ紙で出力して保存しなければならないのかが労働基準法上明らかではないため問題となります。

　この点について，行政解釈（通達）は，光学式読み取り装置（OCR）により，読み取り，画像情報として光磁気ディスク等の電子媒体に保存する場合，①画像情報の安全性が確保されていること，②画像情報を正確に記録し，かつ，長期間にわたって復元できること（詳細は**図表11**を参照）のいずれの要件も満たすときは保存義務違反とはならないとしています（平成8年6月27日基発第411号）。

[図表11] 電子媒体へ保存する要件

画像情報の安全性が確保されていること	故意又は過失による消去，書換え及び混同ができないこと。電子媒体に保存義務のある画像情報を記録した日付，時刻，媒体の製造番号等の固有標識が同一電子媒体上に記録されるとともに，これらを参照することが可能であること。
	同一の機器を用いて保存義務のある画像情報と保存義務のない画像情報の両方を扱う場合には，当該機器に保存義務のある画像情報と保存義務のない画像情報のそれぞれを明確に区別する機能を有していること。
画像情報を正確に記録し，かつ，長期間にわたって復元できること。	電子媒体，ドライブその他の画像関連機器について，保存義務のある画像情報を正確に記録することができること。
	法令が定める期間にわたり損なわれることなく保存できること。
	電子媒体，ドライブ，媒体フォーマット，データフォーマット，データ圧縮等のデータ保管システムについて，記録された画像情報を正確に復元できること。また，労働基準監督官の臨検時等，保存文書の閲覧，提出等が必要とされる場合に直ちに必要事項が明らかにされ，かつ，写しを提出し得るシステムとなっていること。

〔宮﨑　晃〕

Q4-10　労働条件明示義務

従業員を雇用する場合，どのようなことを明示しなければなりませんか。また，明示義務に違反した場合はどうなりますか。

使用者は，労働契約の締結に際し，労働者に対して賃金，労働時間その他の労働条件を書面などで明示しなければなりません。これらを明示しない場合，罰則の対象となります。

1　労働条件の明示義務

　使用者は，労働契約の締結に際し，労働者に対して賃金，労働時間その他の労働条件を書面などで明示しなければなりません（労基法15条1項）。

そして，この労働基準法を受けて，労働基準法施行規則は，明示の具体的な範囲と方法（書面の交付が必要か，口頭でも足りるか）について定めています（労基則5条）。これを整理すると，明示事項は**図表12**のとおりとなります。

[図表12] 労働者へ明示すべき事項

書面交付が必要なもの	口頭で足りるもの
① 労働契約の期間 ② 有期労働契約を更新する場合の基準 ③ 就業の場所・従事する業務の内容 ④ 始業・終業時刻，所定労働時間を超える労働の有無，休憩時間，休日，休暇，交替制勤務をさせる場合は就業時転換に関する事項 ⑤ 賃金の決定，計算・支払の方法，賃金の締切り・支払の時期に関する事項 ⑥ 退職に関する事項（解雇の事由を含む）	⑦ 昇給に関する事項 ⑧ 退職手当の定めが適用される労働者の範囲，退職手当の決定，計算・支払の方法，支払の時期に関する事項 ⑨ 臨時に支払われる賃金，賞与などに関する事項 ⑩ 労働者に負担させる食費，作業用品その他に関する事項 ⑪ 安全・衛生に関する事項 ⑫ 職業訓練に関する事項 ⑬ 災害補償，業務外の傷病扶助に関する事項 ⑭ 表彰，制裁に関する事項

　労働条件の明示義務に違反した場合は30万円以下の罰金が法定刑となっています（労基法120条1号）。

2　実務上の留意点

（1）有期労働契約を更新する場合の基準

　有期労働契約に関しては，使用者と労働者との紛争を未然に防止するために，使用者が講ずべき労働契約の期間の満了に係る通知に関する事項その他必要な事項についての基準を厚生労働大臣が定めることができる旨規定しています（労基法14条2項）。

　そして，これを受け，通達により，雇止めに関する基準が定められています（平成15年10月22日基発第1022001号）。

　これに従えば，例えば，「更新の有無」については，①自動的に更新する，②更新する場合があり得る，③契約の更新はしない，等を明示することが考え

られます。

また，「判断の基準」については，①契約期間満了時の業務量により判断する，②労働者の勤務成績・態度により判断する，③労働者の能力により判断する，④会社の経営状況により判断する，⑤従事している業務の進捗状況により判断する，等を明示することが考えられます。

（2）明示方法について

上記のとおり，法律上は，すべての労働条件について，書面明示は義務づけられていません。

しかし，トラブル防止の観点からは，できるだけ書面で明示しておくべきです。すなわち，労働問題をめぐる紛争は，労働契約の内容が不明確なことが原因となって起こることがあります。例えば，昇給に関して，使用者側は定期昇給を約束していないのに，労働者側は定期昇給があると思いこんでいる場合です。このような場合，「言った言わない」の状況になることがあります。

このような事態を防止するために，労働条件は可能な限り書面化して，明示すべきです。

また，法律上，労働条件は，使用者から一方的に通知することのみを要求していますが，トラブル防止の観点からは，雇用契約書にしておいた方が望ましいと考えます。すなわち，使用者，労働者の双方が契約内容について，署名押印を行う方法です。雇用契約書は使用者と労働者との合意内容を証明するものですので，労働条件に関するトラブルの未然防止に資する効果があります。

雇用契約書のサンプル（正社員用）については，**書式12**のとおりです。

〔宮﨑　晃〕

第4章　労基署調査で問題となる違反——就業規則　　*99*

【書式12　雇用契約書】

雇用契約書

1　（　　　　）を甲，（　　　　）を乙として，甲乙間において以下記載の労働条件により雇用契約を締結した。

雇用期間	1　期間の定めなし　　　2　　年　　月　　日〜　　年　　月　　日まで
勤務場所	
仕事の内容	
勤務時間等	時　　分から　　時　　分迄（うち休憩時間　　分）
休　日	
所定外労働	1　所定外労働をさせることが（有／無）→（最大　　　時間程度） 2　休日労働をさせることが　　（有／無）→（　　　　　　　）
休　暇	
賃　金	1　基本給　月額（　　　　　円） 2　諸手当　イ（　　手当　　　円）ロ（　　手当　　　円） 　　　　　　ハ（　　手当　　　円）ニ（　　手当　　　円） 3　所定外労働等に対する割増率 　イ　所定外　a　法定超（　　％）b　所定超（　　％） 　ロ　休　日　a　法定（　　％）b　所定外（　　％） 　ハ　深夜　　　　　（　　％） 4　賃金締切日（毎月　　日）　5　賃金支払日（毎月　　日） 6　賃金の支払方法（　　　　　　　　　　　　　　　） 7　賃金支払時の控除　→（費目，金額等　　　　　　） 8　昇給（有／無）　→（時期，金額等　　　　　　） 9　賞与（有／無）　→（時期，金額等　　　　　　） 10　退職金（有／無）　→（時期，金額等　　　　　　）
退職に関する事項	1　定年制（有（　歳），無） 2　自己都合退職の手続（退職する　　日前迄に届け出ること） 3　解雇の事由及び手続 　（　　　　　　　　　　　　　　　　　　　　　　） ○詳細は，就業規則第　　条〜第　　条，第　　条〜第　　条
その他	

2　本人は就業規則等に定める諸規則を遵守し，誠実に職責を遂行すること。

3　その他，疑義が生じた場合には労働法令に従う。

　年　　月　　日

会　社　　　　　　　　　　　　　　印

本　人　住所

　　　　　氏名　　　　　　　　　　印

第 **5** 章

労基署調査で問題となる違反
——長時間労働・未払賃金

Q5-1 調査対象

従業員に長時間労働をさせた場合に、労基署が調査・確認する事項はどのようなものでしょうか。

法定労働時間を超えて就労させるための三六協定を締結し労基署に届けているか、就業規則等で時間外労働の定めがあり労働契約の内容となっているか、時間外労働の上限を超えていないか、割増賃金は適切に支払われているか等の事項が主に確認される事項です。

1 労働時間の規制

(1) 法定労働時間

労働基準法において、労働時間は、1週間で40時間を超えてはならず、1週間の各日については、1日8時間を超えてはいけません（労基法32条）。これは、労働時間に関する規制の大原則です。したがって、仮に就業規則に、始業午前8時〜終業午後6時、休憩午前12時〜午後1時との1日9時間の所定労働時間を規定していたとしても、最後の1時間の部分は無効となります。

(2) 三六協定について

原則として、法定労働時間を超えて労働者を働かせることはできませんが、いわゆる三六協定を締結していれば、法定労働時間を超えて労働者を働かせることができます。

三六協定は、事業場の労働者の過半数を組織する労働組合があれば、当該労働組合と協定し、労働組合がない場合には、労働者の過半数を代表する者と締結することになります。ただし、三六協定を締結しただけでは、労働者を法定労働時間を超えて働かせることはできません。所在地を管轄する労働基準監督署長に届出をした上で、就業規則に規定を設けるなどして、労働契約上の根拠が必要となります。

また、休日労働をさせる場合においても、同様に労使間で協定を締結する必要があります。

第5章　労基署調査で問題となる違反──長時間労働・未払賃金　　103

［図表1］法定時間を超えて就労させる要件

①　事業場の過半数の労働者が加入する労働組合あるいは事業場の過半数を代表する労働者と三六協定を締結
②　所在地を管轄する労働基準監督署に届出
③　労働協約や就業規則による契約上の根拠があること

　上記の条件を満たすことで，法定労働時間を超えて労働者に就労させることができますが，無制限に労働時間を延長できるわけではなく**図表2**のとおり制限があります。

［図表2］時間外労働の限度時間

期間	時間外労働の上限時間
1週間	15時間
2週間	27時間
4週間	43時間
1か月	45時間
2か月	81時間
3か月	120時間
1年	360時間

2　割増賃金の支払

（1）割増賃金が発生するケース

　労働者を法定労働時間を超えて働かせた場合や休日に労働させた場合，もしくは午後10時～午前5時までの間に就労させた場合には，その時間に応じて割増賃金を支払わなければなりません（労基法37条）。

（2）割増賃金の計算方法について

　割増賃金は，①1時間あたりの賃金を算出して，②割増率に応じて金額を加算し，割増賃金の対象となる時間を乗じることで算出されます。

104

【書式13　三六協定届出書】

様式第9号（第17条関係）

時間外労働
　　　　　　に関する協定届
休日労働

事業の種類	事業の名称	事業の所在地（電話番号）

			延長することができる時間			期間
事業の種類	業務の種類	労働者数（満18歳以上の者）	所定労働時間	1日	1日を超える一定の期間（起算日）	
					延長することができる時間	

① 下記②に該当しない労働者

時間外労働をさせる必要のある具体的事由

② 1年単位の変形労働時間制により労働する労働者

			労働させることができる休日並びに始業及び終業の時刻	期間
業務の種類	労働者数（満18歳以上の者）	所定休日		

休日労働をさせる必要のある具体的事由

協定の成立年月日　　　年　　　月　　　日

協定の当事者である労働組合の名称又は労働者の過半数を代表する者の　職名
氏名

協定の当事者（労働者の過半数を代表する者の場合）の選出方法（　　　　　　）

　　　年　　　月　　　日

使用者　職名
氏名　　　　　　㊞

　　労働基準監督署長殿

記載心得
1　「業務の種類」の欄には、時間外労働又は休日労働をさせる必要のある業務の種類を具体的に記入すること。
2　「延長することができる時間」の欄の記入に当たっては、次のとおりとすること。
　(1)「1日」の欄には、労働基準法第32条から第32条の5まで又は第40条の規定により労働させることができる最長の労働時間を超えて延長することができる時間であって、1日についての限度となる時間を記入すること。
　(2)「1日を超える一定の期間（起算日）」の欄には、労働基準法第32条から第32条の5まで又は第40条の規定により労働させることができる最長の労働時間を超えて延長することができる時間であって、同法第36条第1項の協定で定める期間に関して、その上欄に当該協定で定められた当該期間の起算日を記入し、当該期間の起算日を記入し、当該期間の延長することができる時間を記入すること。
3　②の欄は、労働基準法第32条の4の規定による労働時間により労働する労働者（対象期間が3箇月を超える者に限る。）について記入すること。
4　「労働させることができる休日並びに始業及び終業の時刻」の欄には、労働基準法第35条の規定による休日であって労働させることができる日並びに当該休日の労働の始業及び終業の時刻を記入すること。
5　「期間」の欄には、時間外労働又は休日労働をさせることができる日の属する期間を記入すること。

第5章　労基署調査で問題となる違反──長時間労働・未払賃金　　*105*

① 　1時間あたりの賃金額の算出

　月給制においては，基本給に各種手当を加算した賃金額（通常賃金）を月における所定労働時間数で除することで算出します。

　通常賃金に加算される手当は，**図表3**の除外賃金以外の手当のすべて加算されることになります。

[図表3] **割増賃金の除外賃金**

① 　家族手当
② 　通勤手当
③ 　別居手当
④ 　子女教育手当
⑤ 　住宅手当
⑥ 　臨時に支払われた賃金
⑦ 　1か月を超える期間ごとに支払われる賃金

② 　割増率について

割増率に関しては，次の**図表4**のとおり労働基準法に定められています。

[図表4] **割増賃金**について

時間外労働	1時間あたりの賃金×1.25以上 ※但し，60時間以上を超える時間外労働については50%以上を加算 しなければならない（適用除外の中小企業は除く）。
深夜労働	1時間あたりの賃金×1.25以上
休日労働	1時間あたりの賃金×1.35以上

　条件が重なった場合には，その分の割増率も加算されることになります。すなわち，時間外労働が深夜（午後10時～午前5時）に及んだ場合には，50%以上の加算をしなければならず，休日労働が深夜に及んだ場合には，60%以上を加算しなければなりません。

3 違反しているとされた事例

　長時間労働を原因として，労働基準監督署から是正勧告や指導を受けた例を紹介します。

①情報処理事業者の事例
（事例の概要） 　心臓・脳疾患を発症した労働者について，三六協定で定める上限時間（特別条項：月80時間）を超えて，発症前の直近6か月平均で月92時間の時間外労働を行わせていた。 　この労働者以外の労働者についても，21名の労働者に対し，三六協定で定める上限時間を上回る月100時間を超える違法な時間外労働を行わせていた。最も時間外労働が長い労働者で月約200時間となっていた事案。 ≪労働基準監督署の対応≫ ・労働基準法第32条（労働時間）違反を是正勧告 ・36協定の不適切な運用について原因を分析し，適切な運用を図るための具体的な再発防止対策を検討するよう指導 ・月80時間以内への削減について専用指導文書により指導 ・過重労働による健康障害防止について専用指導文書により指導
②製造業者の事例
（事案の概要） 　労働基準監督官による監督指導において，三六協定で定める上限時間（特別条項：月120時間）以内に抑えるため，労働時間を管理する一部の役職者がタイムカードを不正打刻（具体的には，月120時間を超える可能性がある労働者のタイムカードを上司が回収し，定時で打刻）し，月120時間を超える違法な時間外労働を11名の労働者に行わせ，かつ，過少に打刻された分の割増賃金を支払っていない事実が認められた事案。 ≪労働基準監督署の対応≫ ・労働基準法第32条（労働時間）違反を是正勧告 ・36協定の不適切な運用について原因を分析し，適切な運用を図るための具体的な再発防止対策を検討するよう指導 ・月80時間以内への削減について専用指導文書により指導 ・タイムカードの不正打刻についてその原因を分析し，具体的な再発防止対策を講ずるよう指導 ・労働基準法第37条（割増賃金）違反を是正勧告

- 労基署の指導内容や違法な長時間労働の実態を本社の経営トップに報告して，全社的な改善を図るよう指導

③引越業者の事案

（事案の概要）

　自動車運転者４名について，三六協定で定める上限時間（月125時間）を超えて，違法な時間外労働（最も長い労働者で月約160時間）を行わせるとともに，自動車運転者の労働時間等の改善のための基準（改善基準告示）を超えて労働を行わせた事案。

（労働基準監督署の対応）

- 労働基準法第32条（労働時間）違反を是正勧告
- 改善基準告示第４条（（ⅰ）１箇月の総拘束時間が320時間を超えていること，（ⅱ）１日の最大拘束時間が16時間を超えていること，（ⅲ）勤務終了後，継続８時間以上の休息時間を与えていないこと）違反を是正勧告
- 36協定の不適切な運用について原因を分析し，適切な運用を図るための具体的な再発防止対策を検討するよう指導
- 月80時間以内への削減について専用指導文書により指導
- 過重労働による健康障害防止措置について専用指導文書により指導

4　労働基準監督署の関わり

　三六協定を締結せずに法定労働時間を超えて労働者を就業させることや，適切な割増賃金を支払わなかった場合には，罰則が設けられています（労基法119条１号）。また，近年では，長時間労働により精神疾患に罹患する労働者が増加しており，最悪自殺に至るケースもあり，企業が長時間にわたり労働を強いることについて社会的批判が高まっているところです。

　したがって，労基署としても，違法な長時間労働には厳しい姿勢で臨んでおり，上記の例のように是正勧告を出し，是正勧告にも応じない悪質な例に関しては送検手続も辞さない態度で企業の長時間労働の是正を図ろうとしています。

　企業としては，労基署からの指導が入った場合には，真摯に受け止め，できる限りの是正をして，誠実に労基署に対応しなければなりません。

〔鈴木　啓太〕

Q5-2　休憩時間の違反

労基署から，休憩時間の違反を指摘されるのはどのような場合ですか。

　1勤務に必要な休憩時間を与えていなかった場合や，休憩時間とされているにもかかわらず，合間に書類作成をするなど労働から解放させていなかった場合がこれにあたる可能性があります。

1　休憩時間該当性

(1)　休憩時間

　休憩時間とは，労働者が労働時間の途中において休息のために労働から完全に解放されることを保障されている時間と解されています（菅野466頁）。
　そのため，たとえ，形式的に「休憩時間」とされていても，労働からの解放がない場合は，使用者の指揮命令下にあるため，労働時間に該当する可能性があります（設例回答）。

(2)　問題となる事例

　①　手待時間

　上記の休憩時間の考え方から，単に作業をしない時間（手待時間）は休憩時間に含まれません。労働からの解放が保障されていないからです。
　手待時間について，すし処「杉」事件（大阪地判昭56・3・24労経速1091号3頁）は，すし店に勤務していた店員が勤務時間中の客の途切れた時などを見計らって適宜休憩していた（ただし，客が来店した際には即時に対応しなければならなかった）場合において，こうした時間は手待時間であって，休憩時間には該当しないと判断しました。

　②　仮眠時間

　また，仮眠時間が休憩時間に該当するかについて，以下の裁判例があります。

【大星ビル管理事件（最一小判平14・2・28民集56巻2号361頁，労判822号5頁）】
　（判旨抜粋）
「労基法32条の労働時間（以下「労基法上の労働時間」という。）とは，労働者が使用者の指揮命令下に置かれている時間をいい，実作業に従事していない仮

眠時間（以下「不活動仮眠時間」という。）が労基法上の労働時間に該当するか否かは，労働者が不活動仮眠時間において使用者の指揮命令下に置かれていたものと評価することができるか否かにより客観的に定まるものというべきである」

「そして，<u>不活動仮眠時間において，労働者が実作業に従事していないというだけでは，使用者の指揮命令下から離脱しているということはできず，当該時間に労働者が労働から離れることを保障されていて初めて，労働者が使用者の指揮命令下に置かれていないものと評価することができる。</u>」（下線部は筆者加筆）。

　本件では，従業員ら（ビル内巡回巡視の業務に従事）が仮眠時間中においても，警報や電話等に対して，ただちに相応の対応をすることが義務づけられていました。そのため，当該仮眠時間は労働からの解放が保障されていないとして，休憩時間該当性が否定されました。

2　休憩時間に関する規制

　法律上，休憩時間に関して，休憩時間の長さ，休憩時間の与え方，休憩時間の利用方法等について，さまざまな法規制がなされています。

　主な法規制の概要は，以下の**図表5**のとおりです。

[図表5] 休憩時間の法規制

```
① 　休憩時間の長さ（労基法34条1項）
② 　休憩時間の与え方
　・与える時間帯（労基法34条1項）
　・一斉付与（労基法34条2項）
③ 　休憩時間の利用方法（労基法34条3項）
　　〜　自由利用の原則
```

3　休憩時間の長さ

　労働基準法34条1項は，「使用者は，労働時間が6時間を超える場合においては少くとも45分，8時間を超える場合においては少くとも1時間の休憩時間を労働時間の途中に与えなければならない。」と規定しています。

ですので，例えば，1日8時間労働であれば少なくとも45分，1日8時間30分労働であれば少なくとも1時間の休憩時間を与える必要があります。もちろん，法定の休憩時間を超える時間の休憩時間（例えば，1日8時間労働で1時間の休憩時間）を与えることは問題ありません。

4　休憩時間の与え方

（1）与える時間帯

　休憩時間は，「労働時間の途中に与えなければならない」（労基法34条1項）とされています。そのため，例えば，必ず12時から休憩時間を与えなければならないというように休憩を与える時間帯は決まっていません。

　また，休憩時間は，まとめて与えることも，分けて与えることもできます。例えば，1日9時間の労働において，9時～12時（労働，3時間），12時～12時30分（休憩，30分），12時30分～16時30分（労働，4時間），16時30分～17時（休憩，30分），17時～19時（労働，2時間）とすることも可能です。

（2）一斉付与

　① 　一斉付与原則

　労働基準法34条2項本文は，「前項の休憩時間は，一斉に与えなければならない。」と規定しています。休憩時間の一斉付与原則の規定です。

　休憩時間を一斉に付与する範囲は，作業場単位ではなく，事業場単位と解されています。

　ここで，事業場と作業場の区別について説明します。事業について，行政解釈では「工場，鉱山，事務所，店舗等の如く，一定の場所において相関連する組織のもとに業として継続的に行われる作業の一体」をいうと解されています（昭和22年9月13日基発第17号）。そのため，例えば，工場がこれに該当することがあります。他方，作業場は，事業場の中にあるそれぞれの場所です。

　② 　一斉付与原則の例外

　i 　労使協定

　労働基準法34条2項ただし書は，「ただし，当該事業場に，労働者の過半数で組織する労働組合がある場合においてはその労働組合，労働者の過半数で組織する労働組合がない場合においては労働者の過半数を代表する者との書面に

よる協定があるときは，この限りでない。」と規定しています。つまり，労使協定がある場合には，休憩を一斉に付与する必要はなく，交互に付与することができます。

　具体的には，①一斉に休憩を与えない労働者の範囲，②当該労働者に対する休憩の与え方について労使協定を結ぶ必要があります（労基則15条，平成11年1月29日基発第45号）。

　なお，この労使協定を締結した場合，所轄労働基準監督署長への届出は不要です。

【書式14　一斉休憩の適用除外に関する協定書】

一斉休憩の適用除外に関する協定書

　○○株式会社と○○株式会社従業員代表△△は、一斉休憩の除外につき、次のとおり協定する。

（対象従業員）
第１条　本協定は、全従業員に適用する。

（休憩の交替制）
第２条　従業員を早番と遅番の２組に分け、交替で次の時間を休憩時間とする。
早番：午前12時から午後１時まで
遅番：午後１時から午後２時まで
２　前項の規定にかかわらず、業務上の必要がある場合には、休憩時間の時間帯を変更することがある。

（有効期間）
第３条　本協定の有効期間は、○年○月○日から○年○月○日までの１年間とする。
２　本協定の期間満了の１ヵ月前までに双方から変更の申し出がない場合には、更に１年間延長するものとし、以降も同様とする。

　　　年　　　月　　　日

　　　　　　　　　　　　　　　○○株式会社
　　　　　　　　　　　　　　　　代表取締役 □□ 印
　　　　　　　　　　　　　　　　従業員代表 △△ 印

ii 特定の業種

　労働基準法40条には，一斉付与原則について，「厚生労働省令で別段の定めをすることができる。」と規定されています。これを受けて，労働基準法施行規則31条において，運輸交通業（別表第1第4号），商業（同第8号），金融・広告業（同第9号），映画・演劇業（同第10号），郵便・電気通信業（同第11号），保健衛生業（同第13号），接客娯楽業（同第14号），官公署の事業では，休憩時間を一斉に付与する必要はなく，交替休憩をすることができるとされています。

［図表6］休憩時間の与え方（一斉付与原則とその例外）

原則：一斉に与えなければならない（労基法34条2項本文）
例外：① 労使協定を締結した場合（労基法34条2項ただし書，労基則15条）
　　　② 特定の業種（労基法40条，労基則31条）

5　休憩時間の利用方法

（1）休憩時間自由利用の原則と例外

　労働基準法34条3項には，「使用者は，第1項の休憩時間を自由に利用させなければならない。」と規定されています。休憩時間自由利用の原則の規定です。

　休憩時間は労働から完全に解放されている時間であるため，例えば，昼寝をすることを禁止することはできません。

　なお，この原則について，労働基準法施行規則33条は，

① 警察官，消防吏員，常勤の消防団員及び児童自立支援施設に勤務する職員で児童と起居をともにする者（労基則33条1項1号）

② 乳児院，児童養護施設及び障害児入居施設に勤務する職員で児童と起居をともにする者（同項2号）

については，休憩時間自由原則を適用しないとしています（ただし，②については，所轄労働基準監督署長の許可を受けた場合に限ります。労基則33条2項）。

第5章　労基署調査で問題となる違反──長時間労働・未払賃金　　*113*

（2）制限の可否と程度

　休憩時間の利用方法について，使用者が労働者の休憩時間自由利用に対する制限をすることが可能かという問題があります。

　この点について，行政解釈では，休憩時間の利用について事業場の規律保持上必要な制限を加えることは，休憩の目的を害わない限り差し支えないとしています（昭和22年9月13日基発第17号）。

　以下，外出，ビラ配布について見ていきます。

①　外　出

　休憩時間中は労働から解放されているため，外出についても本来自由と考えるのが自然です。そのため，「休憩時間中の外出も原則として自由であり，合理的理由がある場合に最小限の態様の規制（届出制，客観的基準による許可制）をなしうるにすぎない」（菅野466頁）と解する見解もあります。

　なお，この点について，行政解釈では，休憩時間中の外出許可制について，事業場内において自由に休息し得る場合には必ずしも違法にはならないとしています（昭和23年10月30日基発第1575号）。

②　ビラ配布

　休憩時間中のビラ配りについて，以下2つの裁判例を紹介します。

---

①【電電公社目黒電報電話局事件（最三小判昭52・12・13民集31巻7号974頁）】
（事案の概要）

　従業員が休憩時間中に，上司が従業員の貼ったベトナム戦争に対する反戦プレート（ベトナム侵略反対，米軍立川基地拡張阻止）を取り外すよう命令したことに抗議するビラを無許可で配布した。それに対して，会社が，当該行為が就業規則に違反し懲戒事由に該当するとして，従業員を懲戒処分にした事例。
※会社の就業規則には，職員が職場内で演説やビラ配布等を行う場合には事前に管理責任者の許可を受けなければならないという内容の規定（ビラ配布許可制）があった。

（判旨抜粋）
「休憩時間の自由利用といつてもそれは時間を自由に利用することが認められたものにすぎず，その時間の自由な利用が企業施設内において行われる場合には，

使用者の企業施設に対する管理権の合理的な行使として是認される範囲内の適法な規制による制約を免れることはできない。また，従業員は労働契約上企業秩序を維持するための規律に従うべき義務があり，休憩中は労務提供とそれに直接附随する職場規律に基づく制約は受けないが，右以外の企業秩序維持の要請に基づく規律による制約は免れない。」

本件は，上記のとおり判示した上，従業員への戒告処分を有効としました。

② **【明治乳業事件（最三小判昭58・11・1 労判417号21頁）】**
（事案の概要）
　休憩時間中に，従業員が，会社工場の食堂内で，食事中の従業員に対し政党の選挙ビラを平穏に手渡し，または卓上に置いた。それに対して，会社が，従業員の当該行為が，会社の就業規則（ビラ配布の事前許可制）に違反するとして，戒告処分とした事例。
（判旨抜粋）
　「本件ビラの配布の態様，経緯及び目的並びに本件ビラの内容に徴すれば，本件ビラの配布は，工場内の秩序を乱すおそれのない特別の事情が認められる場合に当たり，右各規定に違反するものではないと解するのが相当である。」

本件は，電電公社目黒電報電話局事件を引用しつつ上記のとおり判示して，戒告処分を無効としました。

上記①②の両裁判例を比較すると，ビラ配布の態様，経緯，目的等を考慮していると考えられます。

〔森内　公彦〕

Q5-3　法定休日の違反例

労基署から，法定休日の付与義務に違反したと指摘されるのは，どのような場合ですか。

例えば，週に1日も休日を与えなかった場合が，これにあたる可能性があります。

1 労働基準法35条（休日原則）

（1）週休制の原則

　労働基準法35条１項は，「使用者は，労働者に対して，毎週少くとも１回の休日を与えなければならない。」と規定しています（週休制の原則）。そのため，同規定違反は，原則として法定休日の付与義務違反にあたります。

　法定休日は，就業規則等で特定の曜日を定めていればそれに従います。しかし，そうでなければ１週間のうちどの曜日にしても，週によって曜日を変えることも可能ですので，ある週については日曜日，またある週については土曜日とすることも可能です。もっとも，行政監督上は，就業規則において，休日をできるだけ特定させるよう指導するという方針がとられています（昭和63年３月14日基発第150号）。

　また，休憩時間と異なり，休日を一斉に与えることは法律上，要求されていません（昭和23年３月31日基発第513号）。

　なお，休日の与え方について，１暦日（午前０時から午後12時までの24時間）の24時間であるか，継続24時間（例：ある日の午前８時から翌日の午前８時まで）で足りるかという問題があります。例えば，労働と非番を繰り返す，１昼夜交代勤務の場合に問題となります。この点について，行政解釈では，原

[図表７] 休日の与え方（暦日休日制）

１日	２日	３日	４日	５日	６日	７日	８日

①就労　②非番　③就労　④非番　⑤就労　　　休日

① 　１日午前８時から２日午前８時まで　　　就労
② 　２日午前８時から３日午前８時まで　　　非番
③ 　３日午前８時から４日午前８時まで　　　就労
④ 　４日午前８時から５日午前８時まで　　　非番
⑤ 　５日午前８時から６日午前８時まで　　　就労

休日：７日目の午前０時から継続した24時間

則として1暦日の考え方（暦日休日制）をとっています（昭和23年4月5日基発第535号）。

　具体的には，前頁の**図表7**の場合においては，7日目の午前0時から継続した24時間が休日となります。

　なお，番方編成による交替制の場合，行政解釈上，

i　交替制によることが就業規則等により定められて制度として運用されていること

ii　各番方の交替が規則的に定められているものであって，勤務割表等により，その都度設定されるものでないこと

の各事項を満たす場合は，休日は暦日ではなく，継続24時間を与えれば差し支えないとされています（昭和63年3月14日基発第150号）。

（2）変形週休制

　労働基準法35条2項は，「前項の規定は，4週間を通じ4日以上の休日を与える使用者については適用しない。」と規定しています（変形週休制）。これは，特定の4週間のうち4日以上の休日を与える場合には，同法1項の適用を受けないというものです。この変形週休制を採用するには，就業規則において単位となる4週間（またはそれより短い期間）の起算日を定める必要があります（労基則12条の2第2項）。この場合，事前に休日を特定することまでは必要ありません。

2　休日振替え

（1）問題の所在

　労基法35条との関係で，休日振替えができる場合が問題となります。例えば，就業規則上で休日を「日曜日」と定めている場合に，使用者がある週については，その代わりに「水曜日」を休日に変更する措置（休日振替命令）をとることができるかという問題です。

　休日振替えには，事前の振替え（あらかじめ別の労働日を休日として，特定の休日を労働日とすること）と事後の振替え（ある休日に労働させた後に，別の労働日を休日とすること）があります。

第5章　労基署調査で問題となる違反──長時間労働・未払賃金　　*117*

（2）事前の振替え

　事前の振替えについては，労働者の個別的同意を得るのが原則ですが，一定の要件を満たす場合には，これを要しないと解されています。

　この点について，三菱重工業横浜造船所事件（横浜地判昭55・3・28労判339号20頁）は，事前の振替えについて，「<u>一定の条件のもとに就業規則所定の休日を他に振替えることができることになつている</u>のであるから，所定の休日は振替のありうることが予定されたうえで特定されているものというべきであり，右の定めは就業規則によるものであることから，その性質上，労働契約の内容をなしているものと解されるので，使用者は，<u>前記の条件が満たされるかぎり，特定された休日を振替えることができるものというべく，たとえ，個々の振替の際に労働者の同意，了解がなくとも，そのことの故に直ちに休日振替が違法，無効となるいわれはない</u>ものと解するほかはない。」と判示しました（下線部は筆者加筆）。

　つまり，就業規則上，業務上の必要により就業規則で定める休日を他の日に振り替えることができる旨の規定がある場合，当該規定に従った休日振替命令は適法，有効となります。

　そして，この場合，本来の休日は労働日における労働となるため，休日労働に伴う36協定の締結・届出（労基法36条）や割増賃金の支払（同法37条）は求められません。ただし，1週40時間労働等，他の制約に服することはあり得ます。

（3）事後の振替え

　ある休日に労働させた後に，別の労働日を休日とする場合（事後の振替え）は，その日における労働は休日労働と評価されます。そのため，三六協定の締結・届出や割増賃金の支払が必要になります。また，事後の振替えは休日労働と評価されるため，仮に代休を事後に付与したとしても，三六協定に基づかない休日労働をさせたことになるため，労基法35条違反となる可能性があります。

3　休日原則の適用除外

（1）労働基準法41条

　労働基準法41条は，労働時間等に関する規定の適用除外について規定しています。

　そして，休日原則の適用除外となる場合は，「別表第1第6号（林業を除く。）

又は第7号に掲げる事業に従事する者」（労基法41条1号，農業・畜産・水産業に従事する者），「事業の種類にかかわらず監督若しくは管理の地位にある者又は機密の事務を取り扱う者」（同条2号，管理監督者および機密事務取扱者），「監視又は断続的労働に従事する者で，使用者が行政官庁の許可を受けたもの」（同条3号，監視・断続的労働従事者）であり，これらの者については休日に関する規定は適用されません。

［図表8］　休日原則の適用除外

①	農業・畜産・水産業に従事するもの
②	管理監督者，機密事務取扱者
③	監視労働従事者，断続的労働従事者

（2）各号の具体的内容

ア　第1号に規定されている産業は，天候・季節等の自然に影響を受けやすいため，適用除外となっています。

イ　第2号に規定されている管理監督者は，例えば，支店長がこれに該当する可能性があります。管理監督者については，本書Ｑ5-7において詳述いたします。

　同じく第2号に規定されている機密事務取扱者とは，秘書その他職務が経営者または監督もしくは管理の地位にある者の活動と一体不可分であって，厳格な労働時間管理になじまない者をいいます（昭和22年9月13日発基第17号）。

ウ　第3号に規定されている監視・断続的労働従事者については，通常の労働者と比較して労働密度が薄いとされていることから適用除外とされています。

　監視に従事する者とは，原則として一定部署にあって監視するのを本来の業務とし，常態として身体または精神的の緊張の少ないものをいいます。また，断続的労働に従事する者とは，実作業が間欠的に行われて手待時間の多い労働に従事する者をいいます。手待時間が多いかどうかは，それが実作業時間を超えるかまたはそれと等しいことが目安とされています。監視・断続的労働従事者は，例えば，守衛，小・中学校の用務員，団地管理人，隔日勤務のビル警備員がこれにあたる可能性があります。

　なお，労働基準法施行規則34条により，監視・断続的労働従事者については，

第5章　労基署調査で問題となる違反——長時間労働・未払賃金　　*119*

従事する労働の態様および員数について，同規則様式第14号により，所轄労働基準監督署長の許可を受けなければなりません。

【書式15　監視・断続的労働に従事する者に対する適用除外許可申請書（様式第14号（第34条関係））】

監　　視 断続的労働		に従事する者に対する適用除外許可申請書

様式第14号（第34条関係）

事業の種類	事業の名称	事業の所在地（電話番号）

	業務の種類	員　数	労　働　の　態　様
監　　視		人	
断続的労働		人	

年　　月　　日

使用者　職名
　　　　氏名　　　　　　㊞

＿＿＿＿＿＿労働基準監督署長　殿

社会保険労務士 記　　載　　欄	作成年月日・提出代行者，事務代理者の表示・名称　　㊞	電話番号

4　求められる対応

法定休日違反の問題は，未払賃金の違反，労働時間の違反に直結する問題です。そして，両違反とも，労基署が定期監督を実施し違反を指摘した事項の上位に挙がっています。

会社としては，就業規則の確認，見直しを行ったり，休日を与えたつもりでも法律上与えていない場合に該当していないか（上記1など）の確認を行う必要があります。　　　　　　　　　　　　　　　　　　　　　〔森内　公彦〕

Q5-4　固定残業代の違反

当社は，営業職の従業員に対して，残業代を含むものとして営業手当を支給しています。
このような残業代の定額払いは認められますか。

残業代の定額払いが認められるには，通常の労働時間の賃金部分と割増賃金相当部分とが明確に区分されていることなどの厳格な要件を満たす必要があります。

1　問題の背景

労働基準法は，時間外労働等（休日労働や深夜労働を含む）について，所定の割増率による割増賃金を支払うことを使用者に義務づけています（労基法37条）。

しかし，毎月，従業員一人ひとりの割増賃金を計算するのは煩雑です。そこで，割増賃金を支払う代わりに，定額の手当を時間外労働の対価として支払ったり（定額手当制），基本給に割増賃金を組み込んで支払ったり（定額給制）するケースがあります（定額手当制と定額給制を合わせて固定残業代制といいます）。

このような固定残業代制は，給与計算事務の負担軽減という観点からは合理性があるといえます。また，固定残業代の金額が法所定の割増賃金よりも多額であれば，労働者にとっても有益といえます。

しかし，固定残業代の金額が法所定の割増賃金よりも少額の場合はいわゆるサービス残業問題となり，労働者に大きな負担となってしまいます。実際に，この固定残業代制については，労働紛争となることが多く，裁判等に発展することも珍しくありません。そこで，このような固定残業代制が認められるのか，認められる場合その要件をどう解するかが問題となります。

2　裁判例や学説の見解

（1）固定残業代制自体の有効性

労働基準法37条は，時間外労働等について，所定の割増率による計算を規定します。

第5章　労基署調査で問題となる違反──長時間労働・未払賃金　　*121*

　しかし，同法は，法所定の計算による一定額以上の割増賃金を支払うことを求めているのであって，これに違反しない限り，同法による計算をする必要はないと考えられています（昭和24年1月28日基収第3947号）。例えば，割増賃金の計算の基礎に算入すべき賃金を除外していても，割増率を高くしているために実際に支払われる割増賃金の額が労働基準法所定の計算による割増賃金額以上となる場合，違法とはなりません。

　ただし，「割増賃金として法所定の額が支払われているか否かを判定できるように，通常の労働時間の賃金部分と割増賃金相当部分とを区別できるようにすること」が必要であると考えられています（菅野498頁，東和システム事件・東京高判平21・12・25労判998号5頁など）。

（2）定額手当制

　例えば，労働者に対して，残業代を含むものとして，営業手当（前掲東和システム事件），セールス手当（名鉄運輸事件・名古屋地判平3・9・6判タ777号138頁），運行手当（関西ソニー販売事件・大阪地判昭63・10・26労判530号40頁）などの手当を支給している類型です。

　会社としては，従業員に対して，残業代を含む趣旨で支給している手当であっても，従業員から「残業代をもらっていない」として未払賃金を請求されるケースが多々あります。

　この場合，仮に，会社の主張が認められなければ，割増賃金算定の基礎となる賃金に当該手当が加算された上で時間外等の割増賃金を計算する必要が生じるため，会社が支払う未払賃金額は莫大な金額となる可能性があります。

【参考判例】前掲東和システム事件

　この事案は，課長代理職にある者に対して支給されていた「特励手当」が割増賃金の算定基礎に含まれるか否かが争点の1つとなったものです。一審（東京地裁）では，特励手当は残業代を含まないと判断し，原告ら3名の未払賃金請求を認めました。

　これに会社側が控訴したところ，東京高裁は，一審を覆し，特励手当は残業代を含むとして，同手当を割増賃金算定の基礎に含めませんでした。

　以下，争点に関する判旨の抜粋部分です。

　「①特励手当は，給与規程23条の「管理職務者（課長職及び同相当職以上のもの）及びこれに準ずる者（課長代理職）は，特励手当として基本給の30％を支

給する。」との規定に基づいて支給されているものであり，控訴人において所定時間外労働（残業）が恒常的に予定されるとしている「課長代理」以上の職位にある者に支払われるものであること，②特励手当は，基本給の30％に相当する金額であって，定額ではなく，同じ「課長代理」の職にある者であっても基本給が異なれば特励手当の額も異なるのであり，特励手当が「課長代理」の職そのもののみに関係しているとはいい難いこと，③特励手当の前身であると認められる精励手当について，旧職員給与規程（〈証拠省略〉）の22条1項は，「管理職務者および業務上勤務時間不定期又は監督者が勤務時間を認定困難な部署の職員が職務に精励した場合精励手当を次の通り支給する。」として，「男子職員基準内給与の30％（家族手当を除く）」，「女子職員〃15％（家族手当を除く）」とし，同規程23条3項で，明文をもって，「超過勤務手当は前条の精励手当受給者には支給しない。」と規定しており，超過勤務手当の支給と精励手当の支給とは重複しないもの（択一的であること）としていたこと，④控訴人の認識においても，特励手当は，一般職から管理職に昇任したことに伴い，それまでの超過勤務手当に代わるものとして基本給の30％に相当する額を支給するものであり，超過勤務手当に代替してこれを填補する趣旨のものであると認識していること，⑤控訴人において，これまで，特励手当と超過勤務手当とを重複して支給したことはなく，特励手当は職制上の「課長代理」以上の職位にある管理職に支給し，超過勤務手当は職制上の「課長代理」より下位の職位にある一般職に支給してきたこと，⑥給与規程の体裁上も，給与はまず基準内給与と基準外給与に分けられ，基準内給与として基本給（年齢給及び職能給），職務手当，技術手当，住宅手当及び家族手当が規定され，基準外給与として超過勤務手当，特励手当，特務手当，通勤手当，公傷病手当，障害手当及び留守家族手当が規定されており（2条），超過勤務手当も特励手当もともに基準外給与として規定されていて，まず22条で超過勤務手当について定められた後，23条で特励手当について定められていること，⑦もし「課長代理」の職にある者に超過勤務手当を支給するとすると，一般職のときには超過勤務手当の支給しか受けなかったのに，「課長代理」に昇任したことによって超過勤務手当のほかに特励手当の支給も受けることになり，さらに，「課長代理」職より上位の「課長」職に昇任すると逆に特励手当の支給しか受けられなくなって不利益となるのであり，このような給与規程の解釈は不合理といわざるを得ないこと，⑧被控訴人らの基本給は，平成17年2月から平成20年7月まで（ただし，被控訴人X2については同年10月まで）の間において，被控訴人X1が47万0900円ないし47万1900円，被控訴人X2が46万7600円ないし47万1900円，被控訴人X3が46万2800円ないし47万1900円であって，基本給がことさらに低額に抑えられているとはいい難

いこと，以上の諸点を考慮すると，特励手当は超過勤務手当の代替又は補填の趣旨を持っており，特励手当の支給と超過勤務手当の支給とは重複しないもの（択一的なもの）と解するのが相当であり，特励手当は「管理職務者及びこれに準ずる者」の所定時間外労働（残業）について支給されるものであり，超過勤務手当は「管理職務者及びこれに準ずる者」以外の者すなわち一般職の所定時間外労働（残業）について支給されるものであると解するのが相当である。そうとすれば，特励手当を超過勤務手当算定の基礎となる賃金に含ましめるべきではなく，これから除外するのが相当である。」

（3）定額給制

定額給制は，基本給の中に残業代を組み込んで支給するものです。

このタイプの固定残業代制は，前記の定額手当制の場合よりも，通常の労働時間の賃金部分と割増賃金相当部分との区別が曖昧で，割増賃金として法所定の額以上が支払われているか否かの判定が困難な場合が多くあります。

実際に問題となった裁判例をご紹介します。

【参考判例】小里機材事件（最一小判昭63・7・14労判523号6頁）

この裁判例は，固定残業代制が最高裁まで争われた事案としてリーディングケースとなっています。

この事案では，原告ら5名の未払割増賃金等の請求に対し，会社側は，雇用の際，月15時間の時間外労働に対する割増賃金を本来の基本給に加算して基本給とする旨合意したため，原告が会社側に請求できるのは，月15時間を超える時間外労働に対する割増賃金についてのみであるなどの反論がなされた事案です。

裁判所（1審・東京地判昭62・1・30）は，「仮に，月15時間の時間外労働に対する割増賃金を基本給に含める旨の合意がされたとしても，その基本給のうち割増賃金に当たる部分が明確に区分されて合意がされ，かつ労基法所定の計算方法による額がその額を上回るときはその差額を当該賃金の支払期に支払うことが合意されている場合にのみ，その予定割増賃金分を当該月の割増賃金の一部又は全部とすることができるものと解すべき」とし，そのような合意がさ

れた旨の主張立証がないと認定し，会社側の反論を採用しませんでした。

　なお，２審（東京高判昭62・11・30）は，この１審判決をそのまま引用して控訴棄却とし，最高裁も原判決を維持しました。

　この裁判例を素直に読むと，固定残業代制が有効となる要件としては，①基本給のうち割増賃金に当たる部分が明確に区分されて合意がされていること（以下，「明確区分性の要件」といいます），②労基法所定の計算方法による額がその額を上回るときはその差額を当該賃金の支払期に支払うことが合意されていること（以下，「超過精算の合意」といいます），という２つの要件を満たす場合に限り，固定残業代制が有効となるとも考えられます。

　しかし，この裁判例に対しては，①の明確区分性の要件は必要だとしても，②の超過精算の合意は，労働基準法上当然のことなので，わざわざ独立の要件と考えるべきではないとする批判がなされました。また，最高裁判例といっても，下級審を維持したにすぎず，最高裁が②の超過精算の合意が必要であると明示したものではありませんでした。そのため，この判決以降も，固定残業代制が争点となった他の事案において，①の明確区分性の要件のみで判断した事案が多く見られました。

　しかし，近年，②の超過精算の合意の要件について参考となる裁判例が出ているので紹介します。

【参考判例】テックジャパン事件（最一小判平24・３・８労判1060号５頁）

　この事案も固定残業代制が争点となった事案です。

　判決の中で，櫻井裁判官の補足意見が注目されました。

　補足意見は，以下のとおりです（抜粋）。

　「本件に関し，労働基準法等の趣旨を踏まえ若干指摘しておきたい点があるので，補足意見を付しておきたい。（中略）そのような法の規定を踏まえ，法廷意見が引用する最高裁平成６年６月13日判決は，通常の労働時間の賃金に当たる部分と時間外及び深夜の割増賃金に当たる部分とを判別し得ることが必要である旨を判示したものである。本件の場合，その判別ができないことは法廷意見で述べるとおりであり，月額41万円の基本給が支払われることにより時間外手当の額が支払われているとはいえないといわざるを得ない。便宜的に毎月の給与の中にあらかじめ一定時間（例えば10時間分）の残業手当が算入されて

いるものとして給与が支払われている事例もみられるが，その場合は，その旨が雇用契約上も明確にされていなければならないと同時に支給時に支給対象の時間外労働の時間数と残業手当の額が労働者に明示されていなければならないであろう。さらには10時間を超えて残業が行われた場合には当然その所定の支給日に別途上乗せして残業手当を支給する旨もあらかじめ明らかにされていなければならないと解すべきと思われる。本件の場合，そのようなあらかじめの合意も支給実態も認められない。」

この補足意見は，明確区分性の要件だけではなく，超過精算の合意の要件が必要であるとの見解に立っているものと考えられます。

また，この判決以降，下級審でも超過精算の合意が必要であるという前提に立った判決が出ています（イーライフ事件・東京地判平25・2・28労判1074号47頁）。

このような状況を踏まえると，会社としては，訴訟リスクを回避するため，超過精算の合意を締結しておくことが無難といえるでしょう。

3 実務上の留意点

固定残業代をめぐる紛争は，労働者側の請求が認められた場合，会社への影響が大きい事案です。会社側が裁判で敗訴すると，すでに支払っていると認識していた残業代が支払われていなかったこととなりますし，割増賃金を算出する基礎賃金の額も大きくなるため，未払賃金額が高額化する傾向となります。また，複数名から未払賃金を請求されると，支払原資がない企業の場合，倒産のリスクもあります。

そのため，未然防止の必要性が大きいといえます。

そのために，①明確区分性の要件と②超過精算の合意の要件を踏まえた防衛策をとっておくべきです。

固定残業代制をとる企業は，就業規則（給与規定）の文言だけではなく，雇用契約書の文言や給与明細の記載等にも細心の注意を払いましょう。

次の**書式16**は，就業規則の文言の参考例です。

【書式16　固定残業代制の規定例】

① 定額手当制の場合
第○条（営業手当）
1．営業職の従業員に対し，月額○○円の営業手当を支給する。
2．前項の営業手当は，その全額を1か月○○時間の時間外勤務手当として支給する。
3．前項に定める営業手当を支給された従業員について，第1項に定める営業手当の額を超えて，時間外割増賃金が発生した場合には，別途，その差額を時間外勤務手当として支給する。

② 定額給制の場合
第○条（定額給制）
1．基本給のうち，○円は，1か月○時間の時間外労働に対する時間外勤務手当とする。
2．前項に定める時間外勤務手当の額を超えて，時間外勤務手当が発生した場合には，別途，その差額を支給する。

上記はあくまで一例です。会社の状況によって，最適な規定の仕方は異なりますので，労働問題に詳しい専門家にご相談ください。

〔宮﨑　晃〕

Q5-5　年俸制の固定残業代

年俸制の場合は残業代を支払う必要はありませんか。
また，残業代を支払う必要がある場合，ボーナス部分を割増賃金の算定基礎から除外することができますか。

年俸制であることをもって時間外労働等の割増賃金の支払義務を免れることはできません。
また，年俸が確定している場合，ボーナス部分を割増賃金の算定基礎から除外することはできません。

1　問題の背景

年俸制とは，賃金の支払額を年単位で決める制度をいいます。

賃金の支払額の単位としては，他に時間単位の時給制，日単位の日給制，月単位の月給制があります。

年俸制は，元々はプロスポーツ選手等の報酬の支払形態の一種として見られるものでした。その選手の前年の実績等を考慮して，1年間の報酬を交渉ないし話合いで決定するというものです。

ところが，近年，成果主義の導入等を背景に，通常の会社でも，労働者の賃金に年俸制を採用するケースが増えています。上司が部下である労働者の前年の実績を評価して1年間の賃金を決めるようなケースです。

なお，一般の企業が年俸制を採用する場合，労働基準法が「賃金は毎月1回以上一定期日を定めて支払わなければならない」と規定しているため，年俸額を12か月で分割し，毎月支払われるのが通常です。

年俸制は，成果主義的性質を有するため，使用者としては，労働時間（量）に対してではなく，成果（質）に対して，定額の年俸（給与）を支払っていると認識していることが多くあります。

そこで，年俸制の労働者が時間外労働，休日労働，深夜労働（以下「時間外労働等」といいます）を行った場合，使用者に対して，割増賃金の支払を求め，紛争へと発展する場合があります。

2　年俸制と割増賃金

年俸制の場合に割増賃金が発生しないというのは完全な誤解です。

年俸制とは，前記のとおり，賃金の額を年単位で決定するという意味しか持たず，それ自体に時間外労働等の割増賃金を免れさせる効果はありません。

もっとも，年俸制が採用されているケースは，労働者の専門性が高い傾向にあります。そのため，管理監督者に該当したり，裁量労働制の要件を満たす場合には，時間外労働と休日労働についての割増賃金の支払義務を免れることがありますが，これは年俸制の採否と直接的には関係ありません。

雇用契約の際，年俸に時間外労働等の割増賃金を含むものとして契約を締結するケースもあります。

しかし，このような場合でも，固定残業代制が有効となる要件（通常の労働時間の賃金部分と割増賃金相当部分とが明確に区分されていることなど）を満たさなければ，時間外労働等の割増賃金を支払わなければなりません。

年俸制社員の割増賃金が問題となった事案として，創栄コンサルタント事件

があります。この事案は，会社が３か月の試用期間後に正社員とするに際し，年俸制として，時間外労働割増賃金，諸手当，賞与を含め年俸300万円，毎月25万円を支給するとしていたケースです。

この事案で，裁判所は，「年俸制を採用することによって，直ちに時間外割増賃金等を当然支払わなくともよいということにはならないし，そもそも使用者と労働者との間に，基本給に時間外割増賃金等を含むとの合意があり，使用者が本来の基本給部分と時間外割増賃金等とを特に区別することなくこれらを一体として支払っていても，労働基準法37条の趣旨は，割増賃金の支払を確実に使用者に支払わせることによって超過労働を制限することにあるから，基本給に含まれる割増賃金部分が結果において法定の額を下回らない場合においては，これを同法に違反するとまでいうことはできないが，割増賃金部分が法定の額を下回っているか否かが具体的に後から計算によって確認できないような方法による賃金の支払方法は，同法同条に違反するものとして，無効と解するのが相当である。」と判示して，時間外割増賃金等の支払を命じました（大阪地判平14・5・17労判828号14頁）。

なお，高額の報酬を得ている自己管理型労働者についての事案として，モルガン・スタンレー・ジャパン事件があります（東京地判平17・10・19労判905号5頁）。

この事案は，外資系金融機関においてプロフェッショナル社員として勤務していた労働者が，割増賃金等を請求したケースです。この事案は，通常の労働時間の賃金部分と割増賃金相当部分とが明確に区分されてはいませんでしたが，裁判所は，年間基本給の約2,200万円に時間外勤務手当が含まれているとの有効な合意があるとして，労働者の請求を退けました。この事案は，特殊なケースなので，通常の年俸制の事案には該当しないと解されています。

3　年俸制とボーナスの関係

年俸制の場合に，ボーナスが時間外等の割増賃金の算定基礎から除外できるかが問題となります。

労働基準法及び労働基準法施行規則において，割増賃金の基礎から除外できるとされているものは**図表9**のとおりです（労基法37条5項，労基則21条）。

[図表9] 除外賃金

① 家族手当
② 通勤手当
③ その他厚生労働省令で定める賃金

【厚生労働省令：労働基準法施行規則】
イ 別居手当
ロ 子女教育手当
ハ 住宅手当
ニ 臨時に支払われた賃金
ホ １か月を超える期間ごとに支払われる賃金

ボーナスは，通常，上記ホの「１か月を超える期間ごとに支払われる賃金」に該当すると解されます。

しかし，確定年俸制の場合，１年間の賃金額が確定していて（例えば600万円），その一部をボーナス月に多く配分するに過ぎません（例えば，毎月40万円に加え，６月と12月に60万円を支給するなど）。このような場合，通常のボーナスとは異なるため，算定基礎賃金からの除外は認められません（昭和22年９月13日基発第17号）。

これに対して，年俸制でもボーナス（額は当初確定していない）に成果を反映させる調整型年俸の場合，算定基礎賃金からの除外が認められます。

〔宮﨑　晃〕

Q5-6　歩合給の固定残業代

当社では，従業員であるタクシー運転手に対して，時間外及び深夜の割増賃金を含むものとして歩合給を支給しています。

このような場合でも，残業代を支払う必要がありますか。

当該歩合給において，通常の労働時間の賃金部分と割増賃金相当部分とが明確に区分されていない場合，割増賃金を支払う必要があります。

1 歩合給の場合

タクシー運転手など，歩合給や出来高払いの雇用形態についても，割増賃金の規制は及びます（労基則19条1項6号）。

したがって，使用者は，労働者に対して，時間外及び深夜の割増賃金を含むものとして歩合給を支給していたとしても，当該歩合給が通常の労働時間の賃金部分と割増賃金相当部分とが明確に区分されていない場合は，割増賃金を支払う必要があります。

なお，歩合給や出来高払制の基礎賃金は，賃金算定期間（賃金締切日がある場合には，賃金締切期間）における歩合給や出来高払いの総額を総労働時間数で除した金額となります（労基則19条1項6号）。

2 参考裁判例

歩合給のリーディングケースとして，高知県観光事件（最二小判平6・6・13労判653号12頁）を紹介します。

タクシー運転手である原告らの勤務体制が，隔日勤務であり，所定労働時間が午前8時から翌日午前2時まで（このうち2時間が休憩時間）でした。原告らの賃金は，月間水揚高に一定率の歩合を乗じて得た金額を翌月5日に支払うというものであり，歩合の率は，勤務歴によって異なりますが，最高で46％，最低でも42％でした。原告らが時間外又は深夜の労働を行った場合にも，割増賃金は支給されていなかったため，原告らが割増賃金等の支払を請求しました。

これに対し，会社側は，歩合給の率が他のタクシー会社の割増賃金を含めての歩合給の率と比較して遜色がなく，本件歩合給には時間外及び深夜の割増賃金に当たる分も含まれているから，原告らの請求する割増賃金はすでに支払済みであると反論しました。

裁判所は，運転手らに支給された歩合給の額が，運転手らが時間外及び深夜の労働を行った場合においても増額されるものではなく，通常の労働時間の賃金に当たる部分と時間外及び深夜の割増賃金に当たる部分とを判別することもできないものであったことからして，この歩合給の支給によって，運転手らに対して労働基準法37条の規定する時間外及び深夜の割増賃金が支払われたとすることは困難なものというべきであるとして，割増賃金の支払義務を認めました。

このように，裁判例は，歩合給の場合についても，明確区分性の要件を満たしていなければ，有効な固定残業代とは認めていません。

〔宮﨑　晃〕

Q5-7　管理監督者と未払賃金

名ばかり管理職として，労働基準監督署から勧告の対象となるのはどのようなケースですか。

従業員のほとんどを管理監督者として時間外労働の賃金を支払っていないような場合には，悪質と評価されて送検されるケースもあり得ます。それ以外の場合には，労働者からの申告を受けて，調査となり，指導勧告を受けるケースが多いです。

1　管理監督者とは

(1) 管理監督者に関する規定

労働基準法は41条で，労働時間，休憩，休日の規制が適用されない者として，「事業の種類にかかわらず監督若しくは管理の地位にある者又は機密の事務を取り扱う者」を挙げています（労基法41条2号）。この，「事業の種類にかかわらず監督若しくは管理の地位にある者又は機密の事務を取り扱う者」のことを管理監督者といいます。

管理監督者が労働時間や休憩，休日の規制対象から除外されている趣旨ですが，このような地位にある者は，事業主に代わって労務管理を行う立場であり，一般労働者の労働条件を決定し，当該条件に従って労働者を管理する以上，監督者の労働時間については，監督者自身に裁量が認められ，また，それに見合った報酬も得られるので，労働時間規制を及ぼすのは不適当であると考えられたとされています（菅野474頁）。

ただし，注意が必要なのは，深夜労働については，労働基準法41条では適用除外になっていないことです。したがって，管理監督者に当たる者が深夜労働を行った場合には，深夜の部分については割増賃金を支払わなければなりません。その意味では，管理監督者だから労働時間管理を一切しなくてよいというのは誤った考えであり，使用者としては，最低限の就労状況を把握しておかな

ければなりません。

（2）管理監督者に対する通達

　具体的にどのようなケースで管理監督者としての取扱いが認められるかについては，行政解釈として，通達が出されています。

　すなわち，「監督若しくは管理の地位にある者」とは，一般的には，部長，工場長等労働条件の決定その他労務管理について経営者と一体的な立場にある者の意味であり，名称にとらわれずに，実態に即して判断すべきものであるとされています（昭和22年9月13日基発第17号，昭和63年3月14日基発第150号）。

［管理監督者の解釈例規］

（1）原則
　法に規定する労働時間，休憩，休日等の労働条件は，最低基準を定めたものであるから，この規制の枠を超えて労働させる場合には，法所定の割増賃金を支払うべきことは，すべての労働者に共通する基本原則であり，企業が人事管理上あるいは営業政策上の必要性等から任命する職制上の役付者であればすべてが管理監督者として例外的取扱いが認められる者ではないこと。

（2）適用除外の趣旨
　これらの職制上の役付者のうち，労働時間，休憩，休日等に関する規制の枠を超えて活動することが要請されざるを得ない，重要な職務と責任を有し，現実の勤務態様も，労働時間等の規制になじまないような立場にある者に限って管理監督者として法第41条による適用の除外が認められる趣旨であること。従って，その範囲はその限りに，限定しなければならないものであること。

（3）実態に基づく判断
　一般に企業においては，職務の内容と権限等に応じた地位（以下，「職位」という。）と経験，能力等に基づく格付（以下，「資格」という。）とによって人事管理が行われている場合があるが，管理監督者の範囲を決めるに当たっては，かかる資格及び職位の名称にとらわれることなく，職務内容，責任と権限，勤務態様に着目する必要があること。

（4）待遇に対する留意
　管理監督者であるかの判定に当たっては，上記のほか，賃金等の待遇面についても無視し得ないものであること。この場合，定期給与である基本給，役付手当等において，その地位にふさわしい待遇がなされているか否か，ボーナス

第5章　労基署調査で問題となる違反——長時間労働・未払賃金　　*133*

等の一時金の支給率，その算定基礎賃金等についても役付者以外の一般従業員に比し優遇措置が講じられているか否か等について留意する必要があること。なお，一般労働者に比べ優遇措置が講じられているからといって，実態のない役付者が管理監督者に含まれるものではないこと。

（5）スタッフ職の取扱い

　法制定当時には，あまり見られていなかったいわゆるスタッフ職が，本社の企画，調査等の部門に多く配置されており，これらスタッフの企業内における処遇の程度によっては，管理監督者と同様に取扱い，法の規制外においても，これらの者の地位からして特に労働者の保護に欠けるおそれがないと考えられ，かつ，法が監督者のほかに，管理者も含めていることに着目して，一定の範囲のものについては，同法第41条第2号該当者に含めて取扱うことが妥当であると考えられること。

（3）管理監督者に対する裁判例

　前述の通達を踏まえて，裁判において，管理監督者に該当するかどうかが具体的に争われた事例が複数あります。

【判例】育英舎事件（札幌地判平14・4・18労判839号58頁）

（事案の概要）

　学習塾の営業課長として勤務していた労働者が未払賃金を請求した事案。学習塾側が管理監督者として取り扱っていたと主張。

（判旨）

　札幌地裁は，管理監督者の判断基準について，以下のように述べた。

　「管理監督者に当たるかどうかを判断するに当たっては，その従業員が，雇用主の経営に関する決定に参画し，労務管理に関する指揮監督権限を認められているかどうか，自己の出退勤を始めとする労働時間について一般の従業員と同程度の規制管理を受けているかどうか，賃金体系を中心とした処遇が，一般の従業員と比較して，その地位と職責にふさわしい厚遇といえるかどうかなどの具体的な勤務実態に即して判断すべきものである。」

　その上で，①学習塾の意思決定が基本的に社長にあり，社長の決済が必要となっていること，②当該労働者がタイムカードの打刻を余儀なくされていたこと，③原告の給与が営業課長以前とそれほど変わりがなく，他の事務職員でも同じような賞与を受け取っていることを認定して，管理監督者には当たらないと判断した。

ここ10年ほどの間では，以下の日本マクドナルド事件（東京地判平20・1・28日労判953号10頁）のような，全国的に多店舗展開を営む飲食業の店長といった労働者が管理監督者に該当するかが問題になるケースが増えています。こうした状況を受けて，平成20年9月には，「多店舗展開する小売業，飲食業等の店舗における管理監督者の範囲の適正化について」という通達も出されています（平成20年9月9日基発0909001号）。

【判例】日本マクドナルド事件（東京地判平20・1・28労判953号10頁）

（事案の概要）

全国でハンバーガーショップを経営する会社で店舗の店長として，当該店舗に勤めるアルバイト従業員の採用や時給，勤務シフト等の決定をはじめとする労務管理や店舗管理を行っていた労働者が管理監督者として争われた事案。

（判旨）

東京地裁は，店長の労務管理につき，以下のように評価している。

「店長は，アルバイト従業員であるクルーを採用して，その時給額を決定したり，スウィングマネージャーへの昇格を決定する権限や，クルーやスウィングマネージャーの人事考課を行い，その昇給を決定する権限を有しているが，将来，アシスタントマネージャーや店長に昇格していく社員を採用する権限はない」上，「アシスタントマネージャーに対する一次評価者として，その人事考課に関与するものの，その最終的な決定までには，OCによる二次評価のほか，上記の三者面談や評価会議が予定されているのであるから，店長は，被告における労務管理の一端を担っていることは否定できないものの，労務管理に関し，経営者と一体的立場にあったとはいい難い。」

また，店長に与えられた権限については，以下のように判断して，最終的に管理監督者には当たらないと結論づけている。

「店長は，店舗の運営に関しては，被告を代表して，店舗従業員の代表者との間で時間外労働等に関する協定を締結するなどの権限を有するほか，店舗従業員の勤務シフトの決定や，努力目標として位置づけられる次年度の損益計画の作成，販売促進活動の実施等について一定の裁量を有し，また，店舗の支出についても一定の事項に関する決裁権限を有している。

しかしながら，本社がブランドイメージを構築するために打ち出した店舗の営業時間の設定には，事実上，これに従うことが余儀なくされるし，全国展開する飲食店という性質上，店舗で独自のメニューを開発したり，原材料の仕入れ先を自由に選定したり，商品の価格を設定するということは予定されて」お

第5章　労基署調査で問題となる違反——長時間労働・未払賃金　*135*

らず、「店長会議や店長コンベンションなど被告で開催される各種会議に参加しているが、これらは、被告から企業全体の営業方針、営業戦略、人事等に関する情報提供が行われるほかは、店舗運営に関する意見交換が行われるというものであって、その場で被告の企業全体としての経営方針等の決定に店長が関与するというものではな」く、経営者と一体となる権限が与えられているとはいえない。

　近年の裁判所の判断基準については、①職務内容が少なくともある部門全体の統括的な立場にあること、②部下に対する労務管理上の決定権限につき一定の裁量権を有し、人事考課・機密事項に接していること、③管理職手当などで時間外手当が支給されないことを十分に補っていること、④自己の出退勤を自ら決定する権限があることを挙げているとされています（菅野475頁、ゲートウェイ21事件（東京地判平20・9・30労判977号74頁））。
　したがって、企業が管理監督者として取り扱う上では、この基準に従って、対象者をチェックしていく必要があります。
　ここまで紹介した裁判例も含めて、管理監督者が争われた裁判例のうち、多くが管理監督者に当たらないとされていますが、医療法人徳洲会事件（大阪地判昭62・3・31労判497号65頁）は、管理監督者性が認められた数少ない裁判例として参考になります。

【判例】医療法人徳洲会事件（大阪地判昭62・3・31労判497号65頁）
（事案の概要）
　病院の看護師の人員募集の職務を行っていた労働者が管理監督者として認められるかが争われた事案。
（判旨）
　大阪地裁は、以下のような事実を認定して、管理監督者に当たると結論づけている。
　「原告は、被告の給与制度上事務職掌五等級職員として格付けされ、人事第二課長の肩書を有し、給与面でも課長職として処遇されており、その役職に相応する手当として、別表（三）記載のとおり、責任手当が支給されてきたこと、原告の主たる職務内容は、看護婦の募集業務の全般であり、右業務の責任者として、自己の判断で看護婦の求人、募集のための業務計画、出張等の行動計画を立案し、これを実施する権限が与えられ、右業務の遂行にあたっては、必要

に応じて原告を補助すべく，被告の本部及び被告経営の各病院の人事関係職員を指揮，命令する権限も与えられていたこと，従って，原告は，勤務日（出張を除く。）の各出退時刻についてタイムカードを刻印するように義務づけられていたけれども，これは給与計算上の便宜にすぎず，出勤日における実際の労働時間は，原告の責任と判断により，その自由裁量によりこれを決定することができたこと，そして，原告の担当する職務の特殊性から，夜間，休日等の時間外労働の発生が見込まれたため，包括的な時間外（深夜労働を含む。）手当として，実際の時間外労働の有無，長短にかかわりなく，別表（三）記載のとおり，特別調整手当が支給されてきたこと，原告は，看護婦募集業務の遂行にあたり，一般の看護婦については，自己の調査，判断によりその採否を決定し，採用を決定した看護婦については，自己の裁量と判断により，被告が経営する各地の病院にその配置を決定する人事上の権限まで与えられ，婦長クラスの看護婦についても，その採否，配置等の人事上の最終的な決定は，被告の徳田理事長に委ねられていたものの，その決定手続に意見を具申する等深く関わってきた」。

　医療法人徳洲会事件の事案は他の事案と違い，看護婦の採用計画から，実際に採用活動に至るアプローチ，募集者の面接，採否の決定に至るまでがこの労働者に委ねられており，出退勤の自由がかなりあったという点が管理監督者としての取扱いを認める方向に働いたといえます。

2　管理監督者の労働基準監督署の調査の特徴

　先ほど紹介した飲食店や小売店の店長の取扱いに関する通達が出されているように，管理監督者の該当性については，労働基準監督署としても，近年違反に対する調査に力を入れている分野といえます。

　しかしながら，他方で，管理監督者の解釈基準が抽象的であり，具体的な適用については，形式的，画一的な判断ができないという特徴もあります。

　したがって，従業員のほとんどすべての者を管理監督者として取り扱い，時間外労働に対する賃金を一切支払っていないといった，明らかに管理監督者に該当しない悪質なケースのみが送検の対象になってくると考えられます。それ以外の，裁判で争われるような判断が難しいケースについては，単なる指導や改善勧告に止まる場合が多いでしょう。もちろん，再三にわたる改善要求に全く応じないといった場合には，悪質と判断されて送検されるリスクはありますので，調査が入った場合には注意が必要です。　　　　　　　〔西村　裕一〕

Q5-8 変形労働時間制

変形労働時間制を採用していますが、労働基準監督署からはどういった点を調査されますか。

労使協定や就業規則などで法律に沿った必要事項が規定されていること、その規定に基づき適正に運用されていることなどが調査の対象になります。

1 変形労働時間制とは

労働時間は、原則として1週40時間、1日8時間までという規制があります（労基法32条）。しかし、時季によって繁閑の波が大きく一時的に法定労働時間を超えて不規則に配分せざるを得ない事業も存在します。

変形労働時間制は、1週40時間・1日8時間の規制を一定期間の中で変形して所定労働時間を設定することが認められた制度です。繁閑の波が大きい業種では、変形労働時間制を利用して労働者の時間外労働を減らすことができます。

変形労働時間制において対象となる期間は、1週間、1か月、1年間の3種類がありますので、以下説明いたします。

2 1か月単位の変形労働時間制

1か月単位の変形労働時間制は、1か月以内の一定期間を平均して1週間あたりの所定労働時間が40時間を超えない範囲内であれば、特定の日や週に法定労働時間を超えて労働させることができる制度です（労基法32条の2）。

(1) 上限の労働時間

対象期間を平均して週40時間（特別措置対象事業場は44時間）を超えないためには、対象期間中の労働時間の上限を図表10の時間にする必要があります。

（計算式）
　上限時間＝1週間の労働時間（40時間ないし44時間）×対象期間の日数÷7

[図表10] 対象期間が1か月の場合の上限時間

週の法定労働時間	月の歴日数			
	28日	29日	30日	31日
40時間	160	165.7	171.4	177.1
44時間	176	182.2	188.5	194.8

（2）規定事項

1か月単位の変形労働時間制を実施するに当たっては，事業場の労使協定あるいは就業規則その他これに準じるものによって，**図表11**の①〜④の事項を規定する必要があります。

[図表11] 1か月の変形労働時間制の規定事項

① 対象労働者の範囲

法令上，対象労働者の範囲について制限はありませんが，その範囲は明確に定める必要があります。

② 対象期間および起算日

対象期間および起算日は，具体的に定める必要があります。

例えば，毎月1日を起算日とし，1か月を平均して1週間あたり40時間以内とします。

対象期間は，1か月以内の期間に限ります。

③ 労働日および労働日ごとの労働時間

シフト表や会社カレンダーなどで，②の対象期間すべての労働日ごとの労働時間をあらかじめ具体的に定める必要があります。その際，②の対象期間を平均して，1週間あたりの労働時間が40時間（特例措置対象事業場は44時間）を超えないよう設定しなければなりません。なお，特定した労働日または労働日ごとの労働時間を任意に変更することはできまん。

④ 労使協定の有効期間

労使協定を定める場合，労使協定そのものの有効期間は②の対象期間より長い期間とする必要がありますが，1か月単位の変形労働時間制を適切に運用するためには，3年以内程度とすることが望ましいでしょう。

第5章　労基署調査で問題となる違反──長時間労働・未払賃金　　*139*

（3）時間外労働となる時間

　変形労働時間制を採用した場合の時間外労働の計算は，**図表12**のとおりです。

［図表12］　1か月の変形労働時間制の時間外労働

①　1日について，1日の法定労働時間を超える時間を規定している日はその時間を超えた時間，それ以外の日は法定労働時間を超えた時間。
②　1週間について，週の法定労働時間を超える時間を定めた週はその時間を超えた時間，それ以外の週は週の法定労働時間を超えた時間。
③　変形期間については，変形期間における法定労働時間の総枠を超えて労働した時間。

（4）労働基準監督署の調査

　労働基準監督官は，**図表11**の内容が労使協定や就業規則などで規定されているかなど，制度設計が適法にされているか調査します。また，制度設計が適切であるとしても，運用は適切に実施されているかも調査の対象になります。

　例えば，制度設計自体は適法であっても，使用者が決められている労働時間を任意に変更しているような実態があれば，違法な運用として指導を受けることになります。

3　1年単位の変形労働時間制

　1年単位の変形労働時間は，1か月を超え1年以内の一定の期間を平均し1週間あたりの労働時間が40時間を超えない範囲内であれば，特定の日，週に法定労働時間を超えて労働させることができる制度である（労基法32条の4）。

（1）労働日及び労働時間の限度

　対象期間の労働日数の限度は，原則として280日です。ただし，対象期間が3か月までの場合には制限はありません。

　1日の労働時間の限度は10時間であり，1週間の労働時間の限度は52時間です。ただし，対象期間が3か月を超える場合は，次の①・②に適合している必要があります。

①　労働時間が48時間を超える週を連続させることができるのは3週以下であ

ること

② 対象期間を３か月ごとに区分した各期間において，労働時間が48時間を超える週は，週の初日で数えて３回以下であること。

（２）対象期間及び特定期間における連続して労働させる日数の限度

対象期間における連続して労働させる日数の限度は，６日です。

特定期間における連続して労働させる日数の限度は，１週間に１日の休日が確保できる日数です。

（３）規定事項

１年単位の変形労働時間制を採る場合には，労使協定により**図表13**の事項を規定しなければなりません。

[図表13]　１年以内の変形労働時間の規定事項

①　対象労働者の範囲
②　対象期間及び起算日
③　特定期間
④　労働日及び労働日ごとの労働時間
⑤　労使協定の有効期間

（４）労働基準監督署の調査

１か月以内の変形労働時間制の場合と同様に，適切な制度設計がされているかを確認されます。運用については，１年以内の変形労働時間制ではより長期間の運用になるので，制度の運用には特に注意しなければなりません。

4　１週間単位の変形労働時間制

１週間単位の変形労働時間制とは，規模30人未満の小売業，旅館，料理・飲食店の事業において，労使協定により，１週間単位で毎日の労働時間を弾力的に定めることができる制度です（労基法32条の５）。

第5章　労基署調査で問題となる違反──長時間労働・未払賃金　　*141*

（1）　1週間単位の変形労働時間制の概要

　対象期間は1週間で，1週間の所定労働時間は40時間以内にしなければなりませんが，1日の所定労働時間は，最長10時間にすることができます。各勤務日の始業と終業時刻は，事前に従業員に書面で知らせる必要がありますが，他の変形労働時間制のように始業・終業時間を就業規則と労使協定に記載し，労基署長に届け出る必要はありません。

（2）　実施のための手続

　10人以上の事業場では，就業規則に1週間の所定労働時間と各勤務日の始業・終業時刻を労働者に通知する時期・方法を規定しておかなければなりません。

　また，労使協定において1週間の所定労働時間を40時間以内の時間を定め労働基準監督署長に届け出なければなりません。

5　罰　則

　1か月単位，1年単位，1週間単位のいずれの変形労働時間制も各条項の要件を満たさないで週又は日の法定労働時間を超えて労働させた場合には，労基法32条違反として罰則の適用を受けることになります。

　労基署に労使協定の届出をしなかった場合には，30万円以下の罰金が科されます。また，1週単位の変形労働時間制を採った場合，前週末までに翌週の確実の労働時間を書面により通知しなかった場合にも30万円以下の罰金が科されることになります。

〔鈴木　啓太〕

Q5-9 フレックスタイム制

フレックスタイム制の導入を考えていますが、労基署はどのような点を調査しますか。

 労基署は、就業規則と労使協定で所定の事項が規定されているかを確認し、適切な運用がされているかを確認します。
始業・終業時刻は労働者に委ねているため、より注意して労働時間の管理を行う必要があります。

1 フレックスタイム制とは

フレックスタイム制（労基法32条の3）は、1日の労働時間の長さを固定せずに、1か月以内の一定の期間の総労働時間を定めておき、労働者はその総労働時間の範囲で各労働日の労働時間を自分で決めるという制度です。

フレックスタイム制では、「フレキシブルタイム」と「コアタイム」を定める必要があります。「コアタイム」とは、必ず会社に出社していなければならない時間です。「フレキシブルタイム」とは、その時間帯の中であれば自由に出勤または退社してよい時間帯のことです。

フレックスタイム制の時間編成の例としては**図表14**のような編成が考えられます。

[図表14] フレックスタイム制の時間編成例

2 フレックスタイム制導入の要件

フレックスタイム制の導入に当たっては、①就業規則その他これに準ずるも

のにおいて始業・終業の時刻を労働者の決定に委ねることを規定しなければなりません。また，②労使協定によって**図表15**の事項を定めることが必要です。

[図表15] 労使協定で定める事項

①　対象となる労働者の範囲
　「○○部に所属する従業員」というように，どの従業員が対象となるのか明確にしなければなりません。
②　清算期間
　清算期間とは，フレックスタイム制において，契約上，労働者が労働すべき時間を定める期間のことです。清算期間の長さは１か月以内とされています。
③　清算期間における起算日
　起算日は，「毎月１日」など具体的に日を定める必要があります。
④　清算期間における総労働時間
　清算期間における総労働時間とは，清算期間内において，労働者が最低働かなければならない時間となります。この時間は，清算期間を平均して１週間の労働時間が40時間以内になるように定めなければなりません。
⑤　標準となる１日の労働時間
　年次有給休暇を取得した際に何時間分の労働をしたとして計算するのか明確にするために定めなければなりません。
⑥　コアタイム
　コアタイムは，⑤の時間と同程度の時間にならなければ，労使協定で自由に設定することができます。
⑦　フレキシブルタイム
　フレキシブルタイムの時間が極端に短いと，フレックスタイム制の趣旨に反しますので，相当の時間をフレキシブルタイムとして設定すべきです。

　【書式17】と**【書式18】**は，東京労働局が示しているフレックスタイム制の就業規則，労使協定の例です。時間の設定などは，対象となる従業員の性質などに応じて規定する必要があります。

【書式17　フレックスタイム制の就業規則】

（適用労働者の範囲）

第○条　第○条の規定にかかわらず，企画部に所属する従業員にフレックスタイム制を適用する。

第○条　フレックスタイム制が適用される従業員の始業および終業の時刻については，従業員の自主的決定に委ねるものとする。ただし，始業時刻につき従業員の自主的決定に委ねる時間帯は，午前6時から午前10時まで，終業時刻につき従業員の自主的決定に委ねる時間帯は，午後3時から午後7時までの間とする。

② 午前10時から午後3時までの間（正午から午後1時までの休憩時間を除く。）については，所属長の承認がないかぎり，所定の労働に従事しなければならない。

（清算期間及び総労働時間）

第○条　清算期間は1箇月間とし，毎月26日とする。

② 清算期間中に労働すべき総労働時間は，154時間とする。

（標準労働時間）

第○条　標準となる1日の労働時間は，7時間とする。

（その他）

第○条　前条に掲げる事項以外については労使で協議する。

【書式18　フレックスタイム制の労使協定】

○○株式会社と○○労働組合とは，労働基準法第32条の3の規定に基づき，フレックスタイム制について，次のとおり協定する。

（フレックスタイム制の適用社員）

第○条　○○部に所属する従業員にフレックスタイム制を適用する。

（清算期間）

第○条　労働時間の清算期間は，毎月の26日から翌月の25日までの1カ月間とする。

（総労働時間）

第○条　清算期間における総労働時間は，1日7時間に清算期間中の所定労働時間日数を乗じて得られた時間数とする。

総労働時間＝7時間　×　1箇月の所定労働日数

第5章　労基署調査で問題となる違反──長時間労働・未払賃金　　*145*

（1日の標準労働時間）

第○条　1日の標準労働時間は，7時間とする。

（コアタイム）

第○条　必ず労働しなければならない時間帯は午前10時から午後3時までとする。

（フレキシブルタイム）

第○条　適用社員の選択により労働することができる時間帯は，次のとおりとする。

　　　　　始業時間帯＝午前6時から午前10時までの間

　　　　　終業時間帯＝午後3時から午後7時までの間

（超過時間の取り扱い）

第○条　清算期間中の実労働時間が総労働時間を超過したときは，会社は，超過した時間に対して時間外割増賃金を支給する。

（不足時間の取扱い）

第○条　清算期間中の実労働時間が総労働時間に不足したときは，不足時間を次の清算期間にその法定労働時間の範囲内で繰り越すものとする。

（有効期間）

第○条　本協定の有効期間は，平成○年○月○日から1年間とする。ただし，有効期間満了の1箇月前までに，会社，組合いずれからも申し出がないときには，さらに1年間有効期間を延長するものとし，以降も同様とする。

　　　平成○年○月○日

　　　　　　　　　　　　　　　　　　○○株式会社

　　　　　　　　　　　　　　　　　　　代表取締役　　○○　○○　　　印

　　　　　　　　　　　　　　　　　　○○株式会社労働組合

　　　　　　　　　　　　　　　　　　　執行委員長　　○○　○○　　　印

3　労働時間の過不足が生じた場合の処理

　過不足時間が過剰になった場合には，その分の賃金は当月の賃金支払時に清算しなければなりません。また，法定外労働時間に関しては，割増賃金を支払うことになります。

　不足の時間分は，当月の賃金支払時に控除して支払をしても構いません。あるいは，控除せずに所定の賃金を支払い，不足時間を翌月の総労働時間に加算することもできます。ただし，翌月に労働時間を加算する場合の加算できる限

度は，法定労働時間の総枠の範囲内となります。

4　フレックスタイム制の注意点

　フレックスタイム制の導入に当たっては，上記のような就業規則の規定や労使協定の締結など所定の手続を踏むことは必須です。労基署が調査に入った場合も所定の事項が規定されているか確認されることになりますので，注意が必要です。

　また，就業規則その他これに準じるものにおいて，労働者が始業時刻や終業時刻の時間を決定することを認めることになりますので，労働者としては，労働者が始業・終業時刻を決定する労働契約上の権利を持つことになります。したがって，使用者が，「〇時に出社するように」といった業務命令をすることができなくなります。

　さらに，始業・終業時間の決定は労働者に委ねることになりますが，労働時間の管理は使用者において行わなければなりません。総労働時間に過不足を生じさせないためにも，累積の労働時間が分かるように管理を工夫する必要があります。

　以上のような注意点はありますが，フレックスタイム制は，うまく利用すれば労働者の仕事の効率を上げ，労働者の満足度も上げることができる制度になっています。制度の導入に当たって，不安がある場合には専門家である弁護士や社会保険労務士に相談することも必要です。

〔鈴木　啓太〕

Q5-10　みなし労働時間制

みなし労働時間制（事業場外労働）の導入を検討していますが，労基署の調査が入った場合，どういった点が調査されますか。

　事業場外労働のみなし制は，当該労働者の労働時間が，「労働時間を算定し難い」と認められるかどうかという点が問題となることが多いです。また，導入できるとしても就業規則に規定を置き，労使協定を締結する必要があります

1 みなし労働時間制

みなし労働時間制とは，労働時間を把握することが難しい業務について，一定時間労働したものとみなす制度です。

みなし労働時間制が適用されるのは，事業場外労働（労基法38条の2），専門業務型裁量労働制（同法38条の3），企画業務型裁量労働制（同法38条の4）の3つです。

2 事業場外労働のみなし制

（1）対象となる業務

事業場外労働のみなし労働時間制では，そもそも適用できるかどうか問題となることが多くあります。対象となるのは，事業場外で業務に従事し，使用者の具体的な指揮監督が及ばず労働時間の算定が困難な業務です。事業場外で業務に従事していても，以下の3つのようなケースであれば，労働時間の把握が可能であるので，対象の事業とはなりません。

---

① 何人かのグループで事業場外労働に従事する場合で，そのメンバーの中に労働時間の管理をする者がいる場合
② 無線やポケットベル等によって随時使用者の指示を受けながら事業場外で労働している場合
③ 事業場において，訪問先，帰社時刻等当日の業務の具体的指示を受けた後，事業場外で指示どおりに業務に従事し，その後，事業場に戻る場合

裁判において事業場外労働のみなし労働時間制が適用できるか否かが争われることも多々あります。それだけ適用できるかどうかの判断が難しいのです。ここでは，旅行の添乗業務において，事業場外労働みなし制が適用できるか争われた事例を紹介します。

【判例】阪急トラベルサポート残業代等請求事件（最二小判平26・1・24判時2220号126頁）

（事案の概要）

旅行業を営む会社に添乗員として派遣された労働者の添乗業務が「労働時間を算定し難い」といえるか争われた事案。

（判旨）

「本件添乗業務は，ツアーの旅行日程に従い，ツアー参加者に対する案内や必要な手続の代行などといったサービスを提供するものであるところ，ツアーの旅行日程は，本件会社とツアー参加者との間の契約内容としてその日時や目的地等を明らかにして定められており，その旅行日程につき，添乗員は，変更補償金の支払など契約上の問題が生じ得る変更が起こらないように，また，それには至らない場合でも変更が必要最小限のものとなるように旅程の管理等を行うことが求められている。そうすると，本件添乗業務は，旅行日程が上記のとおりその日時や目的地等を明らかにして定められることによって，業務の内容があらかじめ具体的に確定されており，添乗員が自ら決定できる事項の範囲及びその決定に係る選択の幅は限られているものということができる。

また，ツアーの開始前には，本件会社は，添乗員に対し，本件会社とツアー参加者との間の契約内容等を記載したパンフレットや最終日程表及びこれに沿った手配状況を示したアイテナリーにより具体的な目的地及びその場所において行うべき観光等の内容や手順等を示すとともに，添乗員用のマニュアルにより具体的な業務の内容を示し，これらに従った業務を行うことを命じている。そして，ツアーの実施中においても，本件会社は，添乗員に対し，携帯電話を所持して常時電源を入れておき，ツアー参加者との間で契約上の問題やクレームが生じ得る旅行日程の変更が必要となる場合には，本件会社に報告して指示を受けることを求めている。さらに，ツアーの終了後においては，本件会社は，添乗員に対し，前記のとおり旅程の管理等の状況を具体的に把握することができる添乗日報によって，業務の遂行の状況等の詳細かつ正確な報告を求めているところ，その報告の内容については，ツアー参加者のアンケートを参照することや関係者に問合せをすることによってその正確性を確認することができるものになっている。これらによれば，本件添乗業務について，本件会社は，添乗員との間で，あらかじめ定められた旅行日程に沿った旅程の管理等の業務を行うべきことを具体的に指示した上で，予定された旅行日程に途中で相応の変更を要する事態が生じた場合にはその時点で個別の指示をするものとされ，旅行日程の終了後は内容の正確性を確認し得る添乗日報によって業務の遂行の状況等につき詳細な報告を受けるものとされているということができる。

以上のような業務の性質，内容やその遂行の態様，状況等，本件会社と添乗員との間の業務に関する指示及び報告の方法，内容やその実施の態様，状況等に鑑みると，本件添乗業務については，これに従事する添乗員の勤務の状況を具体的に把握することが困難であったとは認め難く，労働基準法38条の2第1項にいう「労働時間を算定し難いとき」に当たるとはいえないと解するのが相当である。」

最高裁判所は，添乗業務は日程や目的地が明らかになっていることから，業務内容があらかじめ具体的に確定していること，旅行中の客等の管理業務について具体的に指示があり，不測の事態があった場合には，その都度指示を受けることになっていたこと，旅行の日程終了後は詳細な日報により報告をすること等の事情を踏まえると，添乗員の勤務状況を具体的に把握することは困難とはいえないとして，事業場外労働のみなし制の適用を否定しました。

　添乗業務のように，完全に事業外で活動していても，業務内容が確定していて，その進捗や業務の結果が具体的に把握できるのであれば，事業場外労働のみなし制を適用することはできないのです。

　企業側の主張としては，事業場外労働のみなし制が適用でき，所定労働時間を働いたとみなされるから，残業代は支払う義務がないと主張していましたが，裁判所はこの主張を認めませんでした。したがって，企業は裁判所が認定した労働時間に基づき計算した割増賃金を支払わなければなりません。

　このように，適用が否定され，労働者に時間外労働が認められれば，企業は残業代を支払う義務を負うことになります。

　事業場外労働のみなし制の導入に当たっては，そもそも適用できるのかどうか慎重に検討する必要があります。

（2）実施に当たっての手続

　事業場外労働のみなし制を採用するに当たっては，就業規則に定めを置き，労使協定を締結しなければなりません。

　労使協定では，①対象とする業務，②みなし労働時間，③協定の有効期間です。②のみなし労働時間は，事業場外労働に必要とされる1日についての時間数を協定で定めなければなりません。担当地区や業務の繁閑の時季で通常必要な時間にばらつきがある場合には，業務ごとや時季ごとにそれぞれ定めておくことが望ましいでしょう。

（3）労基署の確認ポイント

　労働基準監督官は，就業規則の規定や労使協定の締結の有無・内容について適切に制度設計されているか確認します。また，事業場外の労働の実態について，所定労働時間労働したものとみなすことが相当であるかどうかなど，運用状況についても確認することになります。

150

　また，前述したように，事業場外労働のみなし制を導入するに当たっては，そもそも適用できる労働者であるのかを慎重に検討しなければなりません。

3　専門業務型裁量労働制

　専門業務型裁量労働制は，社会の変化に伴い，業務の遂行や時間配分などの決定について裁量の幅が大きく，一般の労働者と同様の厳格な労働時間規制を及ぼすことが不適切な専門業務に従事する労働者が増加したことから，創設された制度です。

（1）対象となる業務

　専門業務型裁量労働制を導入しうる業務は，労働基準法施行規則24条の2の2に規定されており，**図表16**のような業務になっています。

［図表16］専門業務型裁量労働制の対象となる業務

---

①　新商品若しくは新技術の研究開発又は人文科学若しくは自然科学に関する研究の業務

②　情報処理システム（電子計算機を使用して行う情報処理を目的として複数の要素が組み合わされた体系であってプログラムの設計の基本となるものをいう。）の分析又は設計の業務

③　新聞若しくは出版の事業における記事の取材若しくは編集の業務又は放送法（昭和25年法律第132号）第2条第28号に規定する放送番組（以下「放送番組」という。）の制作のための取材若しくは編集の業務

④　衣服，室内装飾，工業製品，広告等の新たなデザインの考案の業務

⑤　放送番組，映画等の制作の事業におけるプロデューサー又はディレクターの業務

⑥　①～⑤のほか，厚生労働大臣の指定する業務

---

　⑥の厚生労働大臣の指定する業務は，労働省告示7号にて指定されており，**図表17**のとおりです。

第5章　労基署調査で問題となる違反——長時間労働・未払賃金　*151*

[図表17]　**厚生労働大臣**が指定する業務

① 　広告，宣伝等における商品等の内容，特長等に係る文章の案の考案の業務
② 　事業運営において情報処理システム（労働基準法施行規則第24条の2の2 第2項第2号に規定する情報処理システムをいう。）を活用するための問題点の把握又はそれを活用するための方法に関する考案若しくは助言の業務
③ 　建築物内における照明器具，家具等の配置に関する考案，表現又は助言の業務
④ 　ゲーム用ソフトウェアの創作の業務
⑤ 　有価証券市場における相場等の動向又は有価証券の価値等の分析，評価又はこれに基づく投資に関する助言の業務
⑥ 　金融工学等の知識を用いて行う金融商品の開発の業務
⑦ 　学校教育法（昭和22年法律第26号）に規定する大学における教授研究の業務（主として研究に従事するものに限る。）
⑧ 　公認会計士の業務
⑨ 　弁護士の業務
⑩ 　建築士の業務
⑪ 　不動産鑑定士の業務
⑫ 　弁理士の業務
⑬ 　税理士の業務
⑭ 　中小企業診断士の業務

（2）実施するに当たっての手続

　専門業務型裁量労働制を実施するに当たっては，労使協定において上記の対象業務に該当する業務を特定した上で，下記事項を定めることが必要です。

- 当該業務の遂行の手段・時間配分の決定等に関して具体的な指示をしないこととする旨
- 当該業務に従事する労働者の労働時間の算定については当該協定の定めるところにより一定の時間労働したものとみなす旨
- 対象労働者の健康・福祉の確保のための措置と苦情処理方法

　以上に加えて有効期間を定めなければなりません（労働協約の形式を満たす場合は除く）。また，みなし労働時間が法定労働時間を超える場合には，労基署に届出をしなければなりません。

4　企画業務型裁量労働制

　企画業務型裁量労働制は，労働者がより創造的な能力を発揮するために仕事の進め方や時間配分に関し主体性を持って働くことができるよう創設された制度です。

（1）実施するに当たっての手続

　企業業務型裁量労働制を導入するに当たっては，下記の手続を経る必要があります。

①　賃金，労働時間，その他当該事業場における労働条件に関する事項を調査審議すること等を目的とする委員会を設置すること

②　①の委員会の5分の4以上の多数による議決によって，対象業務，対象労働者の範囲，労働時間として算定される時間，対象労働者の労働時間の状況に応じた当該労働者の健康及び福祉を確保するための措置を使用者が講じること，対象労働者からの苦情の処理に関する措置を使用者が講じること，対象労働者の同意を得なければならないこと及び同意しなかった労働者に不利益な取扱いをしてはならないこと，その他厚生労働省令で定める事項を決議すること

③　使用者がその決議を労基署長に届け出ること

　これらの手続を経ることで，労働基準法上，企業業務型裁量労働制をとることができますが，労働契約の内容とするために別途，就業規則に規定を置くなど整備する必要があります。

〔鈴木　啓太〕

Q5-11 最低賃金の違反

労基署から最低賃金に関する違反を指摘されるのは，どのような場合ですか。

例えば，外国人労働者と地域別最低賃金を下回る金額で労働契約を締結し，当該金額しか支払っていない場合がこれに該当する可能性があります。

1 最低賃金制度

（1） 労働基準法28条

労働基準法28条は，「賃金の最低基準に関しては，最低賃金法（昭和34年法律第137号）の定めるところによる。」と規定し，最低賃金についての規律は最低賃金法によるところになります。

最低賃金法は，労働者の生活の安定や労働力の質を向上させること等に必要不可欠のものと考えられますが，実際にはこれに関する違反が多いのが現状です。例えば，外国人労働者（外国人技能実習生等）に対する最低賃金法違反により，労基署が監督指導した例が多数あります。

※なお，外国人技能実習生について詳しくは，本書Q8-7をご参照ください。

（2） 地域別最低賃金と特定最低賃金

最低賃金（時間額）は各都道府県ごとに，①地域別最低賃金と，②特定（産業別）最低賃金とが設けられています。

① 地域別最低賃金

地域別最低賃金とは，一定の地域ごとの最低賃金をいい（最賃法9条1項），地域における労働者の生計費，賃金，通常の事業の賃金支払能力を考慮して定められなければならないことになっています（同条2項）。

なお，平成28年度地域別最低賃金改定状況（時間額）は，以下のとおりです。

[図表18] 平成28年度地域別最低賃金改定状況（時間額）

北海道	786	滋賀	788
青森	716	京都	831
岩手	716	大阪	883
宮城	748	兵庫	819
秋田	716	奈良	762
山形	717	和歌山	753
福島	726	鳥取	715
茨城	771	島根	718
栃木	775	岡山	757
群馬	759	広島	793
埼玉	845	山口	753
千葉	842	徳島	716
東京	932	香川	742
神奈川	930	愛媛	717
新潟	753	高知	715
富山	770	福岡	765
石川	757	佐賀	715
福井	754	長崎	715
山梨	759	熊本	715
長野	770	大分	715
岐阜	776	宮崎	714
静岡	807	鹿児島	715
愛知	845	沖縄	714
三重	795	全国加重平均額	823

※単位：円
※平成28年10月発効

② 特定（産業別）最低賃金

特定最低賃金とは，特定地域内の特定の産業のうち，基幹労働者と使用者に適用される最低賃金をいいます。基幹労働者が適用対象となるため，例えば，18歳未満または65歳以上の労働者，雇入れ後一定期間未満の技能習得中の労働者には適用されません。

特定最低賃金が設定されるのは，例えば，製造業，出版業等です。

第5章 労基署調査で問題となる違反——長時間労働・未払賃金　　**155**

　最低賃金法15条１項は,「労働者又は使用者の全部又は一部を代表する者は,厚生労働省令で定めるところにより, 厚生労働大臣又は都道府県労働局長に対し, 当該労働者若しくは使用者に適用される一定の事業若しくは職業に係る最低賃金（以下「特定最低賃金」という。）の決定又は当該労働者若しくは使用者に現に適用されている特定最低賃金の改正若しくは廃止の決定をするよう申し出ることができる。」と規定しており, 関係労使の申出後, 最低賃金審議会の調査審議を経て設定されます。

　③　両者の関係
　最低賃金について上記２種類のものがあるため, 地域別最低賃金と特定（産業別）最低賃金の両方が存在することもあります。
　こうした場合, 使用者はより高いほうの最低賃金以上の賃金を支払わなければなりません。

［図表19］地域別最低賃金と特定（産業別）最低賃金

```
┌─────────────────────────────────────────────────────┐
│   ┌─────────┐           ┌──────────────────┐         │
│   │ 最低賃金 │  ⇒   ⎧   │  地域別最低賃金   │         │
│   └─────────┘      ⎨   └──────────────────┘         │
│                    ⎩   ┌──────────────────┐         │
│                        │ 特定（産業別）最低賃金 │     │
│                        └──────────────────┘         │
│                                                     │
│   ①　地域別最低賃金のみ                             │
│      →　地域別最低賃金の適用                         │
│                                                     │
│   ②　地域別最低賃金と特定（産業別）最低賃金の両方    │
│      →　より高いほうの最低賃金の適用                 │
└─────────────────────────────────────────────────────┘
```

（3）最低賃金の減額特例
　上記最低賃金については, 最低賃金法７条に減額特例制度が規定されています。すなわち,
　　①　精神又は身体の障害により著しく労働能力の低い者
　　②　試の使用期間中の者
　　③　職業能力開発促進法第24条第１項の認定を受けて行われる職業訓練のう

ち職業に必要な基礎的な技能及びこれに関する知識を習得させることを内容とするものを受ける者であって厚生労働省令で定める者

④ 軽易な業務に従事する者その他厚生労働省令で定める者（断続的労働従事者）

については，使用者が，所管労働基準監督署長を経由して都道府県労働局長に申請し，その許可を受けたときは，その者について減額された最低賃金が適用されます。その結果，減額特例対象の労働者については，その減額賃金を支払うことで足ります。

最低賃金の減額の特例許可申請書については，厚生労働省のホームページから取得することが可能です。

（4）最低賃金法違反の効力

使用者は，最低賃金の適用を受ける労働者に対し，その最低賃金額以上の賃金を支払わなければならず（最賃法4条1項），最低賃金の適用を受ける労働者と使用者との間の労働契約で，最低賃金額に達しない賃金を定めるものは，その部分については無効となります（同条2項）。この場合，当該無効部分については，最低賃金と同様の定めをしたものとみなされます（同条2項）。

また，使用者が地域別最低賃金の定めに違反した場合，50万円以下の罰金に処せられます（最賃法40条）。

（5）最低賃金違反に関する労基署の対応

労基署は最低賃金違反について，重点的に監督指導しており，平成29年度の「地方労働行政運営方針」にも，最低賃金額の周知徹底が盛り込まれています。

2 最低賃金額以上かどうかの確認方法

定められた賃金額を期間あたりの（平均）所定労働時間で除した金額に換算して，当該賃金が最低賃金額以上かどうかを確認します（最賃則2条1項）。具体的には，日給制，週給制，月給制について以下の**図表20**の方法で計算されます。

なお，時間給制の場合は，当該時間給が最低賃金額（時間額）以上かどうかにより確認します。

第5章 労基署調査で問題となる違反──長時間労働・未払賃金 *157*

[図表20] 確認方法（最低賃金）

---

① 日給制

日給÷1日の所定労働時間数

※日によって所定労働時間数が異なる場合は，1週間における1日の平均所定労働時間数で割る。

② 週給制

週給÷週における所定労働時間数

※週によって所定労働時間が異なる場合は，4週間における1週の平均所定労働時間数で割る。

③ 月給制

月給÷月における所定労働時間数

※月によって所定労働時間数が異なる場合は，1年間における1か月の平均所定労働時間数で割る。

---

3 最低賃金に関する留意点

最低賃金に関して，その他，以下の各点に注意が必要です。

（1）地域別最低賃金の対象者

地域別最低賃金は，当該都道府県内の事業場で働くすべての労働者とその使用者に適用されます。そのため，パートタイマー，アルバイト，派遣労働者，日雇い労働者，外国人労働者等，雇用形態や国籍を問いません。

そのため，外国人労働者と地域別最低賃金を下回る金額で労働契約を締結し，当該金額しか支払っていない場合，最低賃金法に違反する可能性があります（設問の回答）。

（2）最低賃金制度の適用単位

最低賃金制度は，企業単位ではなく，事業単位で適用されます。そして，事業とは，工場，鉱山，事務所，店舗等の如く，一定の場所において相関連する組織のもとに業として継続的に行われる作業の一体をいうと解されています（昭和22年9月13日発基第17号）。また，1つの事業であるか否かは主として場所的概念によって決定すべきもので，同一場所にあるものは原則として1個の事

業とし，場所的に分散しているものは原則として別個の事業とすると解されています。

　つまり，どの地域別最低賃金が適用されるかは，どの場所で勤務しているかによります。例えば，会社の本社が東京，支店が福岡県にあり，ある労働者が福岡支店で勤務している場合は，福岡県の地域別最低賃金が適用されます。

4　労基署との関係

　使用者が労働者に対して，きちんと最低賃金を支払っているかどうかを監督するのは，労働基準監督署長および労働基準監督官です（最賃法31条）。

　労働基準監督官は，使用者の事業場に立ち入り，帳簿書類その他の物件を検査し，又は関係者に質問することができます（最賃法32条1項）また，労働基準監督官は，最低賃金法違反について，司法警察員の職務を行います（同法33条）。

〔森内　公彦〕

第**6**章

労基署調査で問題となる違反
──退職・解雇

Q6-1　解雇事例への労基署の関与

業務命令に従わない問題社員を解雇したところ、労基署に相談に行ったようです。この場合の解雇は認められますか。また、この解雇の有効性について、労基署が判断できるのでしょうか。

従業員を解雇する場合は、客観的に合理的な理由があり、社会通念上相当と認められる場合でなければ、解雇権を濫用したものとして無効となります。もっとも、解雇事由の存在については、行政機関である労基署は判断できず、裁判所において行われます。

1　解雇事由の存在

普通解雇の場合、まず、解雇事由が存在することが必要となります。

解雇事由は、「客観的に合理性」があり、「社会通念上相当」であることが必要です（労契法16条）。

従来、判例では、使用者による労働者の解雇について、「客観的合理性」「社会通念上の相当性」という要件が必要であると判示し、解雇を制限してきました。そして、この裁判例は平成19年3月1日に施行された労働契約法において、次のように明文化されました。

「解雇は、客観的に合理的な理由を欠き、社会通念上相当であると認められない場合は、その権利を濫用したものとして無効とする（労契法16条）」

そのため、解雇においてはこの要件を満たす必要があります。

もっとも、この労働契約法16条の該当性判断については、行政機関である労基署はできません。

したがって、解雇事由の存在について、労働者が納得いかず、労基署に相談したとしても、労基署が解雇の有効性を判断することはできません。

第6章　労基署調査で問題となる違反──退職・解雇　　*161*

[図表1]　解雇事由

① 「客観的に合理的な理由」

　例えば，傷病等による労働能力の喪失や低下，能力不足や適格性の欠如，非違行為，使用者の業績悪化等の経営上の理由による解雇等があります。

② 「社会通念上の相当性」

　その事実関係の下で労働者を解雇することが過酷に過ぎないか等を具体的な個々のケースに応じて判断します。

2　解雇予告の履行

　解雇する場合，基本的に解雇予告が必要です。解雇予告は，少なくとも解雇の30日前に行わなければなりません（労基法21条1項）。30日前までに解雇予告をしなかった場合は，30日以上の平均賃金を支払うか，予告してから30日が経過するまで解雇は成立しません。

　ただし，下図に掲げる場合は，解雇予告も予告手当の支払も必要ありません（労基法20条1項但書・3項・21条）。

[図表2]　解雇予告等が不要な場合

① 　労基署長の解雇予告除外認定を受けた場合
- 天災事変その他やむを得ない事由のために事業の継続が不可能となった場合
- 労働者の責に帰すべき事由に基づいて解雇する場合*
② 　次の臨時的に使用する労働者を解雇する場合
- 日日雇い入れられる者（雇用期間が1か月を超えた場合を除く）
- 2か月以内の期間を定めて使用される者（この期間を超えて雇用された場合を除く）
- 季節的業務に4か月以内の期間を定めて使用される者（この期間を超えて雇用された場合を除く）
- 試の使用期間中の者（雇用期間が14日間を超えた場合を除く）

*労働者の責に帰すべき事由について，行政解釈は労働基準法20条の保護を与える必要のない程度に重大又は悪質なものである場合に限定すべきとしており，具体例として，図表3のケースをあげています（昭和23年11月11日基発第1637号，昭和31年3月1日基発第111号）。

［図表３］ 労働者の責めに帰すべき事由

① 原則として極めて軽微なものを除き，事業場内における盗取，横領，傷害等刑法犯に該当する行為のあった場合
② 賭博，風紀びん乱等により職場規律を乱し，他の労働者に悪影響を及ぼす場合
③ 雇入れの際の採用条件の要素となるような経歴を詐称した場合及び雇入れの際，使用者の行う調査に対し，不採用の原因となるような経歴を詐称した場合
④ 他の事業場へ転職した場合
⑤ 原則として２週間以上正当な理由なく無断欠勤し，出勤の督促に応じない場合
⑥ 出勤不良または出欠常ならず，数回にわたって注意を受けても改めない場合など

３ 法令による禁止

　解雇が法律で禁止されている場合かどうかを確認する必要があります。

　例えば，労働基準法は，「使用者は，労働者が業務上負傷し，又は疾病にかかり療養のために休業する期間及びその後30日間は，解雇してはならない」と定めています（労基法19条）。したがって，業務中の事故で働けなくなった社員を休業期間中に解雇した場合，その解雇は無効となります。

　このほか，解雇に関しては，法令上，いくつかの規制が設けられています。それを例示すると，**図表４**のとおりです。

［図表４］ 解雇が法律で制限されている場合

① 業務上の負傷・疾病による休業期間，その後の30日間（労基法19条）
② 産前産後休業の休業期間，その後の30日間（労基法19条）
③ 国籍等を理由にした差別的解雇の禁止（労基法３条）
④ 労基署等への申告を理由とする解雇の禁止（労基法104条）
⑤ 労働組合員であること等を理由とする解雇の禁止（労組法７条）
⑥ 性別を理由とする解雇の禁止（均等法６条４号）

⑦　婚姻・妊娠・出産等を理由とする解雇の禁止（均等法9条）
⑧　育児・介護休業取得等を理由とする解雇の禁止（育児・介護休業法10条・16条）
⑨　個別労働関係紛争に関し，あっせんを申請したこと等を理由とする解雇の禁止（個別労働紛争解決促進法4条・5条）
⑩　公益通報をしたことを理由とする公益通報者の解雇（公通法3条）

4　実務における留意点

　裁判例においては，この解雇の事由である「客観的合理性」と「社会的相当性」の要件は，厳しく審査される傾向にあります。すなわち，解雇した従業員から不当解雇であるとして訴えられた場合，よほどの事情がないと解雇が有効であると認められません。

　したがって，解雇事由の存否については，訴訟リスクを踏まえて慎重に判断すべきです。

　また，解雇予告をする場合，その方法について法律上は文書でも口頭でも構わないとされています。しかし，通知の有無や紛争に発展した場合を考慮し，文書で通知しておくことが望ましいでしょう。文書については写しを保管しておくと良いでしょう。また，トラブルに発展しそうな場合は，被解雇者が確かに解雇予告を受け取ったことを証明するために，内容証明郵便を利用すると良いでしょう。

〔宮﨑　晃〕

Q6-2　解雇理由の証明

　解雇した従業員が解雇理由の証明書を求めてきました。本人には口頭で解雇理由を説明していたのですが，解雇理由を書面で通知する必要があるのでしょうか。また，どのようなことを記載する必要があるのでしょうか。

　　　　　従業員から解雇理由の証明を求められた場合，会社は遅滞なく証明書を交付する必要があります。また，解雇理由については具体的に示す必要があります。

1 退職証明書

労働基準法は，「労働者が，退職の場合において，使用期間，業務の種類，その事業における地位，賃金又は退職の事由（退職の事由が解雇の場合にあっては，その理由を含む。）について証明書を請求した場合においては，使用者は，遅滞なくこれを交付しなければならない」と規定しています（労基法22条1項）。

したがって，解雇した従業員から解雇理由の証明書を求められたとき，会社は遅滞なく証明書を交付する義務があります。

あくまで従業員から証明書を求められた場合に交付義務がありますので，求められない場合は交付する必要はありません。

2 交付の時期

労働基準法は，交付の時期について，明確に定めず，「遅滞なく」と規定しています。この「遅滞なく」とは「可及的速やかに」の意と解されています。また，労働者が期限を付して解雇理由の証明書を求めた場合，使用者は可能な限り，これに応じるべきでしょう。

3 解雇の理由

解雇の理由については，具体的に示す必要があると解されています。行政解釈では，就業規則の一定の条項に該当することを理由として解雇した場合，当該就業規則の内容及び当該条項に該当するに至った事実関係を証明書に記入しなければならないとされています（平成11年1月29日基発第45号，平成15年12月26日基発第1226002号）。

なお，退職時に雇用保険の離職票をハローワークへ提出しますが，これをもって退職時の証明書に代えることはできません。

4 解雇理由証明の期限

退職時の証明書の請求権の時効は，退職時から2年です（労基法115条，前掲通達）。

したがって，解雇してから2年以上経過した場合，仮に解雇理由の証明を求められてもこれに応じる必要はありません。

第6章　労基署調査で問題となる違反──退職・解雇　　*165*

【書式19　解雇理由証明書】

解雇理由証明書

_____殿

年　　月　　日
○○株式会社
代表取締役　○○　㊞

　当社は，　　年　　月　　日付で貴殿に通知した解雇は，下記の理由による
ものであることを証明します。
記

□　職務命令に対する重大な違反行為
　　具体的には・・・・・・・
　　・・・・したこと
□　勤務態度が不良であること
　　具体的には・・・・・・・
　　・・・・したこと
□　勤務成績が不良であること
　　具体的には・・・・・・・
　　・・・・したこと
□　業務について不正な行為
　　具体的には・・・・・・・
　　・・・・したこと
□　天災その他やむを得ない事由
　　具体的には・・・・・・・
　　・・・・によって当社の事業継続が不可能となったこと
□　その他
　　具体的には・・・・・・・
　　・・・・したこと

以上

5 実務上の留意点

解雇理由の記載は，具体的に示すべきですが，事実に基づき，的確に記載する必要があります。

裁判等において，解雇理由の変更が問題となる場合があります。

例えば，解雇理由証明書には，「会社業績悪化のため」と記載していたのに，その後，不当解雇として，雇用契約上の地位確認訴訟が提起され，同訴訟において，解雇理由に被解雇者の非違行為を追加する場合です。

普通解雇の場合，解雇理由証明書への記載がない解雇事由を追加で主張することが認められないわけではありませんが，裁判所の心証を悪くする可能性があります。

したがって，解雇理由については，慎重に判断すべきです。

〔宮﨑　晃〕

Q6-3　在職中の賃金・退職金の支払

> 自己都合で退職した従業員が在職中の賃金と退職金を速やかに支払うよう求めています。当社規定では，賃金の支払日は月末締めの翌20日払い，退職金は退職後2か月以内となっています。このような場合，退職者の求めに応じてすぐに賃金と退職金を支払わなければならないでしょうか。

賃金については退職日から7日以内に支払わなければなりません。退職金は規定どおりの支払期日でかまいません。

1　金品の返還

労働基準法は，「使用者は，労働者の死亡又は退職の場合において，権利者の請求があった場合においては，7日以内に賃金を支払い，積立金，保証金，貯蓄金その他名称の如何を問わず，労働者の権利に属する金品を返還しなければならない。」と規定しています（労基法23条1項）。

ここでいう「権利者」とは，労働者が退職した場合はその労働者本人，労働者が死亡した場合はその労働者の遺産相続人をいうと解されています。

また，「退職」は，労働者の自己都合退職のみではなく，使用者による解雇

第6章　労基署調査で問題となる違反——退職・解雇　　*167*

等を含みます。

「賃金」とは，労働基準法11条に規定する，「賃金，給料，手当，賞与その他名称の如何を問わず，労働の対償として使用者が労働者に支払うすべてのもの」です。

2　賃金規定等との関係

ほとんどの会社は，賃金に関して，その算定方法や支払方法について，就業規則で定めています（賃金規定，給与規定などの名称が用いられています）。

支払方法については，事務手続の効率化のために，一律で月末締めの翌20日払い，月末締めの翌10日払い，などの賃金の対象期間（締め日）から一定日数を設けているのが通常です。

そのため，就業規則と労働基準法23条1項との関係について，いずれが優先するのかが問題となります。

この点，同法は，労働者の足止め防止策と労働者の遺族の生活確保の見地から，労働者の退職又は死亡の場合に，権利者の請求から7日以内に賃金等を支払うことを会社に義務づけたものであり，強行法規であると解されています。

したがって，就業規則よりも本条が優先され，就業規則の賃金支給日にかかわらず，会社は7日内に支払わなければなりません。

3　退職金規定との関係

退職金は，法律で義務づけられたものではありません。昨今，多くの企業では，退職金制度自体を採用していません。

退職金制度を採用するか否か，採用したとしてその支給要件や額，支払方法をどのようにするかは企業の経営戦略であり，支給条件は，就業規則等（退職金規定などの名称が用いられています）によって明確になります。

したがって，退職金については，退職した労働者から請求があっても，7日以内ではなく，通常の支給期日に支払っても本法律には違反しません。

4　実務上の留意点

本法律は，あくまで権利者から請求があった場合が対象です。したがって，退職した労働者から速やかに賃金を支払うよう求められていなければ，通常の支払日に賃金を支払ってもよいと考えます。

また，多くの企業では，実務上，通常の賃金の支払と同様に処理していると思われます。

ただし，権利者から請求があったにもかかわらず，賃金の額等について異議もなく7日以内に支払わない場合，30万円以下の罰金に処せられます（労基法120条）。

〔宮﨑　晃〕

Q6-4　療養中の従業員の解雇

工場で作業していた労働者が怪我をし，出勤できなくなりました。会社としては，解雇して新たに人材を採用したいのですが，解雇は認められますか。

療養のための休業期間とその後30日間は解雇が原則として禁止されています。

1　業務上災害の場合の解雇規制

労働基準法は，「使用者は，労働者が業務上負傷し，又は疾病にかかり療養のために休業する期間及びその後30日間（中略）は，解雇してはならない。」と規定しています（労基法19条1項柱書）。

本条は，労働者が業務上の負傷・疾病の場合の療養を安心して行うために使用者の解雇禁止を定めたものです。

ここでいう「業務上」とは，当該企業の業務により負傷し，又は疾病にかかった場合をいい，業務とはまったく関係がない私傷病は含まれません。

また，休業は「療養のため」であることが必要です。すなわち，療養のため休業する必要がないのに出勤しない場合や，治癒（症状固定）したにもかかわらず通院しているような場合は含まれません。

「その後30日間」は，療養のため休業する必要が認められなくなって出勤した日又は出勤し得ることができるようになった日から起算されます。

2　解雇禁止の例外

業務上災害の解雇禁止には例外があります。

第6章　労基署調査で問題となる違反——退職・解雇　　*169*

下図の2つに該当する場合，解雇が可能となります。

[図表5] 業務上災害の解雇禁止の例外

> ①　業務上の傷病による療養開始後3年を超えて治癒しない労働者に対して打切補償＊を支払う場合
> ②　天災事変その他やむを得ない事由のために事業の継続が不可能となった場合
> ＊打切補償とは，使用者が被災労働者の平均賃金の1,200日分を支払うというものです（労基法81条）。

これについて，労災保険給付との関係が問題となります。労災保険法は，「業務上負傷し，又は疾病にかかった労働者が，当該負傷又は疾病に係る療養の開始後3年を経過した日において傷病補償年金を受けている場合又は同日後において傷病補償年金を受けることとなった場合には，労働基準法第19条第1項の規定の適用については，当該使用者は，それぞれ，当該3年を経過した日又は傷病補償年金を受けることとなった日において，同法第81条の規定により打切補償を支払ったものとみなす」と規定しています。したがって，被災労働者が療養開始後3年を経過した日において傷病補償年金を受けている場合，又はその日以後，この年金を受けることとなった場合は，解雇禁止が解除されることとなります。

3　罰　則

業務上災害の場合において，解雇禁止の例外事由がないにもかかわらず，解雇した場合，使用者は，6か月以下の懲役又は30万円以下の罰金に処せられます（労基法119条1号）。

〔宮﨑　晃〕

Q6-5 精神不調者の解雇

業務外の理由でメンタル不調に陥った労働者の対応に困っています。会社としては解雇したいのですが，解雇は認められますか。

A 私傷病による職務不能の場合であっても解雇には慎重な判断が必要です。特に精神不調者については配慮が必要とされます。

1 私傷病による職務不能と解雇

労働基準法は，「使用者は，労働者が業務上負傷し，又は疾病にかかり療養のために休業する期間及びその後30日間（中略）は，解雇してはならない。」と規定しています（労基法19条1項柱書）。

本条は，労働者が業務上の負傷・疾病の場合の療養を安心して行うために使用者の解雇禁止を定めたものです。

ここでいう「業務上」とは，当該企業の業務により負傷し，又は疾病にかかった場合をいい，業務とはまったく関係がない私傷病は含まれません。

では，労働者が私傷病によって職務不能となっている場合，解雇できるのかが問題となります。

労働者は，使用者に対して，雇用契約上，労務を提供する義務を負っています。これに対して，使用者は賃金を支払う義務があります。このような契約当事者の一方が自らの義務を履行しない場合，契約自由の原則からすれば，契約を解除できるように思えます。

しかし，解雇については，労働者保護の観点から，労働契約法において，この契約自由の原則が修正されています。すなわち，「客観的に合理的な理由を欠き，社会通念上相当であると認められない場合は，その権利を濫用したものとして無効」となります（労契法16条）。

また，障害者雇用促進法は，事業主に対して，心身の障害をもつ労働者への合理的な配慮を義務づけています（障害者雇用促進法5条）。

したがって，心身に障害をもつ労働者の場合，障害の内容に応じた合理的な配慮を行うことで雇用を維持できるような場合，解雇は労働契約法16条に違反し，無効と考えられます。

このようなことから，メンタル不調者に対する解雇は，特に慎重に判断すべ

第6章　労基署調査で問題となる違反——退職・解雇　　*171*

きです。

2　参考裁判例

　近年，被害妄想のメンタル不調に陥った労働者に対する長期無断欠勤を理由
とした諭旨解雇について，精神科医の診断を得て休職にすべきだったとして無
効と判断した最高裁判決を紹介します。

【日本ヒューレット・パッカード事件（最二小判平24・4・27労判1055号5頁）】
（事案の概要）

　会社の従業員である労働者が，加害者集団から職場の同僚らを通じて嫌がら
せの被害を受けているとして有給休暇を取得して出勤しなくなり，有給休暇を
全て取得した後も約40日間にわたり欠勤を続けたところ，就業規則所定の懲戒
事由である正当な理由のない無断欠勤があったとの理由で諭旨退職の懲戒処分
を受けたため，会社に対し，上記欠勤は正当な理由のない無断欠勤には当たら
ず懲戒処分は無効であるとして，雇用契約上の地位を有することの確認と賃金
等の支払を求めた事案。

（判決の概要）

　従業員が，被害妄想など何らかの精神的な不調のために，実際には事実とし
て存在しないにもかかわらず，約3年間にわたり盗撮や盗聴等を通じて自己の
日常生活を子細に監視している加害者集団が職場の同僚らを通じて自己に関す
る情報のほのめかし等の嫌がらせを行っているとの認識を有しており，上記嫌
がらせにより業務に支障が生じており上記情報が外部に漏えいされる危険もあ
ると考えて，自分自身が上記の被害に係る問題が解決されたと判断できない限
り出勤しない旨をあらかじめ使用者に伝えた上で，有給休暇を全て取得した後，
約40日間にわたり欠勤を続けたなど判示の事情の下では，上記欠勤は就業規則
所定の懲戒事由である正当な理由のない無断欠勤に当たるとはいえず，上記欠
勤が上記の懲戒事由に当たるとしてされた諭旨退職の懲戒処分は無効である。

3　実務上の留意点

　近年，メンタルヘルス問題は社会的にクローズアップされています。業務上
の精神疾患はもちろん，私傷病の場合であっても，解雇は容易ではないことを
使用者は認識すべきです。また，メンタルヘルス問題は，不調者本人だけでは
なく，上司，同僚，部下など周囲の従業員も対応に苦慮するため未然防止が重

要です。普段から従業員の心情把握に努め，従業員がメンタル不調となった場合は主治医等と連携し，重症化を防止していくべきです。

〔宮﨑　晃〕

第 **7** 章

労基署調査で問題となる違反
──休暇

Q7-1 時季変更権

従業員が，繁忙期に年休の申請をしてきましたが拒否しても問題ないでしょうか。

 繁忙期だからという理由のみでは，時季変更権の行使は違法になる可能性があります。代替要員の確保ができないか十分に検討し，労働者と協議した上で，時季変更権を行使すべきです。違法な時季変更権の行使と認定されれば，労基署から是正勧告を受ける可能性があります。

1 年次有給休暇の取得要件

労働者は，①6か月間継続勤務し，かつ，②全労働日の8割以上を出勤することで年次有給休暇（以下，「年休」といいます）の権利を取得します。逆に言えば，勤務期間が6か月未満の従業員や全労働日の8割に満たない日数しか出勤していない労働者に対しては，年休を与える必要はありません。

年休の法定の付与日数は，**図表1**のとおりです。

[図表1] 年次有給休暇の法定の付与日数

勤続年数	年次有給休暇付与日数
6か月	10日
1年6か月	11日
2年6か月	12日
3年6か月	14日
4年6か月	16日
5年6か月	18日
6年6か月	20日

2 時季変更権の行使

年休は，上記1の①，②の条件を満たせば，当然に発生する権利です。したがって，労働者が，特定の日を指定して有給を申請した場合には，原則として使用者は年休を与えなければなりません。

第7章　労基署調査で問題となる違反——休暇　　*175*

　しかし，労基法39条5項ただし書には「請求された時季に有給休暇を与えることが事業の正常な運営を妨げる場合」においては年休を与える日を変更することができることを規定しています。使用者のこの権利を時季変更権といいます。

　ここでいうところの「事業の正常な運営を妨げる場合」について，裁判例（此花電報電話局事件：大阪高判昭53・1・31判タ468号95頁）では，「当該労働者の所属する事業場を基準として，事業の規模，内容，当該労働者の担当する作業の内容，性質，作業の繁閑，代行者の配置の難易，労働慣行等諸般の事情を考慮して客観的に判断すべきである。」と判示されています。使用者としては，裁判例の挙げる要素の事情を踏まえて，客観的にみて代替要員を立てることが困難であれば，「事業の正常な運営を妨げる場合」として，有効な時季変更権を行使できると考えられます。

　また，労働者が事前の調整を経ることなく長期の年休を請求した場合には，時季変更権の行使にあたり，使用者にある程度の裁量的判断を認めた判例がありますので，ご紹介します。

【判例】時事通信社事件（最三小判平4・6・23民集46巻4号306頁，労判613号6頁，判時1426号35頁）

（事案の概要）

　科学技術庁の専門の記者クラブに所属する記者である労働者が，1か月の年休を申請したところ，会社が2週間ずつ2回に分けて年休を採るように時季変更権を行使した。労働者はこれを無視して欠勤したため，会社はけん責処分した上で，賞与を減給した事案であり，会社の時季変更権の行使が適法か争われた事案。

（判示の概要）

　「労働者が長期かつ連続の年次有給休暇を取得しようとする場合においては，それが長期のものであればあるほど，使用者において代替勤務者を確保することの困難さが増大するなど事業の正常な運営に支障を来す蓋然性が高くなり，使用者の業務計画，他の労働者の休暇予定等との事前の調整を図る必要が生ずるのが通常である。しかも，使用者にとっては，労働者が時季指定をした時点において，その長期休暇期間中の当該労働者の所属する事業場において予想される業務量の程度，代替勤務者確保の可能性の有無，同じ時季に休暇を指定する他の労働者の人数等の事業活動の正常な運営の確保にかかわる諸般の事情について，これを正確に予測することは困難であり，当該労働者の休暇の取得が

もたらす事業運営への支障の有無，程度につき，蓋然性に基づく判断をせざるを得ないことを考えると，労働者が，右の調整を経ることなく，その有する年次有給休暇の日数の範囲内で始期と終期を特定して長期かつ連続の年次有給休暇の時季指定をした場合には，これに対する使用者の時季変更権の行使については，右休暇が事業運営にどのような支障をもたらすか，右休暇の時期，期間につきどの程度の修正，変更を行うかに関し，使用者にある程度の裁量的判断の余地を認めざるを得ない。」と判示した上で，本件の労働者の職務は専門性が高く代替要員を長期にわたり確保することは困難で事前調整をせずに年休の申請を行ったなどの理由から，時季変更権の行使は適法であると判示しています。

このように，判例は，労働者が事前の調整を経ることなく長期の年休を請求した場合には，時季変更権の指定に関して使用者にある程度の裁量的判断を認めています。

3 時季変更権行使のポイント

年休を使用して休暇を取ることは労働者の権利ですので，使用者としてもその点は，配慮する必要があります。したがって，繁忙期で年休を与えることは困難な状況でも，代替要員を確保できないか検討すべきです。十分に検討し，代替要員確保のための行動をしたけれども確保はできなかったという場合に時季変更権を行使することが無難です。時季変更権を行使する場合には，労働者と協議してなるべく近い時期に年休を与えることが望ましいです。

〔鈴木　啓太〕

Q7-2　パート労働者の年次有給休暇

年次有給休暇はパート労働者にも年休を与えないといけないのでしょうか。

条件を満たせば，パート労働者にも年休を与えなければなりません。したがって，条件を満たしたパート労働者に年次有給休暇を与えなかった場合には，是正勧告を受ける可能性があります。

1　パートタイマー等の年次有給休暇

　パートタイマーに関しても，①6か月間継続勤務し，かつ，②全労働日の8割以上を出勤することで年次有給休暇（以下，「年休」といいます）の権利を取得します。

　また，短期契約社員や日雇いの場合でも上記条件を満たせば年休を取得することができます。②の条件については，短期契約社員であれば，更新されれば継続の勤務期間としてカウントされ，契約の更新にあたり数日空白があったとしても継続勤務期間としてカウントされます。日雇いの場合も，他の会社で就労することなく，継続して勤務していれば継続勤務期間としてカウントされることになります。

　使用者は，上記条件を満たしたパートタイマーや契約社員，日雇いの労働者から年休の申請があった場合には，年休を与えなければなりません。正社員でないという理由で年休を与えないと労基署から行政指導が入る可能性があるので注意しなければなりません。

2　年次有給休暇の取得日数について

　上記のように，パートタイマーの労働者にも条件を満たせば，年休は与えないといけません。しかし，週所定労働時間が30時間未満の労働者は，フルタイムで働いている正社員と同様に年休の日数が取得できるわけではありません。パートタイマー（週所定労働時間が30時間未満）の年休の取得日数は，週の所定の労働日数や1年間の所定の労働日数によって**図表2**のように規定されています。

[図表2] パートタイム労働者の年休の法定付与日数

週所定労働日数		4日	3日	2日	1日
1年間の所定労働日数		169日 ～216日	121日 ～168日	73日 ～120日	48日 ～72日
継続勤務した期間に応じた付与日数	6か月	7日	5日	3日	1日
	1年6か月	8日	6日	4日	2日
	2年6か月	9日	6日	4日	2日
	3年6か月	10日	8日	5日	2日

4年6か月	12日	9日	6日	3日
5年6か月	13日	10日	6日	3日
6年6か月以上	15日	11日	7日	3日

〔鈴木　啓太〕

Q7-3　計画年休の導入

計画年休とはどのような制度ですか。また，計画年休を実施するために，労働者の個別の同意は必要でしょうか。

　　　　計画年休とは，年次有給休暇のうち，5日を超える分については，労使協定を結べば，計画的に休暇取得日を割り振ることができる制度のことをいいます。
　　　労働者の個別の同意は不要と考えられます。

1　計画年休とは

休暇の使用は原則として個人の自由に任されています。

しかしながら，日本の労働環境は，上司や同僚の目を気にして休暇が取得しにくいといわれています。

そこで，有給取得を促すために，あらかじめ計画的に，職場で一斉に，またはグループ別の交代で休暇を使用する制度として，この計画年休があります。

2　計画年休の導入方法

計画年休を導入するためには，労使協定が必要です（労基法39条6項）。

すなわち，使用者は，事業場の過半数労働者を組織する労働組合または過半数労働者を代表する者との書面による協定により年休を与える時季についての定めをすることで，計画年休を導入できます。

なお，この労使協定については労基署への届出は不要です。

3 労働者の同意や就業規則の定めが必要か

　計画年休制度をめぐる重要な解釈問題は，計画年休を定める労使協定に，労働者に対する拘束力が認められるかどうかです。

　すなわち，時間外労働に関する労使協定は，免罰的効果しかないと解されており，労働者に時間外労働が認められるためには，労働者の同意や就業規則の規定など労働契約上の根拠が必要であると考えられています。計画年休協定も同様に考えられるかどうかが問題となります。

　この問題について，法解釈としては，労働者の同意や就業規則の定めは不要と考えます。

　計画年休制度は，従業員に計画的に年休を取得させるということを目的とする制度であることに鑑みると，個々の労働者の同意がないかぎり労使協定に拘束力がないというのでは，この制度の意味が大幅に失われるものとなります。

　また，年休権は，労働契約を根拠として成立するものではなく，労働基準法に基づいて成立するものである以上，同法が年休の取得方法について独自の方法（労使協定による強制的付与）を定めることもできるはずです。

　なお，裁判例においても，会社と過半数組合との間で締結された書面による協定で，年休の時季指定が集団的統一的に特定された場合，「その日数について個々の労働者の時季指定権及び使用者の時季変更権は，ともに当然に排除され，その効果は当該協定により適用対象とされた事業場の全労働者に及ぶと解すべきである」と判示されています（三菱重工業長崎造船所事件：福岡高判平6・3・24労民45巻1＝2号123頁）。

【書式20　計画年休の就業規則】

第○○条（計画年休）
　会社は，当該事業場に，労働者の過半数で組織する労働組合がある場合においては，その労働組合，労働者の過半数で組織する労働組合がない場合においては，労働者の過半数を代表する者と労働基準法第39条第6項に定められる労使協定を締結し，第○○条で定める年次有給休暇のうち5日を超える部分については，その労使協定の定めるところにより計画的に付与するものとする。

4　実務上の留意点

　厚生労働省は，計画年休を定める場合，就業規則で定めることを前提としているようです。また，解釈上見解が分かれるところでもありますので，トラブル防止の観点からは，就業規則で規定しておく方が望ましいでしょう。
　その場合，前頁の**書式20**のような記載を参考してください。
　計画年休は，労使協定で計画年休日として指定された日数分，労働者が休暇日として自由に指定できる日数は消滅します。そのため，労働者が自由に指定できる休暇日数として最低5日は残しておかなければなりません（労基法39条6項）。
　また，前述したとおり，計画年休の労使協定は，労基署へ届け出る必要はありませんが，労使協定の締結自体は必要です。
　労使協定を締結していない場合，労基署から指摘されるだけでなく，使用者は，6か月以下の懲役又は30万円以下の罰金に処せられます（労基法119条1号）。
　したがって，計画年休を導入する場合，労使協定の締結を忘れないようにしてください。労使協定の具体例は，次の**Q7−4**を参考にしてください。

〔宮﨑　晃〕

Q7−4　計画年休と労使協定

　計画年休を導入するために，どのような労使協定を締結すればよいでしょうか。

　計画年休の労使協定は，従業員の人数等の事業場の状況に応じて，一斉付与方式，班別の交替制付与方式，個人別付与方式に大別されます。

1　計画年休の付与方式

　計画年休の付与方式としては，下図の3つがあるとされています（昭和63年1月1日基発第1号）。

第7章　労基署調査で問題となる違反──休暇　　*181*

［図表３］計画年休の付与方式

① 事業場全体での一斉付与方式
② 班（グループ）別の交替制付与方式
③ 年次有給休暇付与計画表による個人別付与方式

　導入に当たっては，上記の方法の中から，会社の実態に応じた方法を選択することになります。

　実際の労使協定（年次有給休暇の計画的付与に関する協定書）の記載例については**書式21**を参考にしてください。

2　計画年休の活用例

　計画年休は，さまざまな時季に活用できます。

　以下，一例を紹介します。

　① 夏季，年末年始に年次有給休暇を計画的に付与し，大型連休とする場合

　例えば，夏季休暇（８月13日から８月15日）や年末年始休暇（12月31日から翌年１月３日）を特別休暇としている会社が，これに有給休暇を付加する形で指定する場合，次のような協定が考えられます。

　「平成29年の年次有給休暇のうち６日分については，次の日に与えるものとする。

　平成29年８月16日，同年８月17日，同年８月18日，平成30年１月４日，同年１月５日，同年１月６日」

　上記の場合，従業員は，特別休暇（例えば，８月13日から同月15日と12月31日から翌年１月３日）や土日と合わせると，夏季は８月12日から８月20日までの９連休，年末年始は平成29年12月31日から１月７日までの８連休となります。

　そして，労使協定で計画年休日として指定された日数分（上記の例では６日分），労働者が休暇日として自由に指定できる日数は消滅します。

　② アニバーサリー（メモリアル）休暇制度を設ける場合

　有給休暇の計画的付与を活用して「アニバーサリー休暇」と「多目的休暇」を設けることも考えられます。

【書式21　計画年休の労使協定（一斉付与の例）】

年次有給休暇の計画的付与に関する協定書

　株式会社　　　（以下「会社」という。）と従業員代表　　　は，平成○○年の年次有給休暇の計画的付与に関して，次のとおり協定する。

第1条（対象者）

　この協定により年次有給休暇の計画的付与の対象となる者は，次のいずれかに該当する従業員を除き，会社に常時使用される者とする。

　（1）年度初日に年次有給休暇日数が5日以下の者

　（2）長期欠勤，休職および休業中の者

　（3）産前産後休暇中の者

　（4）育児休業・介護休業中の者

　（5）その他対象外とすることが適当と認められる者

第2条（年次有給休暇の計画的付与）

　会社は，本協定の定めるところにより，従業員の有する年次有給休暇のうち5日を超える日数の部分について，予め時季を指定して与えることができる。

2　平成○○年の年次有給休暇のうち○日分については，次の日に与えるものとする。

　　○月○日，○月○日，○月○日

3　この協定の定めに関わらず，業務遂行上やむを得ない事由のため，前項の休暇指定日に出勤を必要とするときは，会社と従業員代表との協議のうえ，休暇指定日を変更するものとする。

平成○○年○○月○○日

　　　　　　　　　　　　　株式会社○○○○

　　　　　　　　　　　　　代表取締役社長　○　○　○　○　　印

　　　　　　　　　　　　　　　従業員代表　○　○　○　○　　印

第7章　労基署調査で問題となる違反──休暇　　*183*

例えば,

「年次有給休暇のうち,　6日分については,　次のとおり与えるものとする。

アニバーサリー休暇として,　誕生日,　結婚記念日等を含む連続3日間

多目的休暇として,　従業員個人が自由に設定する連続3日間」

③　閑散期に年次有給休暇の計画的付与日を設け,　休暇の取得を促進する場
　　合

例えば,　1月と2月が閑散期の場合,　次のような協定が考えられます。

「年次有給休暇のうち4日分については,　次の日に与えるものとする。

　1月の第2,　第4金曜日,　2月の第2,　第4金曜日」

　上記のような労使協定で有給休暇日とされた日については,　特別の事情が認められる場合を除き,　労働者個人がその日に休暇を取る意思のあるなしにかかわらず,　休暇日とされます。

　なお,　裁判例上は,　計画年休協定には,「計画年休を与える時季及びその具体的な日数を明確に規定しなければならない。」とし,　この要件を満たさない計画年休協定を無効としたものがあります（全日本空輸事件：大阪地判平10・9・30労判748号80頁）。

　しかし,　学説上は,　計画的に付与する日数とその特定方法（時期・手続など）のみを定めることでも適法とする見解が有力です。

3　実務上の留意点

　労使協定で計画年休日として指定された日数分,　労働者が休暇日として自由に指定できる日数は消滅します。ただし,　労働者が自由に指定できる休暇日数として最低5日は残しておかなければなりません。

　したがって,　有給休暇の残日数が不足している者をも計画年休の対象とする場合には,　付与日数の増加などの措置が必要となります。

　また,　事業場全体での一斉付与の場合,　有給休暇の権利のない者を休業させる場合,　賃金の支払が必要と考えられます。

〔宮﨑　晃〕

第**8**章

労基署調査で問題となる違反
──女性・年少者・外国人

Q8-1 女性労働者への配慮

女性労働者に対して、会社にはどのような配慮が求められていますか。

会社には、賃金について、男女の差別的取扱いの禁止や産前産後休業その他の母性保護措置が義務づけられています。

1 男女同一賃金の原則

(1) 概　要

会社は、労働者が女性であることを理由として、賃金について、男性と差別的取扱いをしてはなりません（労基法4条）。

「女性であることを理由として」差別的取扱いをするとは、「労働者が女性であることのみを理由として、あるいは社会通念として又はその事業場において、女性労働者が一般的又は平均的に勤続年数が短いこと、主たる生計の維持者ではないことなどを理由とすること」を意味します（昭和22年9月13日基発第17号、平成9年9月25日基発第648号）。

なお、「差別的取扱いをする」とは、不利に取り扱う場合だけでなく有利に取り扱う場合も含みます。

具体的には、下図に該当するような場合が男女同一賃金原則違反の典型です。

[図表1] 男女同一賃金原則違反の典型例

① 男女別の賃金表を設定する。
② 年齢給を女性のみ頭打ちにする。
③ 住宅手当等の各種手当を男性のみに支給する。
④ 女性のみを対象として早期退職における退職金を優遇する。

労働基準法4条に違反した場合、使用者は、6か月以下の懲役又は30万円以下の罰金に処せられます（労基法119条1号）。また、これを背景とした労基署による是正指導もなされます。

さらに、同法は、強行法規と考えられています。すなわち、男女同一賃金原則に違反する行為は無効となります。したがって、**図表1**のような賃金規定は

無効となり，差別された労働者は使用者に対して差額賃金の額を請求できます。また，使用者が損害を与えていれば不法行為として被害者に賠償責任を生じさせます。

（2）実務上の留意点

　男女同一賃金原則は，性別を理由とする差別が禁止されているのであり，職務内容や労働成果によって賃金に差を設けることを禁止しているものではありません。そのため，裁判等において，会社側からは「性別による差別ではなく，職務内容や労働成果によって賃金に差を設けていた」と反論することが見受けられます。

　しかし，裁判においては，男女同一賃金原則は厳しく審査される傾向にあります。すなわち，男女間で賃金に差がある場合，会社側は，その差額について，職務内容や労働成果の違いによるものであることを具体的に立証し得ない限り，性別による差別と推定する傾向にあります（秋田相互銀行事件：秋田地判昭50・4・10労民26巻2号388頁，内山工業事件：広島高岡山支判平16・10・28労判884号13頁など）。

2　男女雇用機会均等法

（1）雇用管理の各ステージにおける性別を理由とする差別の禁止

　男女同一賃金原則は労働基準法に規定されていますが，男女差別については，男女雇用機会均等法においても規制されています。

　同法は，事業主が，労働者の募集・採用，配置（業務の配分及び権限の付与を含む）・昇進・降格・教育訓練，一定範囲の福利厚生，職種・雇用形態の変更，退職の勧奨・定年・解雇・労働契約の更新について，性別を理由として差別的取扱いをしてはならないと定めています（均等法5条・6条）。

　具体的には，**図表2**に該当するような場合が禁止される差別の典型です。

［図表2］禁止される差別の典型例

① 　募集・採用時
　　例：営業職は男性，事務職は女性に限定して採用
　　　　正社員男性，パートタイマーは女性に限定して採用

② 職務内容
　　例：外勤は男性，内勤は女性限定とする。
③ 役職
　　例：女性のみ一定の年齢に達したことを理由に一定の役職にまでしか昇進で
　　　　きないものとする。
④ 福利厚生
　　例：女性のみ社宅を利用できない。
⑤ 退職勧奨
　　例：女性を優先的に退職勧奨する。

（2）間接差別の禁止

　また，同法は，間接差別を禁止しています。すなわち，労働者の性別以外の事由を要件とする措置のうち，実質的に性別を理由とする差別となるおそれがあるものとして，厚生労働省令で定める措置（**図表3**参照）について，合理的な理由がない場合，これを講ずることを禁止しています（均等法7条）。

［図表3］厚生労働省令で定める措置

① 労働者の募集又は採用に当たって，労働者の身長，体重又は体力を要件とすること。
② 労働者の募集若しくは採用，昇進又は職種の変更に当たって，転居を伴う転勤に応じることができることを要件とすること。
③ 労働者の昇進に当たり，転勤の経験があることを要件とすること。

　なお，省令で定めるもの以外については，均等法違反ではありませんが，裁判において，間接差別として違法と判断される可能性もあります。

（3）ポジティブ・アクション

　男女雇用機会均等法は，性別による差別的取扱いを原則として禁止する一方，雇用の分野における男女の均等な機会及び待遇の確保の「支障となっている事情」を改善することを目的として女性労働者に関して行う措置を講ずることは，

違法でないと規定しています（均等法8条）。

「支障となっている事情」とは，固定的な男女の役割分担意識に根ざすこれまでの企業における雇用管理などが原因となって，雇用の場において男女労働者の間に事実上格差が生じていることをいうものです。この格差は最終的には男女労働者数の差となって表れるものと考えられることから，事情の存否については，女性労働者が男性労働者と比較して相当少ない状況にあるか否かにより判断することが適当です。具体的には，一定の雇用管理区分における職務，役職において女性労働者の割合が4割を下回っているか否かにより判断することとしています。

なお，現に女性労働者の割合が4割を下回っている場合であっても，例えば，事実上生じている格差を解消しようとする意図からではなく，単に男性ではなく女性をその職務に配置したいという意図で女性を配置することは，目的に合致しないため，均等法違反となります。

具体的には，**図表4**に該当するような場合が認められる場合の典型です。

［図表4］女性優遇が認められる典型例

---

① 募集・採用時
　例：女性の応募を促すために，女性求職者を対象とした職場見学会を実施する。
② 配置
　例：配置のために必要な資格試験の受験を女性労働者のみに奨励すること。
③ 昇進
　例：昇進の基準を満たす労働者の中から，女性労働者を優先して昇進させること。

（4）婚姻，妊娠・出産等を理由とする不利益取扱いの禁止

男女雇用機会均等法は，**図表5**の行為を禁止しています（均等法9条）。

［図表5］不利益取扱いの禁止

---

① 婚姻，妊娠，出産を退職理由とする定め。

② 婚姻を理由とする解雇。
③ 妊娠，出産，産休取得，その他厚生労働省令で定める理由（下図参照）による解雇その他不利益取扱い。

　また，妊娠中・産後１年以内の解雇については，事業主が，妊娠等が理由でないことを証明しない限り無効としています。

［図表６］厚生労働省で定める理由

① 妊娠したこと。
② 出産したこと。
③ 妊娠中及び出産後の健康管理に関する措置（母性健康管理措置）を求め，又は当該措置を受けたこと。
④ 坑内業務・危険有害業務に就くことができないこと，これらの業務に従事しない旨の申出をしたこと，これらの業務に従事しなかったこと。
⑤ 産前休業を請求したこと，産前休業をしたこと，産後の就業制限の規定により就業できなかったこと，産後休業をしたこと。
⑥ 軽易業務への転換を請求したこと，軽易業務に転換したこと。
⑦ 時間外等に労働しないことを請求したこと，又は労働をしなかったこと。
⑧ 育児時間の請求をし，又は育児時間を取得したこと。
⑨ 妊娠又は出産に起因する症状により労務の提供ができないこと，又はできなかったこと，労働能率が低下したこと。

３　産前産後休業その他の母性保護措置

　労働基準法は，女性労働者の母性保護のために，以下の規定を設けています。

（１）産前産後休業等（労基法65条）

　使用者は，６週間（双子以上妊娠の場合は14週間）以内に出産する予定の女性が請求した場合においては，その者を就業させてはなりません。
　また，使用者は，産後８週間を経過しない女性を就業させてはなりません。ただし，産後６週間を経過した女性が請求した場合において，その者について

医師が支障がないと認めた業務に就かせることは差し支えありません。

さらに，使用者は，妊娠中の女性が請求した場合においては，他の軽易な業務に転換させなければなりません。

（2）妊産婦の時間外・休日労働，深夜労働等の禁止（労基法66条）

使用者は，妊産婦が請求した場合においては，変形労働時間制により労働させる場合であっても，その者を，1週又は1日の労働時間が法定時間を超えることとなる時間について労働させてはなりません。

また，使用者は，妊産婦が請求した場合においては，時間外労働，休日労働又は深夜業をさせてはなりません。

（3）育児時間の付与（労基法67条）

生後満1年に達しない生児を育てる女性は，1日2回各々少なくとも30分の育児時間を請求することができます。

この場合，使用者は，その時間中にその者を使用してはなりません。

（4）妊産婦等に係る危険有害業務の就業制限（労基法64条の3）

使用者は，妊産婦を，妊娠，出産，哺育等に有害な一定の業務に，また，妊産婦以外の女性を，妊娠，出産に係る機能に有害な一定の業務に，それぞれ就かせてはなりません。

（5）坑内労働の就業制限（労基法64条の2）

使用者は，妊婦及び産婦（申し出た者に限る）が行う業務並びに厚生労働省令で定める業務（**図表7**参照）については，女性を坑内で労働させてはなりません。

［図表7］坑内労働の就業を制限される業務

① 人力により行われる土石，岩石若しくは鉱物（以下「鉱物等」という。）の掘削又は掘採の業務
② 動力により行われる鉱物等の掘削又は掘採の業務（遠隔操作により行うものを除く。）
③ 発破による鉱物等の掘削又は掘採の業務

④ ずり，資材等の運搬若しくは覆工のコンクリートの打設等鉱物等の掘削又は掘採の業務に付随して行われる業務（鉱物等の掘削又は掘採に係る計画の作成，工程管理，品質管理，安全管理，保安管理その他の技術上の管理の業務並びに鉱物等の掘削又は掘採の業務に従事する者及び鉱物等の掘削又は掘採の業務に付随して行われる業務に従事する者の技術上の指導監督の業務を除く。）

（6）生理休暇（労基法68条）

使用者は，生理日の就業が著しく困難な女性が休暇を請求した場合には，その者を生理日に就業させてはなりません。

4 実務における留意点

使用者が女性労働者の母性保護措置に違反している場合，女性労働者からの通報等を契機に，労基署が調査に入ることがあります。この場合，使用者には，厳しい罰則が課されます。すなわち，産前産後休業等（労基法65条），妊産婦の時間外・休日労働，深夜労働等の禁止（労基法66条），育児休業の付与（労基法67条），危険有害業務の就業制限（労基法64条の3）に違反した場合は6か月以下の懲役又は30万円以下の罰金（労基法119条1号），坑内労働の就業制限（労基法64条の2）に違反した場合は1年以下の懲役又は50万円以下の罰金（労基法118条1項），生理休暇（労基法68条）に違反した場合は30万円以下の罰金（労基法120条1号）に処せられます。

また，事案によっては女性労働者が会社を提訴することもあります。

トラブル防止のために，就業規則等で女性労働者の保護措置を明記し，社内に徹底していくことが重要です。

〔宮﨑　晃〕

Q8-2 マタニティ・ハラスメント

女性労働者へのマタハラについて、会社はどのような点に注意しなければなりませんか。

妊娠、出産に関するハラスメントについては、相談窓口をあらかじめ定めること、具体的な事案に関して事実関係を迅速かつ正確に確認することなどの措置を講じる必要があります。

1 妊娠、出産、育児休業に関するハラスメント

平成28年8月、事業主が職場における妊娠、出産、育児休業（以下、「妊娠、出産等」という）に関する言動に起因する問題に関して雇用管理上講ずべき措置についての13の指針が公布されました。

平成29年1月1日から、事業主は、この指針に従い、妊娠等に関するハラスメント防止措置を適切に講じなければなりません（均等法11条の2、育児・介護休業法25条）。

2 実務上の留意点

近年、セクハラだけではなく、マタハラが問題視されるようになっており、上記のとおり、法律によって相談窓口の設置が義務付けられ、ハラスメントの発生を防止するための措置を講じなければならなくなりました。

この措置を怠り、実際にハラスメントが発生した場合、会社は被害者に対して賠償責任を負うおそれがあります。

また、この種の問題は、マスメディアに取り上げられることが多いため、報道された場合、企業の社会的信用が失墜し、その場合の影響は計り知れません。

しかし、多くの企業は、労働問題に詳しい人材が不足しているため、相談窓口の設置すら困難な状況です。そのような場合、自社内部ではなく、外部の法律事務所（顧問の弁護士等）をハラスメントの相談窓口として設置する方法があります。

労働問題に詳しい弁護士であれば、ハラスメントの相談に対して的確に対応するだけではなく、そもそもハラスメントを未然に防止するためのサポートを行ってくれることが期待できます。

［図表8］ 妊娠，出産等に関する指針

1　事業主の方針の明確化及びその周知・啓発

（1）①妊娠，出産等に関するハラスメントの内容，②妊娠，出産等に関する否定的な言動が妊娠，出産等に関するハラスメントの背景等となり得ること，③妊娠，出産等に関するハラスメントがあってはならない旨の方針，④妊娠，出産等に関する制度等の利用ができる旨を明確化し，管理・監督者を含む労働者に周知・啓発すること。

（2）妊娠，出産等に関するハラスメントの行為者については，厳正に対処する旨の方針・対処の内容を就業規則等の文書に規定し，管理・監督者を含む労働者に周知・啓発すること。

2　相談（苦情を含む）に応じ，適切に対応するために必要な体制の整備

（3）相談窓口をあらかじめ定めること。

（4）相談窓口担当者が，内容や状況に応じ適切に対応できるようにすること。また，職場における妊娠，出産等に関するハラスメントが現実に生じている場合だけでなく，その発生のおそれがある場合や，職場における妊娠，出産等に関するハラスメントに該当するか否か微妙な場合等であっても，広く相談に対応すること。

（5）その他のハラスメントの相談窓口と一体的に相談窓口を設置し，相談も一元的に受け付ける体制の整備が望ましいこと。

3　職場における妊娠，出産等に関するハラスメントにかかる事後の迅速かつ適切な対応

（6）事実関係を迅速かつ正確に確認すること。

（7）事実確認ができた場合には，速やかに被害者に対する配慮の措置を適正に行うこと。

（8）事実確認ができた場合には，行為者に対する措置を適正に行うこと。

（9）再発防止に向けた措置を講ずること。（事実確認ができなかった場合も同様）

4　職場における妊娠，出産等に関するハラスメントの原因や背景となる要因を解消するための措置

（10）業務体制の整備など，事業主や妊娠した労働者その他の労働者の実情に応じ，必要な措置を講ずること。

（11）妊娠等した労働者に対し，妊娠等した労働者の側においても，制度等の利用ができるという知識を持つことや，周囲と円滑なコミュニケーションを図りながら自身の体調等に応じて適切に業務を遂行していくという意識を持つ

第8章　労基署調査で問題となる違反——女性・年少者・外国人　　*195*

> こと等を周知・啓発することが望ましいこと。
>
> **5　1から4までの措置と併せて講ずべき措置**
> (12) 相談者・行為者等のプライバシーを保護するために必要な措置を講じ，周知すること。
> (13) 相談したこと，事実関係の確認に協力したこと等を理由として不利益な取扱いを行ってはならない旨を定め，労働者に周知・啓発すること。

〔宮﨑　晃〕

Q8-3　年少者の雇用

アルバイトの高校生（18歳未満）に深夜残業をお願いしようと思いますが，労基署から指摘を受けることはあるでしょうか。

年少者（18歳未満）に関しては，年少者の健康と福祉のために，成人とは異なる規制がされており，原則，時間外労働や深夜労働をさせることはできないので，発覚した場合には，労基署から指導が入ります。

1　年少者雇用の違反例

高校生等の満18歳未満の年少者を雇用する場合には，年少者の健康及び福祉の観点から，成人を雇用する場合と異なる法規制がされています。違反例としては**図表9**のようなケースが考えられます。

[図表9] 年少者雇用の違反例

- 深夜まで営業している飲食店で午後10時を過ぎて年少者を働かせた。
- 年少者に代わって親権者と労働契約を締結し，直接親権者に賃金を支払っている。
- 満18歳未満の年少者を雇用していたが，その年齢を証明する戸籍証明書を事業場に備え付けていない。

2　年少者雇用の規制

　成人と異なる年少者の雇用に関する規制については，**図表10**のとおりです。

[図表10]　年少者の雇用に関する規制

年　　齢	保護規定
未成年者（満20歳未満）	• 未成年者の労働契約締結の保護（労基法58条） • 未成年者の賃金請求権（労基法59条）
年少者（満18歳未満）	• 年齢証明書等の備え付け（労基法57条） • 労働時間・休日の制限（労基法60条） • 深夜業の制限（労基法61条） • 危険有害業務の就労制限（労基法62条） • 坑内労働の禁止（労基法63条） • 帰郷旅費（労基法64条）
児童（満15歳に達した日以降最初の３月31日が終了するまでの者）	原則使用禁止

（1）年齢証明書等の備え付け（労基法57条）

　未成年者の雇用主は，満18歳未満の未成年者を雇用する場合には，その年齢を証明する戸籍証明書を事業場に備え付けなければなりません。

（2）未成年者の労働契約締結，賃金請求の保護（労基法58条・59条）

　未成年者の労働契約の締結は，親権者や後見人が締結することはできず，未成年者本人が契約締結しないといけません。

　また，賃金は，未成年者に直接賃金を支払わなければならず，未成年者に代わって親権者や後見人に賃金を支払ってはいけません。

（3）労働時間・休日，深夜業の制限（労基法60条・61条）

　満18歳未満の年少者には，時間外労働や休日労働は禁止されています。また，18歳未満の年少者には，原則として変形労働時間を採用することができませんが，**図表11**の場合には限り変形労働時間を採用できます。

第8章　労基署調査で問題となる違反──女性・年少者・外国人　　*197*

[図表11] 年少者の変形労働時間

①　1週40時間を超えない範囲で1週間のうち1日の労働時間を4時間以内に短縮する場合において，他の日の労働時間を10時間まで延長する場合
②　1週48時間，1日8時間を超えない範囲において，1か月又は1年単位の変形労働時間を適用する場合

（4）危険有害業務の就労制限，坑内労働の禁止（労基法62条，・63条）

満18歳未満の未成年者は坑内作業をさせることはできません。

また，**図表12**の業務をさせることはできません。

[図表12] 年少者の禁止業種

- 酒席に侍する業務
- 刑事施設又は精神科病院における業務
- ボイラーの取扱いの業務
- ボイラーの溶接業務
- 焼却，清掃又はと殺の業務
- 最大積載量荷重が2トン以上の人荷共用若しくは荷物用のエレベーター又は高さ15メートル以上のコンクリート用エレベーターの運転業務
- 動力により駆動される軌条運輸機関，乗合自動車又は最大積載量が2トン以上の貨物自動車の運転の業務
- 強烈な騒音を発する場所における業務　等

（5）帰郷旅費（労基法64条）

18歳未満の者が解雇の日から14日以内に帰郷する場合には，必要な旅費を負担しなければなりません。

（6）児童（満15歳に達した日以降最初の3月31日が終了するまでの者）の就労について

児童については，原則として労働させることはできません。しかし，例外として**図表13**の条件を満たす場合には，児童（13歳以上）についても労働させ

ることができます。

[図表13] 児童を労働させる条件

13歳以上の児童について，
① 製造業，建設業などの工業的業種以外の業種であること
② 健康及び福祉に有害でないこと
③ 労働が軽易であること
④ 修学時間外に使用すること
⑤ 所轄労働基準監督署長の許可を得ること
以上の条件を満たせば労働させることができます。
　満13歳未満の児童については，映画の製作又は演劇の事業に限り，上記の①
〜⑤の条件を満たした上で使用することができます。

3　年少者雇用の注意点

　年少者の雇用するに当たっては，事前に専門家の弁護士や労働基準監督署に相談することをお勧めします。なぜなら，18歳未満の年少者を雇用するにあたっては，上記のように一般の労働者とは異なる規制が多くあるため，法違反がないかより注意が必要だからです。年少者が小遣い稼ぎのために働きたいと言われても安易に雇用すべきではなく，公的書面で年齢確認をするなど慎重に対応すべきです。また，年齢を証明する戸籍証明書を事業場に備え付けることは必須であり，労働基準監督署の臨検があった際には，すぐに示せるように備え付けておかなければなりません。

〔鈴木　啓太〕

Q8-4　外国人労働者と労働法

外国人労働者には，労働関係法令の適用がありますか。
また，外国人労働者を雇用する企業で気をつけなければならない労働問題には，どのようなものがありますか。

基本的には，労働関係法令が適用されます。
労働問題については，日本人と同様，賃金（最低賃金，割増賃金等），労災保険・雇用保険未加入等に気をつけなければなりません。また，外国人特有の問題として，出入国管理及び難民認定法違反（不法就労等）問題があります。

1　外国人労働者についての労働行政運営方針

厚生労働省は，「平成29年度地方労働行政運営方針」の「第4　平成29年度地方労働行政の重点施策」において，「外国人労働者対策・国際協力の推進」を重点施策にあげています。また，労働基準担当部署の重点施策にもあげられています。
そのため，外国人労働者の労働問題は非常に重要といえます。

2　労働関係法令の適用

外国人労働者も労働者である以上，日本国内で就労する限り，労働契約法，労働基準法，労働安全衛生法，最低賃金法，男女雇用機会均等法等の労働関係法令の適用があります。これは，在留資格上は就労することのできない外国人労働者（不法就労労働者）であっても変わりません。
そのため，外国人労働者の人事・労務問題についても，基本的には日本人の労働者と変わりませんので，日本人と同様に，賃金問題，労働保険未加入問題といった労働問題が生じる可能性があります。また，外国人労働者特有の問題として，入管法違反（不法就労）等の問題があります。
こうした点に違反が見られる場合には，労基署の調査，是正勧告等の対象になる可能性がありますので，注意が必要です。

※外国人の労働保険未加入については本書Q8-5を，外国人の不法就労問題については本書Q8-6もご参照ください。

3　外国人労働者特有の労働問題

（1）雇用管理の改善と再就職支援の努力義務

　2007年の雇用対策法改正により，事業主に，外国人労働者の雇用管理の改善および再就職支援の努力義務が課されています。

　すなわち，雇用対策法8条には，

　「事業主は，外国人（日本の国籍を有しない者をいい，厚生労働省令で定める者を除く。以下同じ。）が我が国の雇用慣行に関する知識及び求職活動に必要な雇用に関する情報を十分に有していないこと等にかんがみ，その雇用する外国人がその有する能力を有効に発揮できるよう，<u>職業に適応することを容易にするための措置の実施その他の雇用管理の改善に努める</u>とともに，その雇用する外国人が解雇（自己の責めに帰すべき理由によるものを除く。）その他の厚生労働省令で定める理由により離職する場合において，当該外国人が<u>再就職を希望するときは，求人の開拓その他当該外国人の再就職の援助に関し必要な措置を講ずるように努めなければならない。</u>」

と規定されています（下線部は，筆者加筆）。

（2）安全衛生教育

　事業主が労働災害を防止し，従業員の生命，身体の安全を守るために，労働安全衛生法上，安全衛生教育を行うことが義務づけられています。

　もっとも，外国人労働者の場合は言語や習慣の違いによって，日本人労働者と同様の教育では理解できない場合があります。そのようなときに形式的に安全教育をしたのみにとどめて，後に労働災害が発生した場合には，十分な安全教育を施していたかどうかの責任が問われる可能性があります。労基署もそうした点を労働災害の調査等において，注視することもあります。

　そのため，外国人の安全衛生教育においては，複数言語表記にしたり，イラストを用いる等，工夫が必要になってくる場合もあります。

[図表14]　安全衛生教育

- 雇入時の安全衛生教育（安衛法59条1項）
- 作業内容変更時の安全衛生教育（安衛法59条2項）

- 職務教育（安衛法60条）
- 免許，技能講習（安衛法61条1項，施行令20条）
- 特別教育（安衛法59条3項，安衛則36条）
- 安全衛生教育及び指針（安衛法60条の2）
- 能力向上教育（安衛法19条の2）
- 健康教育等（安衛法69条）
- 労働災害防止業務従事者講習（安衛法99条の2）

(3) 就業規則の作成，周知等

　労働基準法89条柱書には，「常時10人以上の労働者を使用する使用者は，次に掲げる事項について就業規則を作成し，行政官庁に届け出なければならない。」と規定されています。

　まず，ここでいう「常時10人」に国籍の区別はないため，外国人労働者も含めた数になります。そのため，例えば，元々常時9人の労働者を使用しており，新たに外国人（常時使用の要件を満たす）を雇い入れた際には，就業規則の作成義務が生じます。

　また，就業規則の周知義務（労基法106条，労基則52条の2）を果たす意味でも，雇用している外国人労働者にも理解できるよう，当該外国人が理解できる言語で記載された就業規則を作成することが適切です。この点，注意しなければならないのは，仮に外国語で記載された就業規則を作成した場合に，その就業規則についても労基署への届出が必要になることです。届出を忘れると，労基法89条違反の問題が生じることがあります。

〔森内　公彦〕

Q8-5　外国人従業員の労働保険

　外国人従業員に労働保険に加入させていませんでしたが，労基署の調査対象となりますか。

　外国人従業員であっても，労働保険には原則として加入させなければならないため，労基署の調査対象となる可能性があります。

1 労働保険

　労働保険は，労働者災害補償保険（労災保険）と雇用保険の2つの保険を指します。労災保険は，業務災害や通勤災害によって労働者が負傷等した場合に，被災労働者やその遺族に対して補償をすることを目的とする保険です。雇用保険は，失業した場合等に労働者の生活保護等を目的とする保険です。

　企業は，1人でも労働者を雇用している場合にはこの保険に加入する義務があります。そして，外国人も「労働者」である以上，原則として労働保険に加入させなければなりません。

2 労災保険

　労災保険は強行的な労働保護法の一種として，適法な就労か否かを問わずに外国人にも適用されます。例えば，オーバーステイの外国人（不法滞在）のように在留資格を有しない違法な就労をしている外国人であっても，職場での指揮命令下で就労している場合には，適用対象となります。

3 雇用保険

　雇用保険についても，適法な就労に限定しているわけではありません。もっとも，外国人雇用状況届出義務（事業主が，新たに外国人を雇い入れた場合，または離職した場合に，その者の在留資格，在留期間等の事項について確認し，当該事項を厚生労働大臣に届出をしなければならないこと。雇用対策法28条）があるため，実質的に雇用保険に加入することはできなくなっています。

　外国人が雇用保険適用の対象とならないのは，当該外国人が日本の企業とではなく外国の企業との雇用関係がある場合で，賃金の全額を外国企業から受け取っている場合です。日本の企業から支払われる賃金がなく，雇用保険の計算ができないことから対象とはなりません。

　また，外国の失業補償制度に加入している場合や外国公務員の場合は，雇用保険加入の適用除外となります。失業時の補償を日本で行わなくてもよいためです。

[図表15] 労働保険

〔森内　公彦〕

Q8-6　不法就労

外国人の不法就労として、労基署から指摘を受けるのはどのような場合ですか。

在留資格がないのに就労している場合（例：オーバーステイ）、入国管理局からの許可を受けていないのに就労する場合（例：観光客が飲食店で働く）などが、これに該当します。

1　不法就労

不法就労は、大きく
① 正規の在留資格を持たない外国人が就労すること
② 正規の在留資格を持っている外国人が、許可を受けずに、与えられた在留資格で認められている範囲以外の職種で就労すること（資格外活動）
の2つに分けられます。

[図表16] 不法就労

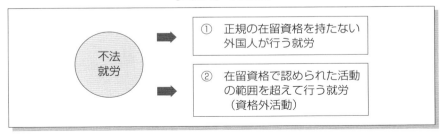

2　正規の在留資格を持たない外国人の就労

正規の在留資格を持たない外国人には，不法入国者・不法上陸者や，不法滞在者（オーバーステイ）などがいます。つまり，日本に密入国したケース，許可された在留期間を超えて日本に滞在し続けたケースなどです。

こうした外国人は，そもそも日本に滞在できない以上，適法に就労することはできません。

3　資格外活動

外国人は，その在留資格により就労できる場合，就労できない場合が区分されています。例えば，「永住者」「日本人の配偶者等」の在留資格が与えられている場合は就労制限がありません。他方で，「短期滞在」（例：観光客）「文化活動」（例：日本文化の研究者）の在留資格では，就労できません。

また，与えられている在留資格によって，就労できる範囲が決められています。例えば，「医療」の在留資格を与えられている場合，就労範囲は医師，看護師等に限られるため，「教育」の在留資格で就労できる職種（例：中学校の語学教師）での就労はできません。

外国人留学生（「留学」の在留資格を有する者，原則として就労不可）がアルバイトをしたい場合に，入国管理局の許可を受けないままアルバイトをした場合も不法就労に該当します。

在留資格と就労の可否等について，詳しくは以下の**図表17**のとおりです。

［図表17］　在留資格と就労の可否等

（1）就労に制限がない在留資格
　　①永住者　　②日本人の配偶者　　③永住者の配偶者等　　④定住者
（2）有している在留資格の範囲内で就労が認められる在留資格
　　①外交　　②雇用　　③教授　　④芸術　　⑤宗教　　⑥報道
　　⑦投資・経営　　⑧法律・会計業務　　⑨医療　　⑩研究　　⑪教育
　　⑫技術　　⑬人文知識・国際業務　　⑭企業内転勤　　⑮興業
　　⑯技能　　⑰技能実習
（3）就労が認められない在留資格
　　※ただし，③，⑤は許可制により一定の範囲で就労可能

① 文化活動
　　② 短期滞在
　　③ 留学
　　　・旧「留学」の在留資格の場合
　　　　許可制で，原則として１週28時間まで
　　　　在籍する教育機関の長期休暇期間中は，１日８時間まで
　　　・旧「就学」の在留資格の場合
　　　　許可制で，原則として１日４時間まで
　　④ 研修
　　⑤ 家族滞在
　　　　許可制で，原則として１週28時間まで
（４）許可内容により就労範囲が決まる在留資格
　　① 特定活動（ワーキングホリデー等）

4 不法就労を防ぐための方法

　労基署が不法就労事案を知るのは，周囲からの申告があるケースです。例えば，観光客（「短期滞在」の在留資格）が滞在期間を過ぎているにもかかわらず日本に在留し続けて，飲食店等で就労していたところ店の客が申告した場合などです。

　こうした不法就労により，不法就労外国人本人は強制退去処分となる可能性があり（入管法24条以下），また当該外国人を雇用した雇用主も不法就労助長罪（３年以下の懲役または300万円以下の罰金）に問われる可能性もあります（入管法73条の２）。

　そのため，雇用主が外国人を雇用する際には，在留カード等によって，就労できる在留資格なのか，在留期間，在留期限等を確認することが不可欠です。

〔森内　公彦〕

Q8-7 外国人技能実習生

外国人技能実習生の実習実施において，労基署から監督指導等をされるのはどのような場合ですか。

例えば，違法な時間外労働，割増賃金の不払い，危険な場所での作業にもかかわらずそれを防止するための必要な措置がなされていない場合です。

1　技能実習制度についての労働行政運営方針

厚生労働省は，「平成29年度地方労働行政運営方針」の「第4　平成29年度地方労働行政の重点施策」において，「技能実習制度の適正かつ円滑な推進」を重点施策にあげています。

また，労働基準担当部署の重点施策にもあげられています。これによると，
- 技能実習生に係る強制労働が疑われる事案
- 技能実習生への暴行・脅迫・監禁，技能実習生からの違約金の徴収または技能実習生の預金通帳・印鑑・旅券等の取上げ等が疑われ，かつ，技能実習生に係る労働基準関係法令違反が疑われる事案

について，出入国管理機関との合同監督・調査を実施し，労働基準関係法令違反が認められ，悪質性が認められるもの又は社会的にも看過し得ないものについては，積極的に司法処分に付すこととしています。

この背景には，外国人技能実習生の労働環境の劣悪さや労働関係法令違反が後を絶たないことがあると考えられます。

こうしたことから，今後，技能実習生の受入れ，労務管理等は，ますます重要になってくると予想されます。

2　外国人技能実習制度

外国人技能実習制度とは，国際貢献のため，日本国内の企業が開発途上国等の外国人を日本で一定期間（現行：最長3年間）に限り受け入れて，技能を移転する制度です。

技能実習制度の受入れには，企業単独型と団体監理型の2種類があります。

企業単独型とは，日本の企業が，海外の企業等（合弁企業，取引先企業等）

第8章 労基署調査で問題となる違反――女性・年少者・外国人

から従業員を受け入れて技能実習を実施するものをいいます。団体監理型とは，非営利の監理団体（商工会等）が外国人技能実習生を受け入れて，その実習生が監理団体傘下の企業等で技能実習を実施するものをいいます。

技能実習生の在留資格は，「技能実習」となります。

それぞれの受入れの流れは，**図表18**のとおりです。

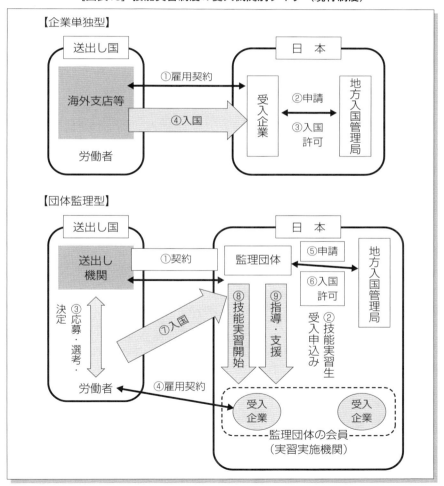

[図表18] 技能実習制度の受入機関別タイプ（現行制度）

3　雇用関係

外国人技能実習制度の下，外国人技能実習生は最長3年間技能実習を行います。技能実習において，実習生は，当初の2か月間は講習（座学）を受け，その後は実習に入ります。

講習期間中（2か月間）は実習生と受入企業との間に雇用関係がないので，労働関係法令は適用されません。講習期間が終了し実習に入ると，実習生と受入企業との間に雇用関係があるため，実習生は労働関係法令による保護を受けます。そのため，実習期間中に違法な時間外労働等の労働問題が生じる可能性があります。

なお，在留資格は，最初の1年目が「技術実習」の1号で，2年目以降が「技術実習」の2号となります（在留資格の変更）。

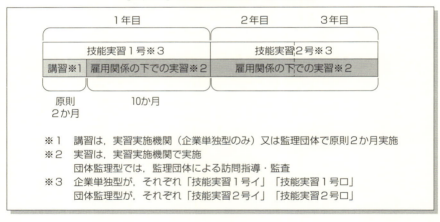

[図表19]　技能実習の流れ（現行制度）

4　違反例

外国人技能実習において，労働関係法令違反内容で多いものは，労働時間関係（違法な時間外労働等），安全基準（危険作業場での危険防止措置をとらない等），割増賃金の不払い等です。

過去に労基署が監督指導，送検した事例には，
- 実習生に月平均120時間を超える違法な時間外労働（三六協定では，特別延

長時間が月60時間）を行わせていた事例

- 賃金を時給換算すると約290円で，地域最低賃金額を下回っているとともに，賃金を直接技能実習生に支払っていなかった事例
- フォークリフトの無資格運転により技能実習生の死亡事故を発生させた事例などがあります。

5　新たな外国人技能実習制度

（1）法整備

　平成28年11月28日に，外国人の技能実習の適正な実施及び技能実習生の保護に関する法律が公布され，平成29年11月１日から施行されることになっています。

（2）新制度の概要

　新しい制度は，外国人の技能実習の適正な実施及び技能実習生の保護を図ることを目的としています。そのため，概要，以下の点が定められています。

[図表20] 新しい外国人技能実習制度のポイント

①　技能実習制度の適正化
・技能実習の基本理念及び関係者の責務規定
　技能実習に関する基本方針の策定
・技能実習計画についての認定制
・実習実施者についての届出制
・監理団体についての許可制
・技能実習生に対する人権侵害行為等についての罰則規定，通報・申告窓口
・事業所管大臣等に対する協力要請等を実施。「地域協議会」の設置
・外国人技能実習機構を認可法人として新設
②　技能実習制度の拡充
優良な実習実施者・管理団体に限定して，第３号技能実習生の受入れ（４～５年目の技能実習の実施）を可能とする。
　⇒　最長５年間の受入れ
③　その他
技能実習の在留資格を規定する出入国管理及び難民認定法の改正等

〔森内　公彦〕

第9章

労基署調査で問題となる違反
——労働安全衛生法

Q9-1　労働安全衛生法の違反例

労基署から，労働安全衛生法違反を指摘されるのは，例えばどのような場合ですか。

　安全衛生管理体制整備の違反，労基署への報告違反，労働者の心身の健康管理の違反，就業制限に関する違反などです。

1　労基署の姿勢

厚生労働省は，「平成29年度地方労働行政運営方針」の中の，労働基準担当部署の重点施策の1つとして，「労働者が安全で健康に働くことができる職場づくり」をあげています。

そのため，労働安全衛生問題は，労基署が非常に重視する事項といえます。

そして，この中に記載されている「第12次労働災害防止計画の最終年度における労働災害を防止するための安全対策」の項目の中で，以下の業種（**図表1**）について言及されている点（重点業種への取組み）が注目されます。

[図表1]　**重点業種への取組みの概要**
（平成29年度地方労働行政運営方針より）

---

① 第3次産業
　労働災害発生件数の多い小売業，社会福祉施設及び飲食店を最重点業種として労働災害防止のための周知，指導を行うこと等
　例：安全衛生方針の作成，作業マニュアルの作成・周知
　　　各店舗・施設で行う安全衛生管理活動（4S活動，KY活動，ヒヤリハット活動，危険箇所の「見える化」等）の決定
② 陸上貨物運送事業
　陸上貨物運送事業における荷役作業の死亡災害の約8割を占める5大災害（①墜落・転落，②荷崩れ，③フォークリフト使用時の事故，④無人暴走及び⑤トラック後退時の事故）を防止するために，「陸上貨物運送事業における荷役作業の安全対策ガイドライン」の中の重点実施事項について陸上貨物運送事業者に対し，周知，指導を行うこと等
③ 製造業
　製造業の労働災害の約3割を占める「はさまれ・巻き込まれ」災害等の労働

災害を防止するために，災害を発生させた機械を使用する事業者に対して当該
災害に係る再発防止対策の指導を行うこと等
④　建設業
　建設業の労働災害の約４割を占める「墜落・転落」災害を防止するために，
足場からの墜落防止措置の強化等に係る改正労働安全衛生規則の周知徹底を図
ること等

2　労働安全衛生法

　労働安全衛生法は，労働基準法と相まって，労働災害の防止のための危害防
止基準の確立，責任体制の明確化および自主的活動の促進の措置を講ずるなど，
その防止に関する総合的計画的な対策を推進することにより，職場における労
働者の安全と健康を確保するとともに，快適な職場環境の形成を促進すること
を目的としています（安衛法１条）。
　本法は，
①　事業場の安全衛生管理体制の整備
②　労働者の危険・健康障害を防止するために事業者の行う措置
③　危険・有害物の規制
④　労働者の就業に当たっての措置（安全衛生教育，就業制限）
⑤　心身の健康の保持促進のための措置（作業環境測定，健康診断，ストレ
　スチェックなど）
⑥　快適な職場環境の形成のための措置
⑦　罰則
等が規定されています。
　また，労働安全衛生法に関する数多くの規則によって，支えられています。
　労基署が注目するものには，例えば，安全衛生管理体制整備の違反，労働者
の危険等防止の違反，労基署への報告違反，労働者の心身の健康管理の違反等
があります。

3　安全衛生管理体制の整備

　労働安全衛生法は，労働者の安全と健康を確保するために，事業者に対して
事業場ごとに安全衛生管理体制の整備を求めています。

具体的には，業種や常時使用する労働者数等によって，①総括安全衛生管理者，②安全管理者，③衛生管理者，④安全衛生推進者，⑤産業医，⑥作業主任者，⑦安全委員会，⑧衛生委員会の設置・選任義務があります。

具体的には，以下の**図表2**のとおりです。

［図表2］安全衛生管理体制

① 総括安全衛生管理者
　i 建設業，運送業，清掃業
　　➡ 常時使用する労働者が100人以上
　ii 製造業，電気業，ガス業，熱供給業，水道業，通信業，各種商品卸売業，家具・建具・じゅう器等小売業，各種商品小売業，燃料小売業，旅館業，ゴルフ場業，自動車整備業，機械修理業
　　➡ 常時使用する労働者が300人以上
　iii その他の業種
　　➡ 常時使用する労働者が1,000人以上
② 安全管理者
　①のi・iiの業種で，かつ常時使用する労働者が50人以上
③ 衛生管理者
　常時使用する労働者が50人以上
④ 安全衛生推進者
　常時使用する労働者が10～49人
⑤ 産業医
　常時使用する労働者が50人以上
⑥ 作業主任者
　危険有害作業及び作業主任者の資格（**図表3**）
⑦ 安全委員会
　屋外作業的業種または工業的業種において，常時使用する労働者がそれぞれ50人以上または100人以上
⑧ 衛生委員会
　常時使用する労働者が50人以上

第9章　労基署調査で問題となる違反──労働安全衛生法　　*215*

［図表３］危険有害作業及び作業主任者の資格

一　高圧室内作業（高圧室内作業主任者免許）
二　アセチレン溶接装置又はガス集合溶接装置を用いて行う金属の溶接，溶断又は過熱の作業（ガス溶接作業主任者免許）
三　機械集材装置若しくは運材索道の組立て，解体，変更若しくは修理の作業又はこれらの設備による集材若しくは運材の作業（林業架線作業主任者免許）
四　ボイラー（小型ボイラーを除く。）の取扱いの作業（取り扱うボイラーの電熱面積等により，特級・１級・２級ボイラー技士免許，ボイラー取扱技能講習）
五　放射線業務に係る作業（エックス線作業主任者免許）
六　ガンマ線照射装置を用いて行う透過写真の撮影の作業（ガンマ線透過写真撮影作業主任者免許）
七　木材加工用機械を５台以上有する事業場において行う当該機械による作業（木材加工用機械作業主任者技能講習）
八　動力により駆動されるプレス機械を５台以上有する事業場において行う当該機械による作業（プレス機械作業主任者技能講習）
九　危険物等に係る乾燥設備等による物の加熱乾燥の作業（乾燥設備作業主任者技能講習）
十　コンクリート破砕器を用いて行う破砕の作業（コンクリート破砕器作業主任者技能講習）
十一　掘削面の高さが２メートル以上となる地山の掘削（地山の掘削及び土止め支保工作業主任者技能講習）
十二　土止め支保工の切りばり又は腹おこしの取付け又は取りはずしの作業（地山の掘削及び土止め支保工作業主任者技能講習）
十三　ずい道等の掘削の作業又はこれに伴うずり積み，ずい道支保工の組立て，ロックボルトの取付け若しくはコンクリート等の吹付けの作業（ずい道等の掘削等作業主任者技能者）
十四　ずい道等の覆工の作業（ずい道等の覆工作業主任者技能講習）
十五　掘削面の高さが２メートル以上の岩石の採取のための掘削の作業（採石のための掘削作業主任者技能講習）
十六　高さが２メートル以上のはいのはい付け又ははいくずしの作業（はい作業主任者技能講習）
十七　船舶に荷を積み，船舶から荷を卸し，又は船舶において荷を移動させる作業（船内荷役作業主任者技能講習）
十八　型わく支保工の組立て又は解体の作業（型わく支保工の組立て等作業主任者技能講習）
十九　つり足場，張出し足場又は高さが５メートル以上の構造の足場の組立て解体又は変更の作業（足場の組立て等作業主任者技能講習）
二十　高さが５メートル以上の建築物の骨組み又は塔で，金属製の部材で構成されるものの組立て，解体又は変更の作業（建築物等の鉄骨の組立て等作業主任者技能講習）

二十一	金属製の橋梁の上部構造（高さが5メートル以上又は橋梁の支間が30メートル以上）の架設，解体又は変更の作業（鋼橋架設等作業主任者技能講習）
二十二	軒の高さが5メートル以上の木造建築物の構造部材の組立て又はこれに伴う屋根下地若しくは外壁下地の取付けの作業（木造建築物の組立て等作業主任者技能講習）
二十三	高さが5メートル以上のコンクリート造の工作物の解体又は破壊の作業（コンクリート造の工作物の解体等作業主任者技能講習）
二十四	コンクリート造の橋梁の上部構造（高さが5メートル以上又は橋梁の支間が30メートル以上）の架設又は変更の作業（コンクリート橋架設等作業主任者技能講習）
二十五	第一種圧力容器の取扱いの作業
イ	化学設備に係る第一種圧力容器の取扱いの作業（化学設備関係第一種圧力容器取扱作業主任者技能講習）
ロ	イ以外のもの（特級・1級・2級ボイラー技士免許，化学設備関係第一種圧力容器取扱作業主任者技能講習，普通第一種圧力容器取扱作業主任者技能講習）
二十六	特定化学物質等を製造し，又は取り扱う作業（特定化学物質及び四アルキル鉛等作業主任者技能講習）
二十七	鉛業務に係る作業（鉛作業主任者技能講習）
二十八	四アルキル鉛等業務に係る作業（特定化学物質及び四アルキル鉛等作業主任者技能講習）
二十九	酸素欠乏危険場所における作業
イ	酸素欠乏危険作業場所における作業（酸素欠乏危険作業主任者技能講習又は酸素欠乏・硫化水素危険作業主任者技能講習）
ロ	酸素欠乏症，硫化水素中毒の危険場所における作業（酸素欠乏・硫化水素危険作業主任者技能講習）
三十	屋内作業場，タンク，船倉，坑の内部その他一定の場所において有機溶剤を製造し，又は取り扱う作業（有機溶剤作業主任者技能講習）
三十一	石綿等を取り扱う作業又は石綿等を試験研究のため製造する作業（石綿作業主任者技能講習）

4　労基署への報告違反

　労働安全衛生法上，常時使用する労働者が50人以上の際に必要な管理者等の報告，健康診断（定期健康診断・特殊健康診断）の結果報告，事故の際の報告（労働者死傷病報告）が義務づけられています。

　特に労働者死傷病報告書の提出義務違反は，いわゆる労災かくしとして，労基署は厳しい対応で臨んでいます。

　※健康診断の報告について，本書Q9－6を参照してください。

　※労災かくしについて，本書Q9－5を参照してください。

第9章　労基署調査で問題となる違反──労働安全衛生法　　*217*

【書式22　総括安全衛生管理者・安全管理者・衛生管理者・産業医選任報告】

様式第3号（第2条、第4条、第7条、第13条関係）

総括安全衛生管理者・安全管理者・衛生管理者・産業医選任報告

8 0 4 0 1	労働保険番号				ページ	総ページ
		都道府県 所掌 管轄	基幹番号	枝番号 被一括事業場番号	□□	/ □□

事業場の名称		事業の種類		衛生管理者の場合	坑内労働又は有害業務（労働基準法施行規則第18条各号に掲げる業務）に従事する労働者数	人
事業場の所在地	郵便番号（　　　　）				坑内労働又は労働基準法施行規則第18条第1号、第3号から第5号まで若しくは第9号に掲げる業務に従事する労働者数	人
電話番号	□□□□□□□□□□□□□□ 左に詰めて記入する	労働者数	□□□□□ 右に詰めて記入する	計	□□□□□ 人	
				産業医の場合は、労働安全衛生規則第13条第1項第2号に掲げる業務に従事する労働者数		

フリガナ 姓と名の間は1文字空けること	□□□□□□□□□□□□□□□□□	
被選任者氏名 姓と名の間は1文字空けること	□□□□□□□□□□□□□□□□□	

選任年月日	7：平成 →	元号 年 月 日 □□□□□□□ 1〜9年は右 1〜9月は右 1〜9日は右	生年月日	1：明治 3：大正 5：昭和 7：平成	元号 年 月 日 □□□□□□□ 1〜9年は右 1〜9月は右 1〜9日は右	選任種別	□	1．総括安全衛生管理者 2．安全管理者 3．衛生管理者（4以外の者） 4．衛生管理者（衛生工学管理担当） 5．産業医

・安全管理者又は衛生管理者の場合は担当すべき職務		専属の別	□ 1．専属 2．非専属	他の事業場に勤務している場合は、その勤務先
		専任の別	□ 1．専任 2．兼職	他の業務を兼職している場合は、その業務

・総括安全衛生管理者又は安全管理者の場合は経歴の概要	

・産業医の場合は医籍番号等	□ － □□□□□□□□□□□ 種別符 医籍番号（右に詰めて記入する）

フリガナ 姓と名の間は1文字空けること	□□□□□□□□□□□□□□□□□
前任者氏名 姓と名の間は1文字空けること	□□□□□□□□□□□□□□□□□

辞任、解任等の年月日	7：平成 →	元号 年 月 日 □□□□□□□ 1〜9年は右 1〜9月は右 1〜9日は右	参考事項	

　　年　　月　　日

　　　　事業者職氏名

　　労働基準監督署長殿　　　　　　　　　　　㊞

受付印

様式第3号（第2条、第4条、第7条、第13条関係）
（裏面）
備考
1　□□□で表示された枠（以下「記入枠」という。）に記入する文字は、光学的文字・イメージ読取装置（OCIR）で直接読み取りを行うので、この用紙は汚したり、穴をあけたり、必要以上に折り曲げたりしないこと。
2　記入すべき事項のない欄及び記入枠は、空欄のままとすること。
3　記入枠の部分は、必ず黒のボールペンを使用し、枠からはみ出さないように大きめの漢字、カタカナ及びアラビア数字で明瞭に記入すること。
　　なお、濁点及び半濁点は同一の記入枠に「ガ」「パ」等と記入すること。
4　二人以上の選任報告を行う場合に「総ページ」の欄は、報告の総合計枚数を記入し、「ページ」の欄は総枚数のうち当該用紙が何枚目かを記入すること。
　　なお、2枚目以降は、「事業場の名称」、「事業の種類」、「事業場の所在地」、「電話番号」、「労働者数」、「坑内労働又は有害業務（労働基準法施行規則第18条各号に掲げる業務）に従事する労働者数」、「坑内労働又は労働基準法施行規則第18条第1号、第3号から第5号まで若しくは第9号に掲げる業務に従事する労働者数」及び「産業医の場合は、労働安全衛生規則第13条第1項第2号に掲げる業務に従事する労働者数」の欄は、記入を要しないこと。
5　「事業の種類」の欄は、総括安全衛生管理者の場合は労働安全衛生法施行令第2条各号に掲げる業種を、安全管理者の場合は同条第1号又は第2号に掲げる業種を、衛生管理者又は産業医の場合は日本標準産業分類の中分類により記入すること。
6　「電話番号」の欄は、市外局番、市内局番及び番号をそれぞれ「－」（ダッシュ）で区切り記入すること。
7　「安全管理者又は衛生管理者の場合は担当すべき職務」の欄は、安全管理者又は衛生管理者ごとに職務区分が分かれている場合はその分担を記入すること。
8　「総括安全衛生管理者又は安全管理者の場合は経歴の概要」の欄は、総括安全衛生管理者又は安全管理者の資格に関する学歴、職歴、勤務年数等を記入すること。
9　「産業医の場合は医籍番号等」の種別は、別表に掲げる種別の区分に応じて該当コードを記入すること。
10　「参考事項」の欄は、次のとおりとすること。
　(1)　初めて総括安全衛生管理者、安全管理者、衛生管理者又は産業医を選任した場合は「新規選任」と記入すること。
　(2)　安全管理者選任報告にあつては、労働安全衛生規則第4条第1項第3号に規定する事業場である場合は「指定事業場」と記入すること。
　(3)　産業医選任報告にあつては、産業医の専門科名及び開業している場合はその旨を記入すること。
11　安全管理者選任報告の場合（労働安全衛生規則第5条第2号に掲げる者を選任した場合を除く。）は、同条第1号の研修その他所定の研修を修了した者であること又は平成18年10月1日において安全管理者としての経験年数が2年以上であることを証する書面（又は写し）を、衛生管理者選任報告の場合は、衛生管理者免許証の写し又は資格を証する書面（又は写し）を、産業医選任報告の場合は、医師免許証の写し及び別表コード1から7までのいずれかに該当することを証明する書面（又は写し）を、添付すること。
12　氏名を記載し、押印することに代えて、署名することができること。

別表

種　別	コード	種　別	コード
労働者の健康管理等を行うのに必要な医学に関する知識についての研修であつて厚生労働大臣の指定する者（法人に限る。）が行うものを修了した者	1	大学において労働衛生に関する科目を担当する教授、准教授又は講師の職にあり又はあった者	4
産業医の養成等を行うことを目的とする医学の正規の課程を設置している産業医科大学その他の大学であつて厚生労働大臣が指定するものにおいて当該課程を修めて卒業した者であつて、その大学が行う実習を履修したもの	2	労働安全衛生規則第14条第2項第5号に規定する者	5
		平成8年10月1日以前に厚生労働大臣が定める研修の受講を開始し、これを修了した者	6
労働衛生コンサルタントで試験区分が保健衛生である者	3	上のいずれにも該当しないが、平成10年9月30日において産業医としての経験年数が3年以上である者	7

5　労働者の心身の健康管理

労働者の心身の健康管理については、健康診断とストレスチェック制度が重要です。

健康診断については本書Q9-6を、ストレスチェック制度については本書Q9-2を参照してください。

6　就業制限に関する違反

就業制限に関する違反とは、例えば、免許や必要な技能講習を受けていないにもかかわらず、これが必要な業務に従事させることをいいます。

なお、作業主任者に関する免許・必要な技能講習については、図表3を参照してください。

〔森内　公彦〕

Q9-2　ストレスチェックに対する違反

最近、ストレスチェックという言葉を聞いたのですが、この制度について、労働基準監督署が調査に来ることはありますか。

50名以上の労働者を雇用する事業場は、ストレスチェックの実施状況を報告しなければならず、報告がなされなければ労働基準監督官が調査に来ることがあり得ます。

1　ストレスチェックとは

(1) ストレスチェック制度の概要

ストレスチェックとは、労働者の安全衛生について定める労働安全衛生法の改正によって平成27年12月より導入された制度で、労働者が質問票に回答し、それを分析することで、自身のストレス状態がどのようなものであるか、労働者自身に気づいてもらう目的で開始されました。

これは、長時間労働をはじめとして種々の原因でメンタル不調に陥る労働者が増加し、またそれによる過労死や精神疾患の労災認定が社会問題となっていることから、立法化された経緯があります（精神疾患の労災認定件数はストレ

スチェックが立法化される以前，平成21年度が234件，平成22年度は308件，平成24年度は475件と3年間で倍増しています）。

（2）ストレスチェックの対象となる企業

このストレスチェック制度の導入について，現状は従業員数が50名以上の事業場が義務化されています。安衛法66条の10では，「事業者は，労働者に対し，厚生労働省令で定めるところにより，医師，保健師その他の厚生労働省令で定める者（以下，この条において「医師等」という。）による心理的な負担の程度を把握するための検査を行わなければならない。」と定められており，全事業者を対象にしていますが，附則4条において，「当分の間」として，産業医を選任する義務のない事業主については努力義務にとどまるものとされています。

ここで基準とされている50名という数字は事業場ごとという点が特徴です。したがって，支店などで各地に事業所をもつ企業は，全従業員数が50名を超えていても各支店の人員が50名を超えていない場合には努力義務にとどまっています。

（3）具体的な制度内容

ストレスチェックが義務づけられている事業者は，一般健康診断の対象労働者と同じく，期間の定めのない無期契約労働者，有期契約でも1年以上雇用することが見込まれる労働者及び更新により，1年以上雇用されている労働者で，事業場の所定労働時間の4分の3以上の労働時間である者を対象にストレスチェックを行います。実施までの流れは**図表4**のとおりです。

このストレスチェック制度の注意点ですが，まず，ストレスチェックを実施する義務があるといっても，労働者に検査の受講を強制することは要求されていません。この制度は労働者が自らストレス状態をチェックする機会を付与するというのが目的ですので，企業には，その機会を提供する義務があるというに留まります。したがって，労基署へ報告する際に，ストレスチェックを受講していない労働者がいたとしても，後述する罰則が科されることはありません。

また，ストレスチェックの実施頻度としては，健康診断と同じく年1回以上とされています。実施する者は医師や保健師，厚生労働大臣の定める研修を受けた看護師・精神保健福祉士から選定しなければなりませんが，外部に委託す

ることも可能です。

　調査に使用する質問票ですが，**書式23**の57項目の質問票が推奨されています。この質問票は厚生労働省がインターネット上で無料配布しています（https://stresscheck.mhlw.go.jp/）。

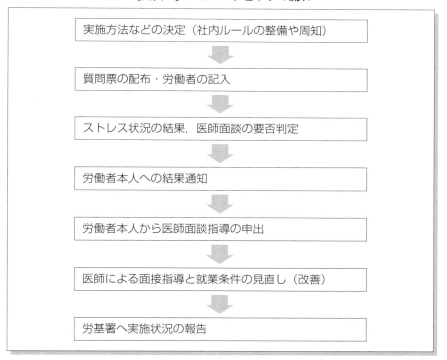

[図表4] ストレスチェックの流れ

　そして，労働者が回答した調査票については，第三者はもちろん，人事権を有する者が目にしてはならないこととなっています。これは，調査票を見て不利益取扱いが起こらないようにするためです。したがって，調査票の回収を行う実施事務従事者は，人事権のない者にする必要があります。この実施事務従事者も外部委託することが可能です。

【書式23　質問票（職業性ストレス簡易調査票）】

職業性ストレス簡易調査票

A　あなたの仕事についてうかがいます。最もあてはまるものに○を付けてください。

	そうだ	まあそうだ	ややちがう	ちがう
1. 非常にたくさんの仕事をしなければならない	1	2	3	4
2. 時間内に仕事が処理しきれない	1	2	3	4
3. 一生懸命働かなければならない	1	2	3	4
4. かなり注意を集中する必要がある	1	2	3	4
5. 高度の知識や技術が必要なむずかしい仕事だ	1	2	3	4
6. 勤務時間中はいつも仕事のことを考えていなければならない	1	2	3	4
7. からだを大変よく使う仕事だ	1	2	3	4
8. 自分のペースで仕事ができる	1	2	3	4
9. 自分で仕事の順番・やり方を決めることができる	1	2	3	4
10. 職場の仕事の方針に自分の意見を反映できる	1	2	3	4
11. 自分の技能や知識を仕事で使うことが少ない	1	2	3	4
12. 私の部署内で意見のくい違いがある	1	2	3	4
13. 私の部署と他の部署とはうまが合わない	1	2	3	4
14. 私の職場の雰囲気は友好的である	1	2	3	4
15. 私の職場の作業環境（騒音、照明、温度、換気など）はよくない	1	2	3	4
16. 仕事の内容は自分にあっている	1	2	3	4
17. 働きがいのある仕事だ	1	2	3	4

B　最近1か月間のあなたの状態についてうかがいます。最もあてはまるものに○を付けてください。

	ほとんどなかった	ときどきあった	しばしばあった	ほとんどいつもあった
1. 活気がわいてくる	1	2	3	4
2. 元気がいっぱいだ	1	2	3	4
3. 生き生きする	1	2	3	4
4. 怒りを感じる	1	2	3	4
5. 内心腹立たしい	1	2	3	4
6. イライラしている	1	2	3	4
7. ひどく疲れた	1	2	3	4
8. へとへとだ	1	2	3	4
9. だるい	1	2	3	4
10. 気がはりつめている	1	2	3	4
11. 不安だ	1	2	3	4
12. 落着かない	1	2	3	4
13. ゆううつだ	1	2	3	4
14. 何をするのも面倒だ	1	2	3	4
15. 物事に集中できない	1	2	3	4
16. 気分が晴れない	1	2	3	4
17. 仕事が手につかない	1	2	3	4
18. 悲しいと感じる	1	2	3	4

第9章　労基署調査で問題となる違反──労働安全衛生法　　*223*

	ほとんどなかった	ときどきあった	しばしばあった	ほとんどいつもあった
19. めまいがする	1	2	3	4
20. 体のふしぶしが痛む	1	2	3	4
21. 頭が重かったり頭痛がする	1	2	3	4
22. 首筋や肩がこる	1	2	3	4
23. 腰が痛い	1	2	3	4
24. 目が疲れる	1	2	3	4
25. 動悸や息切れがする	1	2	3	4
26. 胃腸の具合が悪い	1	2	3	4
27. 食欲がない	1	2	3	4
28. 便秘や下痢をする	1	2	3	4
29. よく眠れない	1	2	3	4

C　あなたの周りの方々についてうかがいます。最もあてはまるものに〇を付けてください。

	非常に	かなり	多少	全くない
次の人たちはどのくらい気軽に話ができますか？				
1. 上司	1	2	3	4
2. 職場の同僚	1	2	3	4
3. 配偶者、家族、友人等	1	2	3	4
あなたが困った時、次の人たちはどのくらい頼りになりますか？				
4. 上司	1	2	3	4
5. 職場の同僚	1	2	3	4
6. 配偶者、家族、友人等	1	2	3	4
あなたの個人的な問題を相談したら、次の人たちはどのくらいきいてくれますか？				
7. 上司	1	2	3	4
8. 職場の同僚	1	2	3	4
9. 配偶者、家族、友人等	1	2	3	4

D　満足度について

	満足	まあ満足	やや不満足	不満足
1. 仕事に満足だ	1	2	3	4
2. 家庭生活に満足だ	1	2	3	4

医師をはじめとする実施者が質問票の回答を判定し，結果を本人へ通知します。この際，企業が結果を知るためには当該労働者の同意が必要になります。労働者の同意なく，企業が結果を入手することは許されません。

最終的に，企業は労基署に対して，**書式24**の書面によりストレスチェックの実施状況と面接指導の状況を報告しなければなりません。

報告書では，主にストレスチェックの実施月，実施者，事業場の対象労働者数，検査を受けた労働者の人数と面接指導を受けた労働者の人数を記入します。

（4）罰　則

（2）で説明した，ストレスチェックが義務化されている従業員50名以上の事業場が報告書の提出を怠った場合には，労働安全衛生法100条により，50万円以下の罰金に処せられます。

2　労基署の調査対象

ストレスチェック制度の根拠法令である労働安全衛生法は，労働基準監督署長及び労働基準監督官に対して，この法律の施行に関する事務をつかさどると規定し（安衛法90条），必要があると認めるときは，事業場に立ち入り，関係者に質問し，帳簿，書類その他の物件を検査するなどの強制調査権限を与えています（同法91条1項）。

また，労働基準監督官には労働安全衛生法違反の犯罪について，司法警察員の権限が与えられています（安衛法92条）。したがって，ストレスチェックの定期報告を怠った場合には，労働基準監督官が事業場に調査を行うことは十分にあり得ます。

ストレスチェック制度は開始されたばかりですので，労基署も関心をもって対応することが予想されますので，毎年忘れずに報告書を提出することが肝要です。

〔西村　裕一〕

第9章　労基署調査で問題となる違反——労働安全衛生法　　*225*

【書式24　労基署への報告書書式】

様式第6号の2（第52条の21関係）（表面）

心理的な負担の程度を把握するための検査結果等報告書

```
80501
```

労働保険番号	□□□□□□□□□□□□□□

都道府県　所掌　管轄　　基幹番号　　枝番号　統一括事業場番号

対象年	7:平成 → □□□ 年分 1〜9年は右↑		検査実施年月	7:平成 → □□□□ 年 月 1〜9年は右↑1〜9月は右↑
事業の種類			事業場の名称	
事業場の所在地	郵便番号（　　　　）　　電話　　（　　）			

		在籍労働者数	□□□□□ 人 右に詰めて記入する↑
検査を実施した者	□	1:事業場選任の産業医 2:事業場所属の医師（1以外の医師に限る。）、保健師、看護師又は精神保健福祉士 3:外部委託先の医師、保健師、看護師又は精神保健福祉士	検査を受けた労働者数	□□□□□ 人 右に詰めて記入する↑
面接指導を実施した医師	□	1:事業場選任の産業医 2:事業場所属の医師（1以外の医師に限る。） 3:外部委託先の医師	面接指導を受けた労働者数	□□□□□ 人 右に詰めて記入する↑
集団ごとの分析の実施の有無	□	1:検査結果の集団ごとの分析を行った 2:検査結果の集団ごとの分析を行っていない		

折り曲げる場合は、◀の所を谷に折り曲げること

産業医	氏　名 所属医療機関の名称及び所在地	㊞

　年　　　月　　　日
　　　　　　事業者職氏名
　　　　労働基準監督署長殿　　㊞

受　付　印

Q9-3 受動喫煙に対する対策

事務所内でタバコを吸う従業員がいて、吸わない従業員が禁煙にしてほしいと言っています。労働基準監督署の調査対象になりますか。

受動喫煙に対する対策は、健康の保持に対する措置として労働基準監督署の所管事務となっています。したがって、調査対象ではありますが、受動喫煙対策には、違反への罰則がなく、努力義務にとどまっているため、調査に来る可能性はそれほど高くありません。

1　受動喫煙対策

労働安全衛生法は65条の3において、企業が労働者の健康に配慮して、労働者の従事する作業を適切に管理するように努めなければならないと定めています。

近年、健康気運の高まりとともに、喫煙に対する意識も変わっています。全面禁煙や分煙化が至る所で進められており、タバコ業界は、通常の紙タバコより有害物質の含有量が少なく、受動喫煙の影響がない電子タバコを発売するなどしています。

こうした状況で、労働安全衛生法は平成26年の改正で受動喫煙について、新たに以下の条項を定めました（安衛法68条の2）。

「事業者は、労働者の受動喫煙（室内又はこれに準ずる環境において、他人のたばこの煙を吸わされることをいう。）を防止するため、当該事業者及び事業場の実情に応じ適切な措置を講ずるよう努めるものとする。」

したがって、企業は事務所内での喫煙について、全面禁煙化するか、分煙化して、喫煙室を作るなどの対策が求められています。これは、企業規模や従業員数を問わず、すべての事業場が対象となっています。

この点、テナント契約により、事務所を賃借しているケースでは、ビル自体が全面禁煙化していたり、喫煙室を設置していたりするので、ビルのルールに従えばよいケースもありますが、自社ビルや工場などの場合には、事業場ごとに喫煙ルールを定める必要があります。

国としても、労働者の健康保持増進に関する措置の適切かつ有効な実施を図るため、受動喫煙の防止のための設備の設置の促進その他必要な援助に努める

第9章　労基署調査で問題となる違反——労働安全衛生法　　*227*

とされており（安衛法71条1項），中小企業を対象に屋外喫煙所や喫煙室などの設置にかかる費用の助成を行っています（受動喫煙防止対策助成金）。この助成金は設備費用の半分（上限200万円）を補助するものです。こうした助成金が用意された背景には，従業員が50名未満の事業場では，禁煙，分煙化があまり進んでいなかったという事情があります。全体の全面禁煙・分煙の取組率は2011年の47.6％から翌年の2012年には61.4％と順調に推移しています。

[図表5]　受動喫煙対策の具体的な対応

設備面での施作（ハード面）
- 敷地内全面禁煙
- 屋内全面禁煙
- 空間分煙（喫煙室）
- 換気の充実（空気清浄機などの設置）

計画や社員教育（ソフト面）
- 分煙担当者・部署の決定
- 分煙計画の作成
- 社員教育の実施
- 事務所内への掲示

2　労基署の関わり

受動喫煙対策は，前述のとおり労働安全衛生法に定められたものであるため，この法律の施行について，権限が与えられている労基署は必要があれば調査を行うことができます。

その意味では，三六協定の締結違反や賃金不払いなどの違反と同じく，労働基準監督官が事業場に調査に来る可能性もゼロとは言い切れません。

ただし，受動喫煙対策については，労働安全衛生法の文言上，「しなければならない」ではなく，「努めるものとする」と規定されているにとどまっているため，努力義務にすぎません。したがって，対策を講じないからといって罰則が科せられるわけではないという現状からすれば，労基署の調査業務の優先順位は低いと考えられます。

しかしながら，ハラスメントなどの問題とともに，従業員が受動喫煙を強いられているとして，労基署に相談するなどした場合には，その他の問題と合わせて調査を行うということはあり得ます。

女性の社会進出や喫煙に対する意識の変化などからすれば，現状の努力義務から受動喫煙対策の義務化という法改正も可能性があるところです。実際，

2020年の東京オリンピック，パラリンピックに向けて，厚生労働省は，飲食店などサービス業の施設内では原則禁煙とする罰則付きの法制度の導入を本格的に検討しており，この流れが従業員の健康保持を目的とする労働安全衛生法にも影響することも考えられます。

〔西村　裕一〕

Q9-4　元請・下請間の違反例

　弊社（元請，建設業）は，注文先から請け負った事業の一部を下請建設会社に任せていますが，先日，作業現場で転落事故が発生しました。
　このような場合，元請である弊社は，どのような責任を負う可能性があるのですか。また，労基署はどのような対応をするのですか。

　　　安全配慮義務違反に基づく損害賠償責任を負う可能性があります。また，労働安全衛生法違反の疑いで，労基署により災害調査等の対象になる可能性があります。

1　元請と下請の関係

　元請と下請とは本来独立の事業者ですが，時に元請の従業員が下請の従業員に対して，指揮監督を行う場合もあります。
　とはいえ業種によっては，複数の事業者が関与するため，安全衛生の責任の所在が不明確になることも少なくありません。
　そして，場合によっては，下請で発生した事故等について，元請が安全配慮義務違反等の責任を負う場合もあります。

[図表6]　請負関係

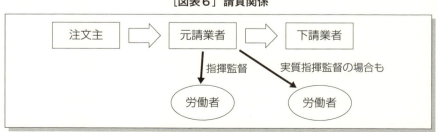

2　安全配慮義務

　労働契約上の安全配慮義務とは，労働者が労務提供のため設置する場所，設備もしくは器具等を使用し又は使用者の指示のもとに労務を提供する過程において，労働者の生命及び身体等を危険から保護するよう配慮すべき義務をいいます（川義事件：最三小判昭59・4・10民集38巻6号557頁）。

　そして，元請と下請の関係であっても，元請業者の労働者と下請業者の労働者との間に，「実質的な使用関係」あるいは「間接的指揮命令関係」が認められれば，元請業者が下請業者の労働者に対して，安全配慮義務を負うと判断される可能性が高いといえます。

　仮に安全配慮義務違反が認められた場合，元請業者も被害者に対する損害賠償責任を負う可能性があります。以下の判例は，その可能性を示したものです。

【三菱重工神戸造船所事件（最一小判平3・4・11労判590号14頁，判時1391号3頁）】

（事案の概要）

　従業員らは，下請会社（元請会社は造船業者）の労働者として約20年間ハンマー打ち作業等に従事していた。その後，この従業員らが作業に伴う騒音により聴力障害に罹患し，これについて元請会社に対し安全配慮義務違反があるとして，損害賠償請求を行った事案。

（判旨抜粋）

　「右認定事実によれば，上告人の下請企業の労働者が上告人のD造船所で労務の提供をするに当たっては，いわゆる社外工として，上告人の管理する設備，工具等を用い，事実上上告人の指揮，監督を受けて稼働し，その作業内容も上告人の従業員であるいわゆる本工とほとんど同じであったというのであり，このような事実関係の下においては，上告人は，下請企業の労働者との間に特別な社会的接触の関係に入ったもので，信義則上，右労働者に対し安全配慮義務を負うものであるとした原審の判断は，正当として是認することができる。」（下線部筆者加筆）

3　労働安全衛生法上の規制

（1）安全衛生管理体制の整備

　一定規模・業種の事業場においては，総括安全衛生管理者，安全管理者，安

全衛生推進者等の安全衛生の各種責任者を選任する必要があります。

こうした安全衛生の各種責任者については、通常はそれぞれの会社が常時使用する労働者数等に応じて選任することになりますので、別々の会社である元請と下請とでは、一方が他方のために安全衛生の各種責任者を選任する必要はありません。

もっとも、同一の場所において、元請と下請との間など重層的な取引関係の下で事業を行う建設業と造船業（特定事業）の場合においては、安全衛生の各種責任者の選任について、それぞれに別個の選任義務が課されています。

[図表7] 元請・下請の安全衛生管理体制の整備

① 統括安全衛生責任者
　➡ 選任義務があるのは、元請側
② 元方安全管理者
　➡ 選任義務があるのは、元請側
③ 店社安全管理者
　➡ 選任義務があるのは、元請側
④ 安全衛生責任者
　➡ 選任義務があるのは、下請側

（2）労働者の危険又は健康障害を防止するための措置

請負契約は、下請、孫請等の多重構造になることがしばしば見られ、どの事業者が労働安全衛生に関する責任を負うかが不明確になることもあります。

そのため、労働安全衛生法では、請負業者（元請・下請等）に対し、労働者の危険又は健康障害を防止するためのさまざまな義務を課しています。

例えば、元方事業者（元請業者）には、関係請負人やその労働者を指導し、労働安全衛生法等に違反しないよう、必要な指導を行う義務が課されています（安衛法29条）。

また、建設業の元方事業者には、土砂等が崩壊するおそれのある場所、機械等が転倒するおそれのある場所等において、関係請負人の労働者が作業を行う際に、関係請負人が講ずべき危険防止の措置が適正に講ぜられるように、技術上の指導その他必要な措置を講ずる義務が課されています（安衛法29条の2）。

特定元方事業者（建設業・造船業）に対しては，その労働者や関係請負人の労働者が同一の場所に存在することによって生じる労働災害を防止するために，協議組織の設置・運営，作業間の連絡調整，作業場所の巡視，関係請負人が行う安全衛生教育の指導・援助，仕事の工程及び機械・設備等の配置に関する計画を策定する等の義務が課されています（安衛法30条）。

上記のとおり，さまざまな義務が課されているのは，主に元請業者です。元請業者としては，再度就業規則や上記労働安全衛生法上の義務を確認した上で，例えば，手すりの設置等，足りない部分を補う手段として，再度見直していくことが重要といえます。

4 労基署の対応

本設問の事例は，労災の可能性があるため，労基署による災害調査等の対象となる可能性があります。

災害調査は，労基署が一定の要件を満たす災害発生を知った段階で，ただちに実施される調査です。災害調査においては，現場状況，被災状況の確認，労働安全衛生法違反の有無の把握，二次災害防止のための指示等を実施します。

また，災害調査を実施するケースに該当しない労災の場合は，災害時監督を実施します。

なお，労基署による災害調査，災害時監督については，本書Q2-8を参照してください。

〔森内　公彦〕

Q9-5　労災かくし

先日，下請建設会社の作業現場で作業中に，下請会社の従業員が作業中に足を骨折する事故が発生しました。下請会社はその従業員に，いくばくかの見舞金を支払ったようですが，労基署への報告をしていないようです。これは，いわゆる「労災かくし」にあたるのではないですか？

労災かくしにあたる可能性が高いです。
会社は，刑事責任リスク，風評リスク等，さまざまなリスクを負う可能性があります。

1 労働災害・労災かくし

（1）労働災害

　労働安全衛生法2条1号は、労働災害について、「労働者の就業に係る建設物、設備、原材料、ガス、蒸気、粉じん等により、又は作業行動その他業務に起因して、労働者が負傷し、疾病にかかり、又は死亡することをいう。」と規定しています。

　重要な点は、「業務に起因して」（業務起因性）、結果（負傷、疾病、死亡）が生じるということです。本設問でも、労働災害に該当する可能性があります。

（2）労災かくし

　労働災害等により労働者が負傷等した場合、または被災等による傷病で4日以上の休業をした場合は、事業者は労働基準監督署長に、遅滞なく労働者死傷病報告書を提出しなければなりません（安衛法100条、安衛則97条）。

　しかし、事業者がこれらの発生後、①労働者死傷病報告書を故意に提出しない、②報告書に虚偽の内容を記載して提出することを、「労災かくし」といいます。

　労災かくしをした場合、50万円以下の罰金に処せられることがあります（刑事責任、安衛法120条5号）。

　また、労災かくしについては、厚生労働省が再三にわたって、通達等により厳しく対処することを呼びかけています。そのため、労基署は、この問題を非常に重視しているといえます。

2 元請・下請と労災かくし

　特に請負関係（例：建設業）においては、労災かくしを行う理由が強く働くと考えられます。

　労災かくしを行う理由として、厚生労働省は、

① 事業者（元請業者）が、労働基準監督署長から調査や監督を受け、その結果、行政上の措置や処分が下されることを恐れてかくす

② 公共工事などの現場で労災事故が起きた場合、元請業者が、労災事故の発生を知った発注者から今後の受注に障害となるようなペナルティが科されることを恐れてかくす

第9章　労基署調査で問題となる違反——労働安全衛生法　*233*

③　労災事故を起こした下請業者が，事故の発生を元請業者に知られると，今後の受注に悪影響を及ぼすと判断してかくす

④　下請業者が，元請の現場所長や職員の評価にかかわるため，迷惑がかからないようにとかくす

⑤　元請業者が，下請業者に対し災害補償責任を負わせるため虚偽の報告を行う

といったことを指摘しています（厚労省リーフレット「労災かくしは犯罪です」より抜粋）。

3　過去の送検事例

　元請・下請関係下での労働災害，労災かくしにより送検されるケースは後を絶ちません。

　例えば，以下の事例があります。

【事案①　外装工事中に，下請個人事業主が墜落・死亡】

（事件の概要）

　平成26年4月，東京都新宿区内の集合住宅建築工事現場で，外装工事を請け負った個人事業主（下請）が，3階床の開口部から1階の土間まで6.15メートル墜落，死亡した。

　なお，元請工事現場責任者と下請の個人事業主は，いずれも当該開口部に法で定められた墜落防止措置を講じていなかった。

（労基署のとった対応）

　新宿労働基準監督署は，元請の建設工事会社及び下請の個人事業主（被疑者死亡）を労働安全衛生法違反容疑で，東京地方検察庁に書類送検した。

【事案②　同一解体工事現場における2件の労災かくし】

（事件の概要）

• 事件ⅰ

　平成24年12月，東京都千代田区内の解体工事現場において，現場の一次下請業者と雇用関係のあった現場作業員1名が，建物天井部分に設置された配管ダクトを切断するため，床上高さ約3メートルの梁上で作業をしていたところ，バランスを崩し梁上から落下し，腰部を強打し腰椎の圧迫骨折した（労働災害に該当）。

　しかし，一次下請業者は，現場所在地を所轄する中央労働基準監督署長に当

該労働災害の報告書（労働者死傷病報告書）を遅滞なく提出しなかった（いわゆる「労災かくし」）。

・事件 ii

平成24年11月，東京都千代田区内の解体工事現場（事件 i と同じ現場）において，現場の二次下請業者と雇用関係にある作業員1名が，前記一次下請業者から請け負った建物階段部分の清掃作業で階段を移動中，着地時に足を捻り，左足の靭帯を損傷した（労働災害に該当）。

二次下請業者取締役社長は，現場所在地を所轄する中央労働基準監督署長に当該労働災害の報告書（労働者死傷病報告書）を遅滞なく提出しなければならなかったが，一次下請業者の代表取締役と共謀の上，これを行わなかった（いわゆる「労災かくし」）。

（労基署のとった対応）

中央労働基準監督署は，同一解体工事現場で発生した上記2件の労災かくし被疑事件について，下請業者を労働安全衛生法違反の容疑で，東京地方検察庁に書類送検した。

【事例③　ビル解体作業中に，下請労働者が墜落・死亡】

（事件の概要）

平成24年8月，東京都港区内のビル解体工事現場において，ビル最上部の塔屋（高さ9メートルに相当）で，解体したコンクリート廃材を開口部から投下していたところ，二次下請の作業員1名が同開口部から25.6メートル下に墜落して死亡した。

その後の調査の結果，二次下請会社が墜落防止措置（開口部に手すり等を設置していない）をとらなかったこと，元請会社が墜落事故発生までの直近1か月間で3回しか作業現場を巡視していなかったことが判明した。

（労基署のとった対応）

三田労働基準監督署長は，二次下請である建設工事業者及び同社社長を，また，元請の建設工事業者及び同社現場所長を労働安全衛生法違反の容疑で，東京地方検察庁に書類送検した。

4　労災かくしによる労働者への影響

労災かくしを行うことにより，労働者へ生じる影響として，以下の点が指摘されています。

① 労災保険制度による保障を受けることができない
② 労働意欲の減退

①について、労災かくしが行われることによって、労災保険請求をすれば受けられるはずの療養補償給付が受けられません。そのため、怪我等をした労働者は、治療を自らの健康保険で自己負担しながら行わなければならなくなります。また、労災により一時的に就労できなくなることもありますが、労災保険請求をすれば受けられたはずの休業補償給付を受けることができません。このように、労働者にとって、本来受けられるはずの手厚い労災補償が受けられず、経済的負担が増加するという影響があります。

②について、労災かくしが行われることによって、当該被災労働者のみならず、周囲の労働者の労働意欲減退という影響も考えられます。これは、会社にとっての不利益にもなります。

5　会社の負うリスク

労災かくしを行った場合、会社は、上記のとおり労働安全衛生法上の刑事責任リスク（50万円以下の罰金）を負うことになります。

もっとも、会社は風評リスクの存在を忘れてはいけません。

労基署は、労災かくしに対して非常に厳しい姿勢で臨んでおり、送検事例が多く存在します。労基署による送検（司法処分）がなされると、業界内に噂が広まって、会社の存続そのものが危うくなることもあります。

〔森内　公彦〕

Q9-6　健康診断

従業員に健康診断を受けさせていませんでしたが何か問題はありますか。労基署は、このようなことにも関心を持つのでしょうか。

使用者は、労働者に定期的に健康診断を受けさせなければなりません。受けさせていなかった場合には、法律上は50万円以下の罰金に処せられることとなっており、労基署も事案によっては送検することも考えられます。

1　健康診断の種類と罰則

　労働安全衛生法は，使用者に対して，自ら雇用する労働者に健康診断を実施しなければならないと規定しています（安衛法66条）。この健康診断には，定期的に行うこととされている一般健康診断（同条1項）と有害業務に従事する労働者に対する特殊健康診断（同条2項）ないし歯科検診（同条3項）があります（**図表8**）。

　一般健康診断には，労働者を雇い入れる際に行わなければならないもの（安衛則43条）と年1回行わなければならないもの（同規則44条）があります。なお，深夜業などの特定業務従事者は年2回の健康診断が必要です（同規則45条）。

　健康診断を行わなければならない労働者（対象者）は，ストレスチェックの場合と同じく，期間の定めのない無期契約労働者，有期契約でも1年以上雇用することが見込まれる労働者及び更新により1年以上雇用されている労働者で，事業場の所定労働時間の4分の3以上の労働時間である者です。

　また，これらの健康診断については，労働安全衛生法上，使用者に義務づけられたものであることから，健康診断にかかる費用については，使用者が負担しなければなりません。

　さらに，実施した健康診断の結果については，遅滞なく労働者に通知しなければならず（安衛法66条の6，安衛則51条の4），その結果を使用者は5年間保存しなければなりません（安衛法66条の3，安衛則51条）。雇入時の保存様式は**書式25**です。

　ここまで説明した健康診断の実施や結果の本人通知については，事業場の規模を問わず，すべての使用者に課された義務ですが，常時50人以上使用する事業者は，定期健康診断の結果を**書式26**の書式で労基署に書面により報告しなければなりません（安衛則52条）。

　そして，労働安全衛生法は，労働者に健康診断を受診させていない使用者に対して，50万円以下の罰金を科しています（安衛法120条1項）。

第9章　労基署調査で問題となる違反——労働安全衛生法　　*237*

[図表8]　健康診断の種類と検査項目

一般健康診断
- 雇入時の健康診断
- 定期健康診断
- 特定業務従事者の健康診断
- 海外派遣労働者の健康診断
- 結核健康診断
- 自発的健康診断
- 給食実施者の検便

特殊健康診断
- 有機溶剤健康診断
- 鉛健康診断
- 四アルキル鉛健康診断
- 特定化学物質健康診断
- 高圧作業健康診断
- 電離放射線健康診断
- 石綿健康診断
- 歯科健康診断
- じん肺健康診断

2　労働者の健康診断受診義務

　前項1で説明したとおり，使用者には健康診断を実施する義務を課していますが，他方で，労働安全衛生法は労働者に対しても，使用者の実施する健康診断を受診する義務を課しています（安衛法66条5項）。この義務違反に対して，罰則はありませんが，使用者は健康診断を受診しない労働者に対して，就業規則に基づいて懲戒処分を行うことはできます。

　ただし，労働安全衛生法は労働者に対し，原則として医師選択の自由を与えています。すなわち，同法66条5項但書で，労働者が使用者の指定する者以外の医師による健康診断を受け，その結果を提出することを認めています。したがって，労働者がかかりつけの医師など，主治医による健康診断を希望した場合には，使用者としては合理的な理由がない限り，この申出に応じなければなりません。

【判例】愛知県教育委員会事件（最一小判平13・4・26労判804号15頁）
（事案の概要）
　中学校の教諭に対して，教育委員会が学校で開催する定期健康診断において，結核の有無を確認するためにエックス線検査を受診するよう指示したものの，同教諭がこれを拒否し続けたため，校長がエックス線検査を受診するよう命令した行為が問題となった事例。
（判旨）

【書式25　健康診断個人票（雇入時）】

様式第5号（第51条関係）(1)

健 康 診 断 個 人 票 （ 雇 入 時 ）

氏　　名		生年月日			年　月　日	健診 年 月 日		年　月　日
		性　別	男　・　女		年	齢		歳
業 務 歴		血　　　　　　圧　（ mm H g ）						
		貧 血 検 査	血 色 素 量（ g ／ d l ）					
			赤 血 球 数（ 万 ／ mm³ ）					
既 往 歴		肝 機 能 検 査	G　O　T（ I U ／ l ）					
			G　P　T（ I U ／ l ）					
			γ － G T P（ I U ／ l ）					
自 覚 症 状		血 中 脂 質 検 査	LDLコレステロール（ mg ／ d l ）					
			HDLコレステロール（ mg ／ d l ）					
			トリグリセライド（ mg ／ d l ）					
他 覚 症 状		血　　糖　　検　　査　（ mg ／ d l ）						
		尿 検 査	糖			－ ＋ ＋＋ ＋＋＋		
身　　長（ c m ）			蛋　白			－ ＋ ＋＋ ＋＋＋		
体　　重（ k g ）		心　　電　　図　　検　　査						
B　M　I								
腹　　囲（ c m ）		そ　の　他　の　法　定　検　査						
視　力	右	（　　　）	そ　の　他　の　検　査					
	左	（　　　）						
聴　力	右1000Hz	1所見なし　2所見あり	医　　師　　の　　診　　断					
	4000Hz	1所見なし　2所見あり	健康診断を実施した医師の氏名印					
	左1000Hz	1所見なし　2所見あり	医　　師　　の　　意　　見					
	4000Hz	1所見なし　2所見あり						
胸部エックス線検査	直接　　　間接		意 見 を 述 べ た 医 師 の 氏 名 印					
	撮影　年　月　日		歯 科 医 師 に よ る 健 康 診 断					
フ ィ ル ム 番 号	No.		歯科医師による健康診断を実施した歯科医師の氏名印					
備　　　　考			歯　科　医　師　の　意　見					
			意 見 を 述 べ た 歯 科 医 師 の 氏 名 印					

備考

1　労働安全衛生規則第43条、第47条若しくは第48条の雇入時の健康診断又は労働安全衛生法第66条第4項の健康診断を行ったときに用いること。

2　BMIは、次により算出すること。

$$BMI = \frac{体重(kg)}{身長(m)^2}$$

3　「視力」の欄は、矯正していない場合は（　）外に、矯正している場合は（　）内に記入すること。

4　「その他の法定検査」の欄は、労働安全衛生規則第47条の健康診断及び労働安全衛生法第66条第4項の健康診断のうち、それぞれの該当欄以外の項目についての結果を記入すること。

5　「医師の診断」の欄は、異常なし、要精密検査、要治療等の医師の診断を記入すること。

6　「医師の意見」の欄は、健康診断の結果、異常の所見があると診断された場合に、就業上の措置について医師の意見を記入すること。

7　「歯科医師による健康診断」の欄は、労働安全衛生規則第48条の健康診断を実施した場合に記入すること。

8　「歯科医師の意見」の欄は、歯科医師による健康診断の結果、異常の所見があると診断された場合に、就業上の措置について歯科医師の意見を記入すること。

第9章　労基署調査で問題となる違反——労働安全衛生法　　*239*

【書式26　定期健康診断報告書】

様式第6号（第52条関係）（表面）

定期健康診断結果報告書

8 0 3 1 1

労働保険番号

対象年	7：平成 →	□□	（　月〜　月分）（報告　回目）	健診年月日	7：平成 →	□□□□□□

事業の種類			事業場の名称	
事業場の所在地	郵便番号（　　　　　）		電話　（　　　）	

健康診断実施機関の名称		在籍労働者数	□□□□□
健康診断実施機関の所在地		受診労働者数	□□□□□

（＊）労働安全衛生規則第13条第1項第2号に掲げる業務に従事する労働者数（右に詰めて記入する）

計　□□□□□人

		実施者数	有所見者数		実施者数	有所見者数
健康診断項目	聴力検査（オージオメーターによる検査）（1000Hz）	□□□□□	□□□□	肝機能検査	□□□□□	□□□□
	聴力検査（オージオメーターによる検査）（4000Hz）	□□□□□	□□□□	血中脂質検査	□□□□□	□□□□
	聴力検査（その他の方法による検査）	□□□□□	□□□□	血糖検査	□□□□□	□□□□
	胸部エックス線検査	□□□□□	□□□□	尿検査（糖）	□□□□□	□□□□
	喀痰検査	□□□□□	□□□□	尿検査（蛋白）	□□□□□	□□□□
	血圧	□□□□□	□□□□	心電図検査	□□□□□	□□□□
	貧血検査	□□□□□	□□□□			

所見のあつた者の人数	□□□□	医師の指示人数	□□□□	歯科健診	実施者数 □□□□□	有所見者数 □□□□

産業医	氏名		㊞
	所属医療機関の名称及び所在地		

　年　月　日

事業者職氏名

労働基準監督署長殿　　㊞

受付印

> 最高裁は，教諭が労働安全衛生法66条5項や結核予防法（当該法令は2007年に廃止されている。）により，エックス線検査を受診する義務を負っていることを述べた上で，学校保健法上も定期健康診断（特に結核の有無に対する検査）は，「教職員の健康が保健上及び教育上，児童，生徒等に対し大きな影響を与えることにかんがみて実施すべきものとされている」として，これを受けるように校長が命令した行為は適法と判断している。

3 労基署の調査のポイント

健康診断の受診については，上述のとおり，事業規模を問わず，使用者に課された罰則つきの義務です。

そして，健康診断の受診は，労働者の健康に深く関わるもので，近年は過労死の問題も社会問題となっています（過労死については Q9-7 を参照）。

したがって，労災事故が発生した場合に，健康診断を受診させていなかった事実が判明した場合には，送検される可能性が高くなるでしょう。実際に，業務中に心疾患で死亡した労働者に定期健康診断を受けさせていなかったとして，送検されたケースがあり，注意が必要です（石巻労働基準監督署平成28年1月）。

〔西村　裕一〕

Q9-7　過労死に関する問題

> 従業員が長時間労働により死亡したと指摘されています。労基署は今後どのように対応してくるでしょうか。

過労死については，社会的な問題意識の高まりによって，労基署も厳しく対応するようになっています。抜打ちの立入調査の後に，送検の可能性も高く，事業主は刑事処分を受けるリスクがあります。また，遺族に対する賠償という民事上の責任も生じます。

1　過労死についての法改正

近年，長時間労働を主な原因とする業務上の過重負荷による脳，心臓疾患による死亡について，社会的に注目されています。こうした社会的関心を背景に，

第9章　労基署調査で問題となる違反——労働安全衛生法　　*241*

法律上も予防のための対策を規定するようになりました。

　この点，労働安全衛生法では，事業者は週単位の時間外労働が１か月100時間を超え，かつ，疲労の蓄積が認められる労働者に対しては，医師による面接指導を行った上で，その結果を記録しなければならないことと規定しています（安衛法66条の８第１項ないし３項，安衛則52条の２）。そして，事業者は，この面接指導の結果に基づいて，当該労働者の健康を保持するために必要な措置について医師の意見を聴かなければならず（安衛法66条の８第４項），その意見を勘案して必要があると認めるときは，就業場所の変更，作業の転換，労働時間の短縮，深夜業の回数の減少等の措置を講じなければならないとされています（同５項）。

　また，平成14年には，「過重労働による健康障害防止のための総合対策について」と題する通達が出されています（平成14年２月14日基発第021201号）。この中で，「業務による脳・心臓疾患の発症の防止のためには，疲労回復のための十分な睡眠時間又は休息時間が確保できないような長時間にわたる過重労働を排除するとともに，疲労が蓄積するおそれのある場合の健康管理対策の強化及び過重労働による業務上の疾病が発生した場合の再発防止措置の徹底が必要である。」と言及されており，労基署としての監督体制については，月45時間を超える時間外労働が行われているおそれがあると考えられる事業場に対しては監督指導，集団指導を実施することとなっています。

　そして，実際に過重労働による業務上の疾病を発生させた事業場であって労働基準関係法令違反が認められるものについては，司法処分を含めて厳正に対処するとも定められており，労基署も過労死について重要な問題と位置づけています。

[図表９] 過重労働に対する労基署の監督

過重労働による健康障害防止のための監督指導等
（１）月45時間を超える時間外労働が行われているおそれがあると考えられる事業場に対しては監督指導，集団指導等を実施する。
（２）監督指導においては，次のとおり指導する。
　ア　月45時間を超える時間外労働が認められた場合については，事業者が，当該労働をした労働者に関する作業環境，労働時間，深夜業の回数及び時間数，過去の健康診断の結果等に関する情報を，産業医（産業医を選任す

る義務のない事業場にあっては，地域産業保健センター事業により登録されている医師等の産業医として選任される要件を備えた医師）（以下「産業医等」という。）に提供し，事業場における健康管理について産業医等による助言指導を受けるよう指導する。併せて，過重労働による健康障害防止の観点から，時間外労働の削減等について指導を行う。

イ　月100時間を超える時間外労働が認められた場合又は2か月間ないし6か月間の1か月平均の時間外労働が80時間を超えると認められた場合については，上記アの指導に加え，事業者が，作業環境，労働時間，深夜業の回数及び時間数，過去の健康診断の結果等の当該労働をした労働者に関する情報を産業医等に提供し，当該労働を行った労働者に産業医等の面接による保健指導を受けさせ，また，産業医等が必要と認める場合にあっては産業医等が必要と認める項目について健康診断を受診させ，その結果に基づき，当該産業医等の意見を聴き，必要な事後措置を速やかに行うように指導する。

ウ　限度基準に適合していない36協定がある場合であって，労働者代表からも事情を聴取した結果，限度基準等に適合していないことに関する労使当事者間の検討が十分尽くされていないと認められたとき等については，協定締結当事者に対しても必要な指導を行う。

（3）事業者が上記（2）のイの措置に係る指導に従わない場合については，当該措置の対象となる労働者に関する作業環境，労働時間，深夜業の回数及び時間数，過去の健康診断の結果等を提出させ，これらに基づき労働衛生指導医の意見を聴くこととし，その意見に基づき，労働安全衛生法第66条第4項に基づく臨時の健康診断の実施を指示することを含め，厳正な指導を行う。

2　労災保険の認定基準

　こうした過労死の問題について，労災保険での認定にあたり，一定の基準を設けています。

　まず，対象となる疾病については，脳血管疾患と虚血性心疾患等が挙げられています（**図表10**）。

　そして，著しい疲労の蓄積をもたらす特に過重な業務に就労したと認められるか否かについては，業務量，業務内容，作業環境等具体的な負荷要因を考慮し，同僚等にとっても，特に過重な身体的，精神的負荷と認められるか否かと

いう観点から，客観的かつ総合的に判断するとされており，労働時間の評価の目安については，

① 発症前1か月ないし6か月間にわたって，1か月当たりおおむね45時間を超える時間外労働が認められない場合は，業務と発症との関連性は弱いと評価できる

② おおむね45時間を超えて時間外労働が長くなるほど，業務と発症との関連性が徐々に強まると評価できる

③ 発症前1か月間におおむね100時間又は発症前2か月間ないし6か月間にわたって，1か月当たりおおむね80時間を超える時間外労働が認められる場合は，業務と発症との関連性が強いと評価できる

とされています。

[図表10] 過労死の認定対象となる脳・心疾患

脳血管疾患
・脳内出血
・くも膜下出血
・脳梗塞
・高血圧性脳症

虚血性心疾患等
・心筋梗塞
・狭心症
・心停止（心臓性突然死含む）
・解離性大動脈瘤

3 使用者の民事責任と裁判例

長時間労働を原因とする過労死の問題について，使用者には，安全配慮義務ないし健康配慮義務違反に基づく損害賠償という民事責任が生じます。そして，近年の裁判例として，前述の労災認定基準を超える長時間労働などの過重労働が認められれば，使用者において，脳，心疾患の発症が基礎疾病などの業務外の事由によるものであることを首肯させる特段の事情を立証できない限り，安全配慮義務ないし健康配慮義務違反に基づく損害賠償責任も免れないという傾向があるとされています（菅野635頁）。

【裁判例】住友重工ツールネット事件（千葉地松戸支判平26・8・29労判1113号32頁）

（事案の概要）

　営業所長として勤務していた労働者が急性心筋梗塞を発症し，死亡したケースで，当該労働者の遺族が使用者に損害賠償請求を行った事案。当該労働者の死亡について，労災保険では，裁判に先立って，業務起因性が認められていた。

（判旨）

　千葉地裁松戸支部は，死亡した労働者が急性心筋梗塞発症の6か月前に平均して月80時間以上の時間外労働があった上に持ち帰り残業や県外への出張もあったことを認定して，長時間労働と急性心筋梗塞による死亡との間に相当因果関係を認め，遺族に約3,600万円の賠償を認めた。

4　メンタルヘルス関連

　脳，心臓疾患だけでなく，長時間労働によりうつ病をはじめとする精神疾患を発症するケースも増えてきています。実際，精神障害の労災認定申請件数が，1998年度の42件から2010年度には1,181件まで激増しており，労災保険の基準も適宜見直しがなされてきています。

　この点，平成23年に策定された「心理的負荷による精神障害の認定基準について」によれば，精神疾患の業務起因性が認められる要件として，①当該精神疾患が業務との関連で発症する可能性のある一定の精神疾患に当たること，②発症前のおおむね6か月間に業務による強い心理的負荷が認められること，③業務以外の心理的負荷および個体側要因により発症したとは認められないことを挙げています（平成23年12月26日基発1226第1号）。

　そして，下記の電通事件など，賠償責任が争われた事例も多くあります。

【裁判例】電通事件（最二判平12・3・24労判779号13頁）

（事案の概要）

　大学卒業後に入社した労働者が長時間労働の恒常化を原因として，うつ病を発症し，その後自殺した事案で当該労働者の遺族が損害賠償を求めた事案。

（判旨）

　最高裁は，以下のように述べて，労働者の健康に配慮する義務を使用者に認めた。「使用者は，その雇用する労働者に従事させる業務を定めてこれを管理するに際し，業務の遂行に伴う疲労や心理的負荷等が過度に蓄積して労働者の心

身の健康を損なうことがないよう注意する義務を負うと解するのが相当であり，使用者に代わって労働者に対し業務上の指揮監督を行う権限を有する者は，使用者の右注意義務の内容に従って，その権限を行使すべきである。」

その上で，本件では，自殺した労働者の就労状況が入社後まもなくから日付の変わった翌午前1時，2時頃に帰宅するようになっていたこと，その後は自宅に帰宅しない日も多くなり，帰宅しても午前6時30分ないし7時頃で，午前8時には再び出勤していたという状態であったことを踏まえ，上司が当該労働者の就労状況や健康状態の悪化を認識しながら，負担を軽減する措置をとっていない過失があると判断した。

この電通事件では，使用者である電通が遺族に対して1億6,800万円もの賠償を行ったとされており，企業に与える影響は計り知れません。企業が従業員に恒常的に長時間労働を課すことは過労死のリスクを高め，高額な賠償責任を負うことにつながります。社会的にも働き方の多様性，ワークライフバランスの重要性が叫ばれている状況ですので，見直しが急務です。

5　労基署の対応

前述のとおり，過重労働に伴う疾病，自殺などの発生については，労基署はかなり対応を強化しているというのが実情です。

平成28年には，再び電通で，長時間労働により新人社員が自殺してしまうという事件が起こってしまいました。この件について，いわゆる「かとく」（詳しくはＱ4－2を参照）が電通本社だけでなく，関連会社にも抜打ちで立入調査を行ったことは記憶に新しいところです。この件は，平成28年12月になって，会社だけでなく自殺した社員の上司であった幹部社員が送検され，その後，起訴されました。

平成29年に入っても，砺波労働基準監督署が違法な長時間残業による過労死が発生した事案で当該企業を送検しています（砺波労働基準監督署平成29年3月15日）。

したがって，過労死が発生した場合には，送検されて刑事処分を科せられる可能性が非常に高い状況であるといえます。また，こうした事故が発生すると報道により企業名が明らかとなり，近年よく使用される「ブラック企業」とのレッテルを貼られてしまうことになります。くれぐれもそうしたことがないように，企業としては予防が求められています。　　　　　　　　〔西村　裕一〕

Q9-8 リスクアセスメント実施

リスクアセスメントを実施しなかったことで，労基署から指導を受けることはあるのでしょうか。

リスクアセスメントの実施は，労働安全衛生法に規定されていますが，努力義務にとどまり，罰則もないので，リスクアセスメントを実施しているかどうかの確認のためだけで調査や指導が入ることは少ないと考えられます。

ただし，労働災害防止のためにリスクアセスメントは実施しておくことをお勧めします。

1 リスクアセスメントの目的と効果

リスクアセスメントは，職場の潜在的な危険性又は有害性を見つけ出し，これを除去，低減するための手法です。労働安全衛生法28条の2には，企業はリスクアセスメントを実施するよう努めなければならないことが規定されています。

リスクアセスメントを実施する目的は，職場のみんなが参加して，職場にある危険の芽（リスク）とそれに対する対策の実情を知って，災害に至る危険性又は有害性をできるだけ取り除き，労働災害が生じないような快適な職場にすることです。

リスクアセスメントを実施することで得られる効果としては**図表11**の5つが挙げられます。

[図表11] リスクアセスメント実施の効果

① 職場のリスクが明確になる
　職場の潜在的な危険性又は有害性が明らかになり，危険の芽（リスク）を事前に摘むことができる。
② リスクに対する認識の共有ができる
　リスクアセスメントは現場の作業者と管理監督者で実施していくことから，現場全体でリスクに対して共通認識を持つことができる。

③ 安全対策の合理的な優先順位が決定できる

　リスクの見積もりの結果により，実施する安全対策に優先順位をつけることができる。

④ 残留リスクに対して「守るべき決めごと」の理由が明確になる

　すぐにリスク低減措置を実施できなくても，現場作業員が注意して作業にあたらなければならないことが認識できる。

⑤ 職場全員が参加することにより「危険」に対する感受性が高まる

　現場作業員が感じた危険を共有でき，経験が浅い作業員に作業の危険性や有害性を感じてもらうことができる。

2　リスクアセスメントの手順

　リスクアセスメントの実施方法は，次頁の**図表12**のような流れで実施することになります。業種別の実施事例などが厚生労働省のホームページに掲載されていますので，参考の上，実施されることをお勧めします。

[図表12] リスクアセスメントの実施手順

①危険性又は有害性の特定
機械・設備，原材料，作業行動や環境について危険性又は有害性を特定する。ここでの危険性又は有害性とは，労働者に負傷や疾病をもたらす物，状況のことで，作業者が接近することにより危険が生じる状態が想定されている。

②危険性又は有害性ごとのリスクの見積もり
特定したすべての危険性又は有害性についてリスク見積もりを行う。リスクの見積もりは，特定された危険性又は有害性によって生じるおそれのある負傷又は疾病の重篤度と発生可能性の度合の組み合わせで行う。

③リスク低減のための優先度の設定・リスク低減措置の内容の検討
危険性又は有害性について，それぞれ見積もられたリスクに基づいて優先度を設定する。

④リスク低減措置の実施
リスク優先度の設定の結果に従い，リスクの除去や低減措置を実施する。リスク低減措置は，基本的に以下の優先順位で検討する。 ・本質的対策（危険作業の廃止・変更，設計・計画段階からの危険性の除去など） ・工学的対策（インターロック，局所排気装置の設置等の設備対策） ・管理的対策（作業手順の作成と教育など） ・個人用保護具の使用

〔鈴木　啓太〕

第 **10** 章

労基署調査で問題となる違反
——労働者派遣

Q10−1　労働者派遣の法律関係

今度派遣元から派遣されてくる予定の労働者を，毎週土曜日に働かせようと考えています。当社の就業規則では，土曜日は休日になっていないので休日労働にはならないと思うのですが。

労基署はどう考えるでしょうか。

派遣元の就業規則上，土曜日を休日と規定している場合には休日労働になります。

そのため，労基法違反（三六協定違反）となる可能性があるため，そもそも労働者派遣ができない場合に該当する可能性がありますし，そのまま派遣を受けると労基署の調査等の対象になる可能性があります。

1　労働者派遣についての労働行政運営方針

厚生労働省は，「平成29年度地方労働行政運営方針」の「派遣労働者の保護及び就業条件の確保対策等の推進」において，「派遣労働者の保護措置の更なる充実を図るため，労働者派遣法違反を繰り返す派遣元事業主等に対する指導監督に万全を期し，労働関係法令の遵守を徹底させるほか，安全衛生教育や健康管理に関する派遣元・派遣先の連携を徹底させる必要がある。このため，共同した監督の実施など職業安定行政と労働基準行政との緊密な連携を図る。」として，重点施策にあげています。

これまでも労基署は，労働者派遣の違反について厳しい方針で臨んできましたが，今後もそれは変わらないでしょう。

特に，労働者派遣は，最近（平成27年）法改正があったこともあり，より規制内容が複雑になったといえます。なお，改正内容については，本章Q10−3，Q10−5で紹介します。

本書では，労働者派遣において労基署が問題視する可能性のある項目について，本設問を含めて7つの設問を設けています。

2　労働者派遣

労働者派遣事業の適正な運営の確保及び派遣労働者の保護等に関する法律

(以下「派遣法」といいます）2条1号で「労働者派遣」は,「自己の雇用する労働者を,当該雇用関係の下に,かつ,他人の指揮命令を受けて,当該他人のために労働に従事させることをいい,当該他人に対し当該労働者を当該他人に雇用させることを約してするものを含まないとする。」と定義されています。

つまり,労働者派遣において,雇用関係にあるのは派遣元事業主と派遣労働者のみであり,派遣先と派遣労働者との関係は指揮命令関係のみとなります。

図表1のとおり,①派遣元事業主と派遣先との労働者派遣契約,②派遣元事業主と派遣労働者との雇用関係,③派遣先と派遣労働者との指揮命令関係の3つがポイントになります。

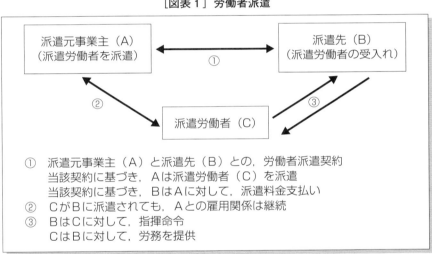

[図表1] 労働者派遣

3　派遣元と派遣先の義務分担

上記のとおり,派遣労働者と雇用関係にあるのは派遣元事業主です。そのため,就業規則の作成・届出は派遣元事業主が行うことになりますし（労基法89条）,派遣労働者には派遣元事業主の就業規則が適用されることになります。

もちろん,派遣元事業主,派遣先事業主ともに,労基法を遵守しなければならないことは当然です。

[図表2] 派遣元・派遣先の労基法上の責任分担（主なもの）

労基法上の実施事項	派遣元	派遣先
労働契約の締結	○	－
労働者名簿の作成・保存	○	－
就業規則の作成・届出	○	－
賃金の支払	○	－
変形労働時間制，フレックスタイム制の労使協定の締結・届出	○	－
時間外・休日労働協定の締結・届出	○	－
時間外・休日・深夜労働の割増賃金の支払	○	－
賃金台帳の作成・保存	○	－
労働時間，休憩時間，休日の管理　※	－	○
年次有給休暇の付与	○	－
年少者の労働時間，休日の管理	－	○
産前・産後休業の付与	○	－
産前・産後休業の制限（時間外・休日・深夜労働）	－	○
育児時間の付与 生理日の就業が著しく困難な場合の措置	－	○
労働災害補償の支払	○	－

※　労働時間，休憩時間，休日労働の労使協定の締結・届出は派遣元がこれを行い，派遣先はその枠組みに従って，派遣労働者を指揮命令して就労させることになります。

4　留意点

（1）労働時間管理

　派遣労働者の労働時間管理の枠組みは，労働関係法令に従うとともに，派遣元事業主が就業規則等を定め（労基法89条），時間外・休日労働協定の締結・届出（同法36条）等を行うことになります。

　派遣先事業主は，これらを遵守して派遣労働者へ指揮命令することになります。とはいえ，現実に派遣労働者が就労しているのは派遣先になるため，労働時間，休憩，休日等の管理については，派遣先事業主が責任を負います（派遣法44条2項）。

　仮に，派遣先において時間外労働，休日労働等をすることが予定されている場合は，労働者派遣契約締結前にあらかじめ確認しておく必要があります。

第10章　労基署調査で問題となる違反——労働者派遣　　253

［図表3］時間外・休日労働ができる場合

① 派遣元事業主の就業規則に，時間外・休日労働に関する規定を設ける。
② 派遣元が，時間外・休日労働に関する三六協定を締結して，労基署に届け出る。
③ 派遣元事業主と派遣労働者との間で，労働条件通知書及び就業条件通知書に，時間外・休日労働に関する事項を記載し，当該労働者の同意を得る。
④ 派遣元事業主と派遣先との間で締結する労働者派遣契約書に，派遣労働者について，時間外・休日労働に関する規定を設ける。

（2）労働者派遣が禁止される場合

　労働者派遣をする際には，派遣元事業主と派遣先事業主とが，労働者派遣契約を締結することになります。しかし，当該派遣契約内容に沿った労働をすると労基法等に反する場合には，そもそも労働者派遣をすることができません（派遣法44条3項）。
　例えば，以下の**図表4**に挙げる場合が想定されます。

［図表4］派遣元が労働者派遣をしてはならない場合

労働者派遣契約の内容	労基法違反の内容
時間外労働が認められている。	派遣元で，時間外・休日労働協定を締結していない。
休日労働が認められている。	派遣元で，休日労働協定を締結していない。
深夜労働（午後10時から午前5時）に従事できる。	派遣労働者が年少者（18歳未満）であった。

〔森内　公彦〕

Q10-2 労災保険給付請求

派遣先の工場で、就業中に派遣元の従業員が怪我をしました（労災該当事案）。労働基準監督署長に労災保険給付の請求を行いたいのですが、派遣元と派遣先のどちらの事業主の証明が必要になりますか。

 派遣元が労災保険の適用事業主となりますので、派遣元事業主の証明が必要になります。

1 労災補償制度

労働者災害が発生した場合、被災した労働者（又はその遺族）は、労働基準監督署長に保険給付（例：休業補償給付）の申請を行います（労働者災害補償保険法（以下「労災保険法」といいます）12条の8第2項）。これを受けて労働基準監督署長は、支給又は不支給の決定をすることになります。

保険給付の内容としては、①傷病の療養のための療養（補償）給付、②療養のための休業補償としての休業（補償）給付、③治癒しても障害が残った場合の補償としての障害（補償）給付、④被災者が死亡した場合の遺族（補償）給付、⑤死亡した場合の葬祭費用としての葬祭料（葬祭給付）、⑥1年6か月を経過しても治癒していない場合の補償としての傷病（補償）年金、⑦障害（補償）年金または傷病（補償）年金を受ける者の介護費用としての介護（補償）給付があります。

[図表5] 労災保険給付

・療養（補償）給付 ・休業（補償）給付 ・障害（補償）給付 ・遺族（補償）給付 ・葬祭料（葬祭給付） ・傷病（補償）年金 ・介護（補償）給付	※業務災害の場合は、名称に「補償」が付き、通勤災害の場合はこれが付きません。

労災保険給付申請の際、「災害の原因及び発生状況」や「療養の給付を受けようとする指定病院等の名称及び所在地」（労災保険法施行規則（以下「労保規

第10章　労基署調査で問題となる違反——労働者派遣　　*255*

則」といいます）12条１項３号・４号・同条２項）等について，事業主証明（申請書への署名）が必要になります。

※労災保険法に基づく労災補償責任については，本書Ｑ12−３以下にも記載しておりますので，参照してください。

２　労働者派遣事業における労災補償の責任の所在

労働者派遣事業における事業主の災害補償責任を，派遣元事業主と派遣先事業主のいずれが負うかについて派遣法においては，派遣元事業主が負うこととされています。その理由としては，

① 派遣元事業主は，労働者の派遣先事業を任意に選択できる立場にあった上で，労災事故の起きた派遣先と労働者派遣契約を締結しているのだから，労働者を派遣したことに責任があること

② 派遣元事業主は派遣労働者を雇用し，業務命令に基づいて派遣先の事業場において就労させているのだから，雇用主として，派遣先の事業場において派遣労働者の安全衛生が確保されるよう十分配慮する責任があること

③ 業務上の負傷・疾病に係る解雇制限の規定（労基法19条第１項）あるいは，補償を受ける権利の退職による不変更の規定（同法83条第１項）は，労働契約関係の当事者である派遣元事業主に災害補償責任があることを前提としていること

といったものが挙げられています。

３　労災保険適用事業主

労災保険法３条１項には，「この法律においては，労働者を使用する事業を適用事業とする。」と規定されています。そして，同項の「使用する」については，労働契約関係にあるという意味に解されています。

そのため，労災保険については，派遣労働者と労働契約関係にある派遣元事業主が適用事業主となります。

したがって，派遣元から労災保険料が徴収されますし，労災が発生した場合においては，派遣元事業主の証明（署名）が必要になります。

４　派遣先事業主の関わり

労災が発生した際，事業者は所轄の労基署に労働者死傷病報告書を提出しな

ければなりません（安衛法100条，安衛則97条）。

　もっとも，実際に労災が発生したのは派遣先ですので，事故状況を最もよく知っているのは通常派遣先です。そのため，派遣先事業者も所轄の労基署に労働者死傷病報告を提出しなければなりません。

　したがって，派遣の場合，派遣元・派遣先の事業者がそれぞれ事業場を所轄する労働基準監督署長に，労働者死傷病報告書を提出する義務があります（派遣法45条15項）。

　また，派遣先事業者は，所轄労働基準監督署長に提出した労働者死傷病報告書の写しを派遣元事業者に送付しなければなりません（派遣規則42条）。

[図表６] 労働災害関係

	派遣元事業主	派遣先事業主
労災保険料	支払義務あり	支払義務なし
労災保険適用	あり	なし
事業主証明	必要	不要
死傷病報告書	提出義務あり	提出義務あり ※派遣元にも写しを送付しなければならない。

〔森内　公彦〕

Q10-3　派遣可能期間制限

　派遣可能期間制限に関し，労基署からこれに違反したとして指摘等を受けるのはどのような場合ですか。

　　　派遣可能期間が３年を超えた場合，派遣先の事業所の過半数労働組合等からの意見を聴かないまま派遣期間を延長した場合等に，違反を指摘される可能性があります。

1　派遣期間制限に関する新たな枠組み

　平成27年労働者派遣法改正に伴い，派遣期間制限に関して新たなルールができました。この改正内容は，平成27年９月30日からの労働者派遣契約に適用さ

れています。

改正前までは，業務内容（28の専門的業務，自由化業務）による派遣期間の制限がなされていましたが，改正法では，業務単位から派遣先事業所単位・人単位の派遣期間制限に変更されています。

派遣期間制限のルールは，まずは派遣元事業主と派遣労働者の締結する労働契約が，有期労働契約か無期労働契約かによってみていくのが分かりやすいため，以下では，有期労働契約の場合（2の場合）と無期労働契約の場合（3の場合）とに場合分けをして記述していきます。

2　有期労働契約の場合

有期労働契約とは，期間の定めのある労働契約をいいます。例えば，1年，2年というように雇用期間が限定されています。

（1）派遣先事業所単位の派遣期間制限

派遣先の同一の事業所への派遣可能期間は，3年間が原則です（派遣法40条の2第2項）。そして，これを超える期間の派遣の受入れ使用は原則として違法となります（同法40条の2第1項柱書本文）。

もっとも，派遣期間満了の1か月前までに，派遣先の事業所の過半数労働組合等（過半数労働組合または過半数代表者）の意見を聴取して，この期間を延長することができます（派遣法40条の2第3項・4項）。過半数労働組合等の内容については，**図表7**を参照してください。この意見聴取で反対意見の表明があった場合は，延長する理由を過半数労働組合等に派遣期間満了の前日までに説明することになります（同法40条の2第5項）。

なお，派遣延長可能期間は，3年間までです（派遣法40条の3）。

派遣先事業所単位の派遣期間制限については，**図表8**のとおりです。

なお，**図表8**について，労働者派遣法の手続に則って派遣事業所への派遣可能期間を延長した場合であっても，人単位の派遣期間制限の規制に服します。つまり，同一の有期雇用の派遣労働者を，引き続き同一の組織単位に派遣することはできません。

人単位の派遣期間制限については後述します。

[図表7] 過半数労働組合等

過半数労働組合等

○ 過半数労働組合
⇒ 派遣先事業所に，労働者の過半数が加入している労働組合がある場合
における，その労働組合

○ 過半数代表者
⇒ 派遣先事業所の過半数が加入している労働組合がない場合に，その事
業所の従業員の過半数を代表する者
※なお，過半数代表者とは，次のいずれにも該当する者とされています
（労基則6条の2）
• 労基法41条2号に規定する監督または管理の地位にある者ではない
こと（いわゆる「管理監督者」）
• 労基法に規定する協定等をする者を選出することを明らかにして実
施される投票，挙手等の方法による手続により選出された者である
こと

[図表8] 派遣先事業所単位の派遣期間制限

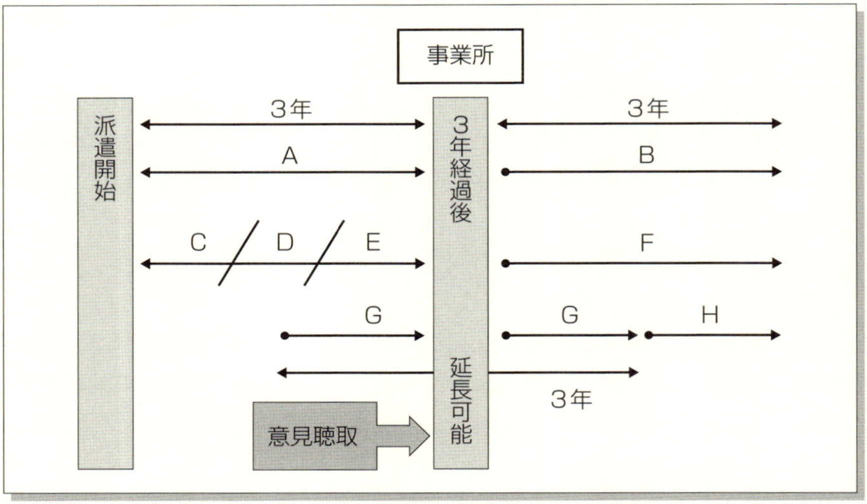

※図のうちの，A〜Hはそれぞれ別の従業員を指しています。

（2） 人単位の派遣期間制限

派遣元事業主は，同一の派遣労働者を，派遣先の事業所における同一の組織単位（課に相当）に対し，継続して3年を超えて労働者派遣を行ってはならないことになっています（派遣法35条の3）。

ここで，事業所と組織単位の区別を説明します。組織単位は事業所に包含される概念になります。例えば，A事務所にあるB課（例：人事課）とC課（例：経理課）というイメージです。

[図表9] 事業所と組織単位

人単位の派遣期間制限についてのイメージは，**図表10**のとおりです。

重要なポイントは，同じ人が課（組織単位）を変更して同一事業所内で引き続き就労することは認められますが（経理企画課から庶務課へ），同じ人が3年を超えて同じ課で派遣就労すること（庶務課1係から庶務課2係へ）は認められないことです。

なお，上述の派遣先事業所単位の派遣期間制限がありますので，派遣期間を延長する場合には，派遣期間満了の1か月前までに，派遣先の事業所の過半数労働組合等（過半数労働組合又は過半数代表者）の意見を聴取等する必要があります。

[図表10] 人単位の派遣期間制限

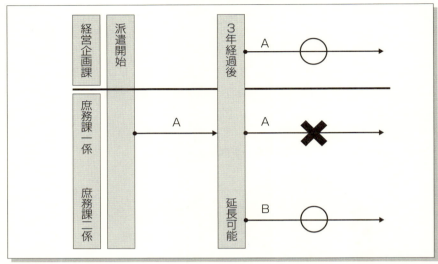

※AとBは，別の従業員です。

（3）クーリング期間

　派遣事業所単位の派遣期間制限，人単位の派遣期間制限の両方に，「クーリング期間」の考え方が，厚生労働省から出されている「派遣先が講ずべき措置に関する指針」に設定されています。

　すなわち，派遣事業所単位の派遣期間制限の場合，ある事業所への労働者派遣が終了した後に再び派遣しようとする場合に，その派遣終了と次の派遣開始との期間が3か月を超えないときは，労働者派遣は継続しているものとみなされます。

　また，人単位の派遣期間制限の場合，派遣先の事業所における同一の組織単位での就労について，ある労働者の労働者派遣が終了した後に，同じ労働者を当該組織単位に派遣する場合，その派遣終了と次の派遣開始との期間が3か月を超えないときは，労働派遣は継続しているものとみなされます。

3　無期労働契約の場合

　無期労働契約とは，期間の定めのない労働契約をいいます。
　無期労働契約の場合は，上記改正法による派遣期間の制限が適用されません

(派遣法40条の2第1項1号)。その理由は，無期労働契約を締結している派遣労働者の場合，安定雇用がなされていると考えられるからです。

[図表11] 派遣期間（無期労働契約の場合）

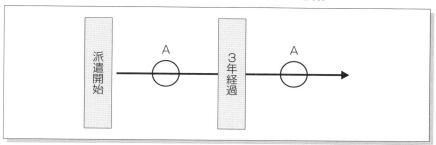

※派遣期間の制限が適用されないため，派遣期間に上限はありません（Aは同一人物）。

4　派遣期間制限の適用を受けない場合

上述のとおり，無期労働契約の場合は，派遣期間の制限が適用されません。

その他に，派遣期間制限の適用を受けないのは，60歳以上の高齢派遣労働者，終期が明確なプロジェクト等の場合です。

[図表12] 派遣期間制限の適用を受けない場合

- 無期労働契約の派遣労働者の派遣
- 60歳以上の派遣労働者の派遣
- 日数限定業務への派遣労働者の派遣
  ※1か月の勤務日数が通常の労働者の半分以下で，かつ10日以下のもの
- 終期が明確な有期プロジェクト業務への派遣労働者の派遣
  ※ただし，当該プロジェクトが3年以内のもの
- 産前産後休業，育児休業，介護休業等を取得する労働者の業務への派遣労働者の派遣
- 紹介予定派遣
  ※期間は6か月以内

〔森内　公彦〕

Q10-4 派遣労働者への安全衛生教育

弊社(派遣先)は，派遣元事業主から派遣労働者の派遣を受けています。派遣先が派遣労働者への安全衛生教育を実施しない場合，労基署は問題視しますか。

労働安全衛生法上，派遣先に安全衛生教育の実施義務が生じる場合があります。
そのため，労基署が問題視する可能性があります。

1 派遣先への労働安全衛生法の適用

労働安全衛生法について，原則的な責任主体は派遣元事業者にあります。もっとも，実際上，派遣労働者は派遣先の事業場において，派遣先の指揮命令下で就労しています。

そのため，派遣先も派遣労働者を使用する事業者として，派遣労働者の安全衛生確保のための責任を負い，一部労働安全衛生法の適用を受けます(派遣法45条ないし47条)。

具体的には，安全衛生管理体制の確立，危険又は健康障害の防止措置の実施，安全衛生教育・特別教育の実施，特殊健康診断の実施等があります。

[図表13] 労働安全衛生の確保(派遣先のものを例示)

- 安全衛生管理体制の確立
- 危険又は健康障害の防止措置の実施
- 安全衛生教育・特別教育の実施
- 特殊健康診断の実施

2 安全衛生管理体制の確立

派遣労働者の安全衛生を確保するために，派遣元事業主，派遣先共に安全衛生管理体制の確立が要請されています。

派遣元事業主，派遣先は，それぞれ派遣労働者を含め算出した常時使用する労働者数等に応じて，総括安全衛生管理者，衛生管理者，産業医等の選任義務

第10章　労基署調査で問題となる違反——労働者派遣　　*263*

が課されています。

また，派遣先は，常時使用する労働者数等に応じて，安全管理者や安全衛生委員会等の選任・設置義務も課されています。

なお，安全管理体制の確立については，派遣先がもっぱらの責任主体となります。

[図表14] 安全衛生管理体制の確立（選任・設置義務）

	派遣元事業主	派遣先
総括安全衛生管理者	○	○
安全管理者	−	○
衛生管理者	○	○
安全衛生推進者	− ※ただし，衛生推進者の選任義務あり。	○
産業医	○	○
安全衛生委員会	− ※ただし，衛生委員会の設置義務あり。	○

3　危険又は健康障害の防止措置の実施

派遣先は，機械等の安全措置など，派遣労働者が就労するに際し，危険又は健康障害を防止するための措置を実施しなければなりません。

なお，この危険・健康障害の防止措置の実施は，派遣先がもっぱらの責任主体となります。

4　安全衛生教育の実施

派遣労働者の安全衛生を確保するために，派遣元事業主，派遣先共に安全衛生教育を実施しなければなりません。

具体的には，派遣元事業主は，派遣労働者の雇入れ時，作業内容変更（派遣先の変更等）時に安全衛生教育を実施する必要があります。他方，派遣先は，派遣労働者の作業内容変更（異なる作業への転換等）時，危険有害業務従事時に安全衛生教育（危険有害業務従事時は特別教育）を実施する必要があります。

[図表15] 安全衛生教育の実施義務等

	派遣元事業主	派遣先
雇入れ時	○	× ※実施結果の確認
作業内容変更時	○ 例：派遣先の変更	○ 例：異なる作業への転換，作業方法の大幅変更
危険有害業務従事時	×	○

5　健康診断の実施

　健康診断について，一般健康診断は派遣元事業主が，特殊健康診断は原則として派遣先が行う必要があります。なお，派遣元事業主が特殊健康診断を実施しなければならないのは，派遣労働者が有害業務に従事した後，派遣期間が満了し，別の派遣先では有害業務に従事していない場合となります。

6　具体的対応（設問について）

　上述のとおり，派遣先も派遣労働者に対して，安全衛生教育を実施しなければならない場合があります。

　また，派遣先に実施義務はなくとも，例えば，雇入れ時の安全衛生教育（実施義務者は派遣元事業主）を派遣元事業主が適切に行うことができるよう，派遣先で使用する機械・設備の種類，作業内容の詳細，派遣先において使用している教材，資料などを，派遣元事業主に対し積極的に提供することが重要です。また，派遣元事業主から教育の委託の申入れがあった場合には，可能な限りこれに応じるよう努めるなど必要な協力をすることが重要です。

〔森内　公彦〕

第10章　労基署調査で問題となる違反——労働者派遣　　*265*

Q10-5　申込みみなし制度

労働者を派遣できる期間を超えて派遣労働者を受け入れた場合に、労基署からどのような指摘等を受けますか。
また、どのようなことをしなければならないのですか。

労基署からは違法な派遣と判断される可能性があります。
また、派遣労働者との間の直接雇用契約となる可能性があるため、それに沿った手続を行うことになる可能性があります。

1　労働契約申込みみなし制度

(1)　労働契約申込みみなし制度とは

労働契約申込みみなし制度とは、派遣先等が違法派遣を受けた時点で、派遣先等が派遣労働者に対して、その派遣元事業主との労働条件と同じ内容の労働条件を申し込んだとみなす制度です。

(2)　申込みみなし規定

労働者派遣法40条の6第1項柱書本文は、「労働者派遣の役務の提供を受ける者……が次の各号のいずれかに該当する行為を行つた場合には、その時点において、当該労働者派遣の役務の提供を受ける者から当該労働者派遣に係る派遣労働者に対し、その時点における当該労働者に係る労働条件と同一の労働条件を内容とする労働契約の申込みをしたものとみなす。」と規定しています。

ここで、「労働者派遣の役務の提供を受ける者」とは、いわゆる派遣先等のことです。「次のいずれかに該当する行為」とは、労働契約申込みみなし制度の対象となる違法派遣を受けた場合（違法派遣対象行為）をいいます。「その時点」とは、派遣先等が違法派遣を受け入れた時点をいいます（なお、違法派遣については、後述いたします）。そして、その効果は、同一の労働条件を内容とする労働契約の申込み（直接雇用の申込み）となります。

つまり、派遣先等が違法派遣をした場合、その違法派遣を受けるようになった時点と同じ労働条件で、派遣労働者に直接雇用の労働契約を申し込んだものとみなすのが、労働契約の申込みみなしの意味です。

この労働契約の申込みは、違法派遣対象行為が終了した日から1年を経過す

る日までの間は，撤回することができません（派遣法40条の6第2項）。

　ただし，派遣先等が違法派遣を受け入れたことを知らず，かつ，知らなかったことに過失がなかったときは，労働契約申込みみなし制度の適用を受けません（派遣法40条の6第1項柱書但書）。

[図表16] 労働契約申込みみなし規定

> ア　労働者派遣の役務の提供を受ける者（派遣先等）が
> イ　違法派遣（労働契約申込みみなし制度の対象となるもの）を受けた場合（違法派遣対象行為）
> ウ　その時点（違法派遣の受入れ時点）で
> エ　その派遣先等（ア）が，その時点（ウ）における派遣労働者の労働条件と同一の労働条件を内容とする労働契約の申込みをしたものとみなす（直接雇用の申込み）

（3）派遣労働者の対応

　派遣先等により上記労働契約申込み（みなし）を受けた派遣労働者が，派遣先等に対して直接雇用を求めた場合は，当該申込みに対する承諾の意思表示となります。その結果，派遣先等と派遣労働者との間に，同一の労働条件での直接の労働契約が成立することになります。

　なお，労働者派遣法40条の6第3項には，「第1項の規定により労働契約の申込みをしたものとみなされた労働者派遣の役務の提供を受ける者が，当該申込みに対して前項に規定する期間内に承諾する旨又は承諾しない旨の意思表示を受けなかつたときは，当該申込みは，その効力を失う。」と規定されています。

　したがって，派遣労働者が，違法派遣対象行為が終了した日から1年を経過する期間内に承諾する旨又は承諾しない旨の意思表示をしなかった場合は，みなし規定による労働契約の申込みが効果を失うため，派遣先等との直接の労働契約は成立しません。

[図表17] 労働契約申込みみなし制度

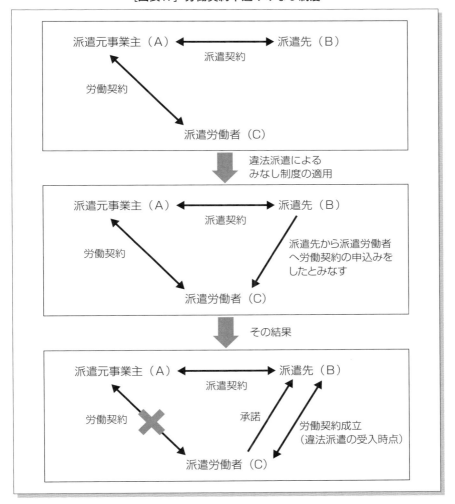

（4）派遣元事業主の対応

　派遣元事業主は，派遣先等からの求めがあった場合には，速やかに，労働契約の申込みをしたものとみなされた時点における派遣労働者の労働条件を派遣先等に通知しなければなりません（派遣法40条の6第4項）。

2 労働契約申込みみなし制度の対象となる違法派遣

労働者派遣法上，労働契約申込みみなし制度の対象となる違法派遣とは，①派遣労働者を禁止業務に従事させること，②無許可事業主から労働者派遣の役務の提供を受けること，③期間制限（事業所単位・個人単位）に違反して労働者派遣を受けること，④いわゆる偽装請負等に該当する場合をいいます（派遣法40条の6第1項各号）。

①ないし④の違法派遣を行った場合，派遣先等が派遣労働者に対して，労働契約を申し込んだものとみなされます。

[図表18] 違法な派遣

① 禁止業務へ従事させること 　（禁止業務） 　・港湾運送業務 　・建設業務 　・警備業務 　・病院等における医療関連業務等 ② 無許可事業主から労働者派遣の役務の提供を受けること ③ 期間制限（事業所単位・個人単位）に違反して労働者派遣を受けること ④ いわゆる偽装請負等

3 派遣先が派遣労働者との労働契約の成立を認めない場合

上述のとおり，労働契約申込み（みなし）を受けた派遣労働者が，派遣先等に対して直接雇用を求めると派遣先等と派遣労働者との間に，同一の労働条件での直接の労働契約が成立することになります。

このとき，仮に派遣先等が労働契約の成立を認めない場合，派遣労働者は，厚生労働大臣（実際は，都道府県労働局長）に対し，派遣先等への勧告を求めることができます。

これを受けて厚生労働大臣（実際は，都道府県労働局長）は，派遣先等に対して助言，指導，勧告をするとともに，勧告に従わない場合は，派遣先等の会社名を公表することができます（派遣法40条の8第2項・3項）。

また、派遣労働者は、派遣先等に対して、労働契約上の地位確認の訴えを提起することが可能です。

[図表19] 実効性確保手段

① 厚生労働大臣（実際は、都道府県労働局長）へ、派遣先等への勧告を求める。
　⇒　これを受けて、派遣先等への勧告
　⇒　従わない場合には、会社名の公表
　※なお、派遣先等、派遣労働者は、違法派遣に該当するかどうかについての助言を求めることも可能（派遣法40条の8第1項）
② 労働契約上の地位確認の訴え

4　派遣先としての対応

派遣先としては、労働契約申込みみなし制度の適用される違法派遣に該当しないかについて、労働者派遣契約書、就業条件通知書等の確認を十分に行うことが重要です。

〔森内　公彦〕

Q10-6　派遣労働者の懲戒処分

　弊社（派遣先）では、派遣元事業主から派遣されている労働者を就労させていますが、無断欠勤、備品損壊等の問題行動を立て続けに起こしています。
　実際に就労をしている場所は弊社で、弊社が一番よく状況を把握していますので、この派遣労働者を懲戒処分にしたいと考えています。
　労基署から指摘等を受けることはあるのでしょうか。

　　　　派遣先は、派遣労働者の雇用主ではないため、懲戒処分をすることはできません。

1 派遣元・派遣先と派遣労働者の関係

労働者派遣において，雇用関係にあるのは派遣元事業主と派遣労働者であって，派遣先と派遣労働者との関係は指揮命令関係のみとなります。

そのため，派遣労働者の労働条件は，派遣元から派遣労働者に明示された就業条件記載のもの（「就業条件明示書」）となります。

派遣元事業主と派遣先とは，事前に労働者派遣契約書を締結し，派遣労働者の従事する業務の内容，派遣先の事業所名と所在地，指揮命令者，派遣の期間，就業時間・休憩時間に関する事項を定めます（派遣法26条1項）。

この時，仮にこの記載内容と就業条件明示書の記載内容が抵触した場合には，就業条件明示書の条件に従うことになります。

[図表20] 就業条件明示書と労働者派遣契約書

就業条件明示書	>	労働者派遣契約書
優先		

2 就業規則

（1）懲戒処分の根拠

使用者は懲戒の事由と手段を就業規則に明定して労働契約の規範とすることによってのみ懲戒処分をなしうると解されています（菅野660頁）。

懲戒処分には，懲戒解雇，諭旨解雇，出勤停止，減給，戒告等の種類があるとともに，就業規則上懲戒事由も規定されることになります。

（2）就業規則の適用

派遣元事業主，派遣先が，それぞれ就業規則を作成・届出をしていた場合，派遣労働者に適用される就業規則は，派遣元事業主のものとなります。雇用関係にあるのが，派遣元事業主と派遣労働者だからです。

そのため，設問のように派遣労働者が派遣先で，無断欠勤，備品損壊等の問題行動を立て続けに起こした場合は，派遣元事業主の就業規則に照らし，懲戒事由該当性，懲戒処分内容等を検討していくことになります。

第10章　労基署調査で問題となる違反——労働者派遣　　*271*

3　対応方法

派遣先としては，派遣労働者が問題行動を起こした際，派遣元事業主に連絡して，今後の方向性を協議することになります。

場合によっては，損害賠償請求や労働者派遣契約書の解除の話になることも想定されます。

後々，派遣元事業主と派遣先でトラブルにならないよう，労働者派遣契約書にこうした場合の対処法を明示しておいた方がよいでしょう。

〔森内　公彦〕

Q10-7　偽装請負

偽装請負として，労基署から指摘を受けるのはどのような場合ですか。

　例えば，契約書上は「業務請負契約」としながら，注文者が労働者を指揮命令して就労させている場合です。

1　偽装請負

偽装請負とは，形式的には業務処理請負，実態は労働者派遣であるものをいいます。偽装請負は，労働者派遣法に規定されている許可・届出の手続（派遣法5条等），派遣可能期間（同法40条の2等）などの規制を潜脱するものとして違法となります。

2　業務処理請負と労働者派遣の区別等

(1) 業務処理請負と労働者派遣の区別

偽装請負がどのようなものかのイメージを持つためには，業務処理請負と労働者派遣の違いを知っておくことが重要です。そこで，まずは業務処理請負と労働者派遣の区別について，以下説明いたします。

業務処理請負は，注文者（B）が請負会社（A）に対して業務処理を請け負わせて，請負会社が従業員（C）を指揮命令して業務処理をさせます。そして，その仕事の結果に対して注文者（B）が請負会社（A）に対して報酬を支払います。

[図表21] 業務処理請負

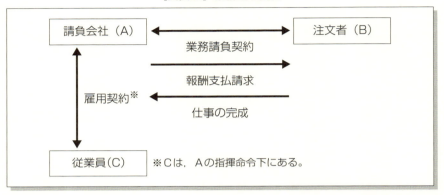

　他方，労働者派遣は，本章図表1のとおりとなります。派遣元事業主（A）が派遣先（B）に派遣労働者（C）を派遣し，派遣労働者（C）は派遣先（B）の指揮命令下で就労します。そして，派遣先（B）が派遣元事業主（A）に対して派遣料金を支払います。

（2）偽装請負

　業務処理請負と労働者派遣を比較すると，見た目はとてもよく似ています。しかし，決定的に異なるのは，（実質的に見て）誰が指揮命令しているかという点です。業務処理請負の場合は，請負会社です。他方，労働者派遣の場合は，派遣先です。

　そして，偽装請負は，一見すると業務処理請負のように見せながら，実際は注文者（実質的な派遣先）が指揮命令している状態をいいます。

　前記のとおり，労働者派遣をするに当たっては，労働者派遣法上，許可・届出の手続，派遣可能期間等の厳しい制約があります。他方，業務処理請負においては，こうした制約がありません。そのため，労働者派遣法等の規制を潜脱する目的で業務処理請負の形式をとるケースがあり，その場合，違法となります。

[図表22] 偽装請負

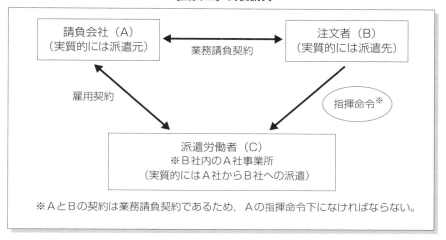

なお、業務処理請負と労働者派遣の区分基準としては、「労働者派遣事業と請負により行われる事業との区分に関する基準」(昭和61年4月17日労働省告示第37号) に示されています。

[労働者派遣事業と請負により行われる事業との区分に関する基準]

労働者派遣事業と請負により行われる事業との区分に関する基準

(昭和61年労働省告示第37号)

(最終改正 平成24年厚生労働省告示第518号)

第一条 この基準は、労働者派遣事業の適正な運営の確保及び派遣労働者の保護等に関する法律(昭和六十年法律第八十八号。以下「法」という。)の施行に伴い、法の適正な運用を確保するためには労働者派遣事業(法第二条第三号に規定する労働者派遣事業をいう。以下同じ。)に該当するか否かの判断を的確に行う必要があることに鑑み、労働者派遣事業と請負により行われる事業との区分を明らかにすることを目的とする。

第二条 請負の形式による契約により行う業務に自己の雇用する労働者を従事させることを業として行う事業主であつても、当該事業主が当該業務の処理に関し次の各号のいずれにも該当する場合を除き、労働者派遣事業を行う事業主とする。

一 次のイ、ロ及びハのいずれにも該当することにより自己の雇用する労働者の労働力を自ら直接利用するものであること。

イ 次のいずれにも該当することにより業務の遂行に関する指示その他の管理を自ら行うものであること。

（1） 労働者に対する業務の遂行方法に関する指示その他の管理を自ら行うこと。

（2） 労働者の業務の遂行に関する評価等に係る指示その他の管理を自ら行うこと。

ロ　次のいずれにも該当することにより労働時間等に関する指示その他の管理を自ら行うものであること。

（1） 労働者の始業及び終業の時刻、休憩時間、休日、休暇等に関する指示その他の管理（これらの単なる把握を除く。）を自ら行うこと。

（2） 労働者の労働時間を延長する場合又は労働者を休日に労働させる場合における指示その他の管理（これらの場合における労働時間等の単なる把握を除く。）を自ら行うこと。

ハ　次のいずれにも該当することにより企業における秩序の維持、確保等のための指示その他の管理を自ら行うものであること。

（1） 労働者の服務上の規律に関する事項についての指示その他の管理を自ら行うこと。

（2） 労働者の配置等の決定及び変更を自ら行うこと。

二　次のイ、ロ及びハのいずれにも該当することにより請負契約により請け負つた業務を自己の業務として当該契約の相手方から独立して処理するものであること。

イ　業務の処理に要する資金につき、すべて自らの責任の下に調達し、かつ、支弁すること。

ロ　業務の処理について、民法、商法その他の法律に規定された事業主としてのすべての責任を負うこと。

ハ　次のいずれかに該当するものであつて、単に肉体的な労働力を提供するものでないこと。

（1） 自己の責任と負担で準備し、調達する機械、設備若しくは器材（業務上必要な簡易な工具を除く。）又は材料若しくは資材により、業務を処理すること。

（2） 自ら行う企画又は自己の有する専門的な技術若しくは経験に基づいて、業務を処理すること。

第三条　前条各号のいずれにも該当する事業主であつても、それが法の規定に違反することを免れるため故意に偽装されたものであつて、その事業の真の目的が法第二条第一号に規定する労働者派遣を業として行うことにあるときは、労働者派遣事業を行う事業主であることを免れることができない。

3　留意点

（1）構内請負の場合

　上記のとおり，業務処理請負と労働者派遣の区別で重要なのは，（実質的な）指揮命令者が誰なのかということです。

　この点，建設現場等でよく見られる構内請負の場合は，誰の指揮命令下で作業を行っているかが不明確になる場合があります。

　すなわち，構内請負とは，請負会社が請け負った業務を，注文者の事業所内で行う場合です。この場合，同じ事業所内に，注文者関係者と請負会社関係者がいるため，請負会社の従業員がいったい誰の指揮命令下にあるかが不明確に

なることがあります。

[図表23] 構内請負

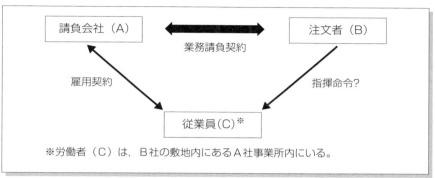

　構内請負の場合において，従業員が，実際は請負会社ではなく注文者の指揮命令下で就労していた場合は，偽装請負になります。他方，請負会社の指揮命令下で就労している場合であっても，偽装請負の疑義を生じさせないための対応をしておくのが適切です。
　具体的には，注文者の事業所内に，請負会社の事業所を独立して設けること等が必要になります。

(2) 労働契約申込みみなし制度
　平成27年労働者派遣法改正によって，労働契約申込みみなし制度ができました。
　この制度は，一定の類型の労働者派遣が行われた場合に，派遣先が派遣労働者に対して労働契約の申込みをしたとみなすものです。そして，偽装請負が行われた場合にも，この制度の適用を受けます。

(3) 罰則等
　偽装請負（実態が労働者派遣）によって労働者派遣を受けた場合，派遣先は無許可事業主から労働者派遣を受けている（派遣法24条の2）として，
　① 行政指導（派遣法48条1項）
　② 改善命令（同法49条）

③ 勧告（同法49条の2第1項）

④ 企業名の公表（同法49条の2）

等の対象になります。

〔森内　公彦〕

第11章

刑事責任の追及と対応

Q11-1 刑事責任追及の流れ

労働関係法令に違反したことを理由に刑事責任を追及される場合，どういった手続の流れになるのでしょうか。

重大な法違反や告訴・告発等をきっかけに，労働基準監督官が捜査を開始します。その後，労働基準監督官が集めた証拠や意見書を検察官に送致し，検察官が最終的に起訴するか否かを決定し，起訴された場合には裁判所の判決が下されます。

1 労働基準法等の違反による刑事責任

労働基準法や労働安全衛生法には，法違反を犯した場合には懲役ないし罰金の罰則が規定されています。したがって，法違反を隠匿していたり，違反が重大であるような悪質なケースについては，労働基準監督官が捜査を行い送検され起訴される場合があります。

検察官に起訴されて，有罪判決を受ければ懲役ないし罰金の支払をしなければなりません。当然，前科も付くことになります。また，有罪判決となれば企業としての信用を失い経営自体立ち行かなくなるかもしれません。

したがって，使用者としては，労働基準法に違反することは犯罪にもなりえるということはしっかり肝に銘じておくべきです。

2 刑事責任追及の流れ

(1) 刑事責任の追及への端緒

労働基準法の違反があったとしても，労働基準監督官が刑事責任追及に向けて直ちに捜査を開始することはありません。行政指導等により法に沿うように是正することを使用者に促します。使用者がそれに応じて是正されれば，それで事件は完結です。しかし，使用者が是正に応じず，行政指導を無視し続けた場合には，労働基準監督官もそれを無視することはできないため，具体的に送検することを検討することになります。

また，労働者から告訴があったり，第三者からの告発があった場合には，労働基準監督官は捜査を開始することになります。告訴ないし告発があった場合には，労度基準監督官の裁量で行政指導等に代えることはできないからです。

第11章　刑事責任の追及と対応　*279*

　さらに，死亡・重症事故が発生した場合や労災隠しなどの重大な法違反が発覚した場合にも捜査が開始される場合があります。

（2）捜　査
　例えば，割増賃金の未払いの場合には，労働時間の記録や賃金台帳，労働者名簿などを任意提出させ，必要な捜査資料について照会し，代表者や管理者の取調べを実施することが考えられます。必要資料について，企業が任意に提出しなければ捜索差押えされる場合もあります。
　労働災害が発生した場合には，必要書類の収集に加えて，産業安全専門官や労働衛生専門官とともに災害調査を行い，実況見分などの捜査が行われる場合があります。
　被疑者や参考人として取調べを受けることは精神的にも大きな負担がかかることになりますが，捜査には誠実に協力すべきです。

（3）送　検
　労働基準監督官の捜査が終了すると，捜査によって集められた証拠と労働基準監督官の意見書とともに，検察官に送致されます。ほとんどの場合が書類送検となりますが，被疑者が勾留されている場合には，被疑者の身柄も一緒に検察官に送致されることになります。

（4）起訴・不起訴
　最終的に起訴するかどうかは，検察官の判断に委ねられます。
　労働基準監督署の送致事件の平成26年の起訴率は40.3％です。送検されたとしても約6割程度は不起訴（起訴猶予，嫌疑不十分，罪とならず）として処分されています。
　起訴される場合には，正式手続と略式手続のいずれかで起訴されることになります。正式手続による場合には，公判期日を設定して公開された法廷にて，冒頭手続，証拠調べ，論告・弁論，判決という流れで裁判が行われます。略式手続の場合には，簡易裁判所で行われ，公判を開かずに書面審理で刑を言い渡すことになります。

(5) 判　決

　検察官から提出された証拠や被告人が提出した証拠や弁論を踏まえて，裁判官が判決を下すことになります。

　判決により有罪判決がなされ，判決が確定したときに有罪が確定することになります。メディアでは，逮捕や送検がなされた時点で，すでに有罪が確定しているかのような報道がなされますが，裁判所での判決が確定するまでは，無罪が推定されています（無罪推定の原則）。

[図表1] 刑事責任追及の流れ

①刑事責任追及への端緒
・是正勧告や行政処分に従わず法令違反状態を放置する場合 ・死亡・重篤な労働災害の発生や重大な法違反が発覚した場合 ・被害者の告訴，第三者からの告発があった場合など

②捜査
・証拠品の収集（任意提出を求め拒否されれば強制捜査される場合もある） ・必要な捜査資料について照会・収集 ・関係者（被疑者・参考人）からの事情聴取 ・実況見分の実施など

③送検
捜査活動で収集した証拠に基づき，犯罪事実を確定して，送致書を作成し検察官に送致

④起訴・不起訴
検察官が送致書や証拠を検討し起訴・不起訴を判断する

⑤判決
提出された証拠に基づき，裁判官が有罪・無罪を判断する

〔鈴木　啓太〕

Q11-2 送検される場合

労働関係法令の違反によって、送検されるのはどのようなケースでしょうか。

 労働時間や賃金不払いなどを繰り返し労基署から是正勧告を受けても放置しているような場合や、死亡事故や重大事故が発生した場合、法違反を故意に隠していたような場合には、送検される傾向にあります。

1 平成28年度地方労働行政運営方針

厚生労働省労働基準局では、毎年、地方労働行政運営方針を明らかにしており、その中で**図表2**のケースについては司法処分されるべきとされています。

[図表2] 司法処分されるケース

① 賃金の不払いを繰り返したもの
② 従業員に重大、又は悪質な賃金不払い残業（サービス残業）を行わせたもの
③ 偽装請負が関係する死亡災害等の重篤な労働災害が発生した場合
④ 外国人労働者（外国人技能実習生を含む）についての重大、又は悪質な労働基準関係法令違反があった場合
⑤ いわゆる「労災かくし」（労働者死傷報告の不提出、虚偽報告）があった場合

労働局では、具体的な送検事例をホームページで公表しており、実際に、上記の事案に関して書類送検されている事案がありますので紹介します。

①賃金の不払いを繰り返し送検された事例
【送検事例】中央労働基準監督署平26・7・30 　被疑会社は、主に経営誌の発行を業としているものであるが、労働者2名に対する平成25年3月16日から同年4月15日までの賃金総額20万14円を所定支払日である平成25年4月28日に全額支払わず、適用される東京都最低賃金額（1時間850円）以上の賃金を支払わなかった。

平成25年2月以降，複数の労働者から労基署に対し，「賃金が不払となっている」との申告がなされたことから，労基署においてその都度事実関係を確認の上，被疑会社に対し法違反を是正するよう文書での勧告等の行政指導を繰り返し行ってきたが，いずれも是正されることがなかった。

この事案について，労働基準監督署は，経営誌発行会社及び同社の代表取締役を最低賃金法違反で書類送検した。

②重大悪質なサービス残業の送検事例

【送検事例】大田労働基準監督署平27・3・31

被疑会社リネンサプライ業者は，平成25年2月1日から平成25年9月30日までの間，同社東京事業部所属の労働者1名に対し，法定の労働時間を延長して労働させながら，通常の労働時間の賃金の計算額の2割5分以上の率で計算した割増賃金計111万7,439円を所定賃金支払日である毎月23日に支払わなかった。

大田労働基準監督署は，労働者の申告に基づき，被疑会社に対する複数回にわたる監督において，法定の労働時間を超えて労働させているにもかかわらず，割増賃金が未払いである実態を把握し，再三是正を求めていたが，法違反を解消しなかった。

この事案において，労働基準監督署は，リネンサプライ業者及び同社代表取締役専務を労働基準法違反の容疑で，平成27年3月31日，東京地方検察庁に書類送検した。

③偽装請負が関係する死亡災害の送検事例

【送検事例】東近江労働基準監督署平19・9・20

住宅設備機器の製造等を業とする会社の工場において，人材派遣会社の男性社員が，平成19年5月に，作業中に機械と支柱に挟まれ死亡した。

労働基準監督署は，この事案において，偽装請負であることを認定した上で，発注者である同社を労働安全衛生法違反で書類送検した。

この事案では，民事訴訟においても偽装請負が認定され発注者の会社に民事上の賠償責任が認められている。

④外国人労働者についての労働基準法令違反による送検事例

【送検事例】倉敷労働基準監督署平28・3・25

縫製業を営む会社は，外国人技能実習生の間で残業1日2時間，1か月30時間，1年200時間とする三六協定を締結していたが，最長で1週30時間，1日3時間40分の時間外労働を行わせた。また，約1年9か月にわたり休日を月1日程度しか与えていなかった。さらに，最低賃金を下回る賃金を支払い，残業代は1年目は400円，2年目以降は500円としていた。

上記の事案は実習生の相談で発覚したものである。

労基署は，縫製会社と同社の代表取締役を労基法32条違反などで地方検察庁に書類送検した。

---

⑤労災かくしの送検事例

【送検事例】江戸川労働基準監督署平27・4・28

被疑会社は，コンクリート型枠組立工事業を請け負う専門工事業者であるが，同社所属の建設作業員が，東京都江戸川区内の建築工事現場でコンクリート型枠の組み立て中，使用していた釘打機のロール釘の連結ワイヤーの破片が右目に突き刺さったことにより右目眼球破裂の怪我を負い，12日間休業した。

同社代表取締役は，江戸川労働基準監督署に労働者死傷病報告書を遅滞なく提出しなければならないのに，これを行わなかった。そのため，建設業者及び同社代表取締役を労働安全衛生法違反の容疑で東京地方検察庁に書類送検した。

2　司法処分をするか否かの考え方

労働基準監督署は，人の生命や健康は一度失われてしまうと取り返しがつかないので，人の生命・健康を脅かすような法違反に関しては，司法処分をする傾向にあります。また，違反をあえて隠しているような場合，いわゆる「労災かくし」のような事案も厳しい姿勢で臨んでいるようです。

他方で，賃金の不払い（割増賃金も含む）に関しては，まず労働者の所得を確実にすることを優先させるために，早期に是正させるよう行政指導を先行させているようです。労働時間関係についても同様に行政指導を先行させる傾向にあります。もっとも，行政指導で是正を促しても改善されず法違反状態が放置されているような状態であれば司法処分されることになるでしょう。ただ，長時間労働や賃金の未払いが発覚した時点で，その内容が重大に悪質であれば，行政指導をはさまずに司法処分される可能性もあるでしょう。

3　送検状況と裁判結果

（1）違反条項別の送検状況

図表3は，違反した条項とその送検の件数をまとめたものです。労働基準法では，賃金の支払（労基法24条，最賃法4条）の違反が最も多くなっています。また，平成26年の労働時間（労基法32条）の違反による送検数は39件でしたが，平成27年では79件と2倍以上増加しています。近年の傾向としては，労働条件の明示（労基法15条），割増賃金（同法37条）の違反による送検事例が増加傾向

284

にありますが，これらの多くは労働者や第三者からの刑事告訴・告発が発端となっているようです。

[図表3] 送検事件状況（平成27年）

法	違反条文		件　数
労働基準法	6条	中間搾取	12件
	15条	労働条件の明示	17件
	20条	解雇の予告	8件
	24条	賃金の支払（最低賃金法4条）	214件
	32条	労働時間	79件
	37条	割増賃金	34件
		その他	38件
		小　計	402件
労働安全衛生法	14条	作業主任者	24件
	20条	設備等	180件
	21条	作業方法	140件
	61条	就業制限	31件
	100条	報告等	114件
		その他	61件
		小　計	550件

（2）送検数と送検結果について

　図表4は送検数と送検結果をまとめたものです。送検の総計は昭和25年と比べてそれほど変化はありませんが，起訴率が現在では大きく低下しています。労働基準監督官に送検されたとしても実際に起訴されているのは約40％程度です。

第11章　刑事責任の追及と対応　　285

[図表4]　送検数及び送検結果の推移

年代	総計	起訴	不起訴	起訴率
昭和25年	960件	438件	317件	58%
昭和60年	1,328件	916件	396件	69.8%
平成12年	1,385件	482件	408件	54.2%
平成20年	1,227件	521件	550件	48.6%
平成24年	1,133件	366件	583件	38.6%
平成25年	1,043件	399件	615件	39.3%
平成26年	1,036件	410件	608件	40.3%
平成27年	966件	404件	546件	42.5%

（3）裁判結果について

　送検後に検察官が起訴するかどうか，起訴するとして正式裁判か略式裁判か
を決定することになります。正式手続による場合には，公判期日を設定して公
開された法廷にて，冒頭手続，証拠調べ，論告・弁論，判決という流れで裁判
が行われます。略式手続の場合には，簡易裁判所で行われ，公判を開かずに書
面審理で刑を言い渡すことになります。

　図表5をみて分かるように，現在ではほとんどが略式裁判で処理されていま
す。

[図表5]　裁判結果の推移

年代	懲役	罰金（正式）	罰金（略式）	無罪
昭和25年	32件	116件	236件	5件
昭和60年	4件	2件	907件	0件
平成12年	0件	2件	471件	0件
平成20年	2件	11件	506件	0件
平成24年	2件	17件	346件	0件
平成25年	1件	3件	381件	0件
平成26年	2件	10件	395件	2件
平成27年	1件	3件	400件	0件

〔鈴木　啓太〕

Q11-3 送検をされないための対応方法

割増賃金の未払いが発覚し、労基署から是正勧告が出されました。送検されないようにするにはどうすればよいでしょうか。

 誠実に対応するしかありません。是正の期限内に割増賃金の未払い分を労働者に支払って、是正報告書を労基署に提出しましょう。法違反状態が解消され、その他に問題がなければ送検リスクは解消されます。

1 労働災害発生を理由とする送検

Q11-2で説明したとおり、労働基準監督署は、人の生命や健康は一度失われてしまうと取り返しがつきませんから、人の生命・健康を脅かすような法違反に関しては、司法処分をする傾向にあります。労働災害が発生し、その原因に法違反が関係しており、しかも死亡災害や重大災害であれば、送検されることを覚悟しなければなりません。

したがって、この場合に送検されないためには、そもそも法違反を犯さないことはもちろんですが、労働災害を発生させないように日々取り組む必要があります。

厚生労働省は、労働災害を発生させないために、職場のリスクアセスメントを実施することを推進しています。リスクアセスメントとは、職場の潜在的な危険性又は有害性を見つけ出し、これらを除去、低減するための手法です（詳しくはQ9-8をご参照ください）。

労働災害の発生を理由とする送検をされないようにするためには、リスクアセスメントを実施し、職場から労働災害発生の危険因子を払拭しておくことが一番の対応策といえます。

2 労災かくしを理由とする送検

労働災害が発生し、労働者が死傷した場合には、労基署に労働者死傷病報告をしなければなりません。「労災かくし」とは、故意に労働者死傷病報告を労基署に提出しなかったり、虚偽の内容を記載した労働者死傷病報告を労基署に提出するような場合を指します。

第11章 刑事責任の追及と対応　　*287*

使用者が労災かくしをするのにはさまざまな理由があるのでしょうが，絶対にしてはいけません。隠していたとしても，労働者に申告されればすぐに発覚しますし，虚偽の内容を報告しても，どこか矛盾点や不自然な点が出てきて発覚することは十分ありえることです。

労災かくしは，使用者が故意に行うことなので言い訳ができません。労災かくしが発覚した場合には，ほぼ間違いなく送検されることになりますので，絶対にしてはいけません。

3　長時間労働や未払い賃金を理由とする送検

長時間労働や未払い賃金の法違反があった場合でも，悪質かつ重大な違反であれば，送検リスクは高いといえます。

ただし，賃金の不払い（割増賃金も含む）に関しては，労働者の所得を確実にすることを優先させるために，早期に是正させるようまず行政指導が先行されることが多いのです。労働時間関係についても同様に行政指導を先行させる傾向にあります。

したがって，労基署から是正勧告（行政指導）が出された段階で，その法違反状態を是正しておくことが重要です。是正勧告には，是正する期限が設けられていますので，その期間内に法違反状態を解消しておけば，送検されることはないと考えられます。万一，是正期限に間に合いそうにない場合には，間に合わない理由を労働基準監督官にしっかり説明しなければなりません。是正勧告が出されてから，誠実に対応しているものの，やむを得ず期限に間に合わなかったという場合であれば，直ちに労働基準監督官が送検することはないでしょう。

近年では，過労死や過労自殺が社会問題化しているため，悪質な長時間労働に関しては，労基署も厳しい姿勢で臨んでいます。また，未払い賃金（割増賃金を含む）の問題に関しても，労働者の中で意識が高まっており，労基署に直接告訴する労働者も増加しているようです。使用者には，法違反がないよう適切に労務管理をすることが求められています。

4　弁護士等の専門家への相談

労働問題が発生した場合には，やはり専門家である弁護士や社会保険労務士などに相談すべきです。労働事件を多く取り扱う弁護士や社会保険労務士であ

れば，労基署への対応にも慣れています。

是正勧告が出された場合でも弁護士が間に入って，労働者と和解の交渉をしながら，並行して労働基準監督官と協議し，平穏に事件解決できる場合もあります。また，万一，送検されたとしても，最終的に起訴されないために，状況に応じたアドバイスをすることもできます。

労働問題が発生した場合には，社内で悩むのではなく，まず専門家に相談することをお勧めします。

〔鈴木　啓太〕

Q11-4　刑事責任の主体

労使協定で定められた時間外労働時間を大幅に超えて働いていた労働者が，自宅で倒れて亡くなりました。このような場合に，刑事責任を問われるのは誰になるのでしょうか。

労基法違反をした代表者や労務管理を担当する取締役や中間管理職などが刑事責任を追及される可能性があります。

また，労基法は両罰規定が設けられていますので，事業者（会社法人または個人事業主）も刑事責任を追及されます。

1　労基法違反に基づく刑事責任

労使協定に違反して，長時間労働を行わせた場合には，労働基準法32条に違反することになります。こうした事実が，労基署に発覚した場合には，まず労基署から是正勧告がなされます。是正勧告をしても，なお違反状態が放置されているような場合には，送検手続がとられ刑事罰を科される可能性があります。ただし，過労死や過労自殺が発生し，長時間労働の違反が甚だしい場合には，是正勧告を経ずに強制捜査が行われ，送検手続がとられる可能性もあります。

労働基準法32条違反の場合，罰則は6か月以下の懲役又は30万円以下の罰金に処せられることになります（労基法119条1号）。

2　労基法違反の刑事責任主体

労基法違反として刑事責任の主体となるのは，労基法に違反する行為をした

者と事業者（会社法人又は個人事業主）です。

　例えば，会社代表者自身が従業員に対して，違法な長時間労働を繰り返し行わせていたのであれば，代表者自身が刑事責任の追及をされる可能性があります。また，労働基準法は両罰規定（労基法121条1項）となっているので，事業者も刑事責任が追及されます。

　大企業のように何万人と従業員がいる場合には，労務管理をしている幹部の刑事責任が追及される可能性もありますし，状況によっては，違法な長時間労働をさせていた直属の上司も刑事責任が追及される可能性もあります。

　どの程度の役職であれば責任追及されるかという考え方ではなく，労基法違反を犯したのは誰かという観点から，刑事責任の追及の対象となる者を考えることになります。

　最終的に刑事責任を追及（起訴）されるかは，検察官が事件の諸事情を勘案して決めることになりますが，仮に，起訴されたとしても，実際に有罪になるかどうかは裁判により決定されることになります。

3　業務上過失致死傷罪の刑事責任

　業務上過失致死傷罪（刑法211条1項前段）は業務上必要な注意を怠ったことで，人を死傷させた場合に成立する犯罪類型です。量刑は，5年以下の懲役もしくは禁固又は100万円以下の罰金が科されることになります。

4　業務上過失致死傷罪の刑事責任主体

　業務上過失致死傷罪では，実際に過失を犯した本人や現場監督者などその現場を管理すべき立場にある者も責任主体となりえます。

　このように，業務上過失致死傷罪は，個人を罰する犯罪類型になっていますので，従業員が同罪で罰せられるとしても，当然には事業者が罰せられることはありません。

5　民事上の責任

　企業は，労働者に対して，安全配慮義務を負っています。安全配慮義務とは，企業が労働者の健康や安全を守るように配慮しなければならない義務のことです。

　したがって，従業員の過労死の原因が業務災害であるとされれば，事業者は，

安全配慮義務違反として，損害賠償義務を負うことになります。過労死や過労自殺で従業員が亡くなられた場合には，賠償額は多額に上りますし，企業イメージも悪化するため，企業としては，適切な労務管理を徹底することが求められます。

さらに，過労死に至る過程で，パワハラやいじめなどがあれば，実際にパワハラやいじめを行った従業員自身も民事上の責任を負う可能性があります。また，その現場や職場を管理する中間管理職に関しても，パワハラやいじめを関知していながら，それを放置していたような場合には，民事上の責任を問われる可能性があります。

〔鈴木　啓太〕

第12章

労働災害の法的責任と対応

Q12-1 労働安全衛生法の違反による刑事責任

労働安全衛生法違反となるケースとその罰則の内容はどのようなものですか。

労働安全衛生法及び同規則では、就労における労働者の危険を防止するために詳細な規制がなされ罰則が規定されています。自社の業務内容に関わる規制に関しては、労働安全衛生規則まで確認しておくことをお勧めします。

1 労働安全衛生法の規制

労働安全衛生法は、労働災害を防止し、労働者の安全と健康を守るために、労働災害の防止のための危害防止基準を確立し、責任体制の明確化及び自主的活動の促進の措置を講ずる等その防止に関する総合的計画的な対策を推進することにより職場における労働者の安全と健康を確保するとともに、快適な職場環境の形成を促進することを目的としています(安衛法1条)。

このような目的を背景として労働安全衛生法ではさまざまな規制がされており、規制に違反した場合の罰則が定められています。

労働安全衛生法に関する主な罰則は、**図表1**のとおりです。

なお、労働安全衛生法における多くの罰則は、両罰規定になっています。両罰規定とは、違反した行為者はもちろんのこと、その事業主体である法人や人も罰せられるというものです。

[図表1] 主な罰則一覧

【3年以下の懲役又は300万円以下の罰金】
- 何らの許可を受けずに、労働者に重度の健康障害を生ずるもので、政令で定めているものを製造・輸入・譲渡・提供・使用した場合(安衛法55条・116条)

【1年以下の懲役又は100万円以下の罰金】
- 許可を得ずに特に危険な作業を必要とする機械等として別表第1で定められているものを製造した場合(安衛法37条1項・117条)
- 各種免許試験における指定試験機関の役員や免許試験員などが、試験事務に

第12章　労働災害の法的責任と対応　　*293*

関して知り得た秘密を洩らした場合（安衛法75条の8・117条）

- 労働安全コンサルタント，労働衛生コンサルタントがその業務において知り得た秘密を洩らし，あるいは盗用した場合（安衛法86条2項・117条）
- 登録製造時等検査機関等が，業務の停止命令に違反した場合（処罰対象は役員や職員，安衛法53条1項・54条の6第2項・575条の11第2項・118条）

【6か月以下の懲役又は50万円以下の罰金】

- 高圧室内作業，その他労働災害を防止するための管理を必要とする作業にあたり，作業主任者を選任しなかった場合（安衛法14条・119条）
- 労働者の危険又は健康障害を防止するための措置を講じなかった場合（安衛法20条～25条・119条）
- 政令で定められた機械を他の労働者に貸与する場合に労働災害を発生させないために必要な措置を講じなかった場合，また，貸与を受けた事業者が操作による労働災害を防止するために必要な措置を講じなかった場合（安衛法33条1項・2項・119条）
- 1つの貨物で1トン以上のものを発送しようとする場合に，見やすく，かつ，容易に消滅しない方法で当該貨物の重量を表示しなかった場合（安衛法35条・119条）
- 有害な業務を行う屋内作業場その他の作業場で，必要な作業環境測定を行わなかった場合，また，その結果を記録していなかった場合（安衛法65条・119条）
- 伝染性の疾病で厚生労働省令に定められている疾病に罹患した従業員の就業を禁止しなかった場合（安衛法68条・119条1号）

【50万円以下の罰金】

- 総括安全衛生管理者，安全管理者，衛生管理者，産業医，統括安全衛生責任者，安全衛生責任者を選任すべきである事業者が選任をしていなかった場合（安衛法10条・11条・12条・15条・16条・120条1号）
- ボイラー等の政令で定められている機械に対して，政令で定められた通りの検査の実施，記録を行わなかった場合（安衛法45条1項・120条1号）
- 厚生労働省令の定めに沿って，安全衛生教育を実施しなかった場合（安衛法58条1項・120条1号）

2 具体的な送検事例

(1) 虚偽報告事案（労災かくし：福岡労働局管轄平28・7・7）

① 事案の概要

土木工事現場において，労働者とドラグ・ショベルとが接触する労働災害（休業災害）が発生した。この労働災害に関して現場監督者はドラグ・ショベルと接触するおそれのある範囲に労働者が立ち入らないようにするための措置を講じていなかった。

さらに，会社代表者は，労働者死傷病報告に「被災労働者が自ら転倒して負傷した」旨の事実と異なる発生状況を記載して労働基準監督署に提出し虚偽の報告をした事案です。

② 適用される罰則

労働災害が発生した場合には，労働者死傷病報告書を労働基準監督署に提出しなければなりません（安衛法100条1項，安衛則97条1項）。内容に関しては，当然ですが真実を記載しなければなりませんので，上記ケースでは罰金50万円以下の罰則が科されることになります（安衛法120条5号）。

さらに，事業者は，車両系建設機械を用いて作業を行うときは，運転中の車両系建設機械に接触することにより労働者に危険が生ずるおそれのある箇所に，労働者を立ち入らせてはなりません（安衛法20条1号，安衛則158条1項）。上記ケースでは，この点についても違反していますので，6か月以下の懲役又は50万円以下の罰金が科されることになります（安衛法119条1号）。

(2) 高所作業における墜落災害（福岡労働局管轄平28・7・13）

① 事案の概要

2階建木造家屋の解体工事において，2階屋根上で瓦の除去作業を行っていた労働者が屋根の端から地上へ約6メートル墜落して死亡した。この労働災害に関し，個人事業の代表者は，作業箇所に親綱を張り労働者に安全帯を使用させる等の墜落防止措置を講じていなかった。

② 適用される罰則

事業者は，労働者が作業にあたり，墜落の危険がある場合には，労働者に安

全帯を使用させるなど墜落による労働者の危険を防止するための措置を講じなければなりません（安衛法21条2項、安衛則519条2項）。上記ケースでは、労働者に安全帯を使用させていない労働安全衛生法違反があるため、6か月以下の懲役又は50万円以下の罰金が科されることになります（安衛法119条1号）。

（3）食品加工用機械による労働災害（福岡労働局管轄平28・5・12）

① 事案の概要

スーパーマーケット内にある食肉販売店において、労働者がミンチ機を使用して食肉をミンチ状に加工する作業を行っていたところ、食肉の投入口から入れた右手がミンチ機のロール部分に巻き込まれ、手関節から先を切断した。個人事業の代表者は、ミンチ機の投入口に蓋や囲い等を設けておらず、労働者に材料を安全に送給するための用具を使用させていなかった。

② 適用される条文

事業者は、食品加工用粉砕機又は食品加工用混合機の開口部から可動部分に接触することにより労働者に危険が生ずるおそれのあるときは、蓋、囲い等を設けなければなりません（安衛法20条1号、安衛則130条の5第2項）。また、原材料を送給する場合において、労働者に危険を及ぼすおそれのあるときは、当該機械の運転を停止し、又は労働者に用具等を使用させなければなりません（安衛法20条1項、安衛則130条の6第1項）。上記ケースでは、これらの規定に違反しているため、事業の代表者は、6か月以下の懲役又は50万円以下の罰金が科されることになります（安衛法119条1号）。

〔鈴木　啓太〕

Q12-2　業務上過失致死傷罪による刑事責任

業務上過失致死傷罪として責任追及されるのはどのような場合でしょうか。

他人の生命や身体に危険が生じるような業務を実施している際に、過失行為によって人を死傷させた場合に、その行為者自身や現場監督者などが責任追及されることになります。

1　業務上過失致死傷罪とは

業務上過失致死傷罪は，刑法においては次のように規定されています。

> **刑法211条 1 項前段**
> 業務上必要な注意を怠り，よって人を死傷させた者は，5 年以下の懲役若しく
> は禁固又は100万円以下の罰金に処する。

業務上過失死傷罪は，①業務上必要な注意を怠ったことで，②人を死傷させた場合に成立する犯罪類型です。

ここでいうところの「業務」とは，人の生命身体に危険が生じる行為を反復・継続して行うことを指します。反復・継続して行う予定の行為であれば，最初の 1 回目の行為で他の人を死傷させてしまった場合にも業務上過失致死傷罪が成立することになります。

業務上の過失でない場合には，過失致傷罪（刑法209条 1 項），過失致死罪（同法210条）が成立することになりますが，それぞれの量刑は，過失致傷罪の場合は30万円以下の罰金又は科料，過失致死罪の場合には50万円以下の罰金となっており，業務上過失致死傷罪がより重い量刑になっています。

このように，業務上過失致死傷罪の量刑が重くなっているのは，人の生命身体に危険が及ぶ行為を反復・継続して行う以上，より注意を払って行為しなければならないという考え方に基づいています。

2　責任主体

実際に業務中に過失により人を死傷させた従業員本人が，業務上過失致死傷罪として罰せられるのは当然ですが，直接過失行為を行った従業員でなくても，現場監督者など，その現場を管理すべき立場にある従業員や役員も業務上過失致死傷罪の責任を負わなければならない場合もあります。

このように，業務上過失致死傷罪は，業務上の災害について，自分の過失によって他の従業員や第三者を死傷させた者や，現場監督者などの管理責任者個人の責任を追及するものです。

労基署が担当する労働安全衛生法や労働基準法のような両罰規定はないので，従業員が業務上過失致死傷罪の被疑者として，送検されたとしても，当然に会

社も送検されるわけではありません。

3　業務上過失致死傷罪として送検されたケース

（1）荷積み中の事故

港に停泊していた貨物船で、積み込み中の鉄パイプと船内の壁に作業員が挟まれ3人が死傷した事故について、現場責任者らが業務上過失致死傷罪で送検されました。

事故は、貨物船のクレーンで鉄パイプ36本（重さ計約18トン）を積み込み中、振動で船が揺れて鉄パイプが船壁に向かって振れ、付近にいた作業員3人が挟まれ、2人が死亡し1人が重傷を負った事故です。

この事故について、作業員の退避状況の確認を怠って鉄パイプの移動を指示した現場班長と、鉄パイプの動線上に作業員がいることに気付きながら作業を続けたクレーン操縦者と副班長が業務上過失致死傷罪で送検されています。

（2）パロマ湯沸器の死亡事故

パロマ工業製のガス瞬間湯沸かし器の不具合により一酸化炭素中毒事故が発生し死傷者を出したことで、同社の社長らが業務上過失致死傷罪で起訴され有罪判決を受けました。

事故の原因は、パロマ工業製品自体に欠陥があったわけではなく系列サービス業者の不正改造が原因であったと認定されています。にもかかわらず、有罪判決となったのは、過去に同様の事故が発生しており、そのことについて社長らも認識していたことから、死亡事故の発生が予見でき、また、一般消費者に注意を喚起したり、流通を停止し、改善措置を図るなどして、死亡事故の発生を防止することができたはずであると裁判所は判断しているのです。

〔鈴木　啓太〕

Q12-3　労災保険

どのような事故であれば労災保険を利用することができるのでしょうか。

労災保険は、業務遂行性と業務起因性が認められ、業務災害であると認定されることで利用することができます。

1 労基法・労災保険法に基づく労災補償責任

　使用者は，従業員を使用して業務を行っている以上，万一，労働災害や通勤災害が発生し，労働者が負傷した場合には，休業，療養，障害，遺族等への補償をする義務が労働基準法に規定されています。

　そして，労災保険法は，業務災害で損害を被った労働者を保護するために必要な保険給付を行い，労働者が労働災害により困窮しないよう保護することを主たる目的としています。労災保険は，従業員を一人でも使用している事業場では，原則として加入しなければならず，保険料は全額事業主負担となります。ただし，農林水産業のうち，従業員が4人以下の事業の保険加入は任意とされています。

2 労災保険について

　前記したように，使用者は労働災害や通勤災害で労働者が負傷した場合には，必要な補償を労働者に行わなければなりません。その場合，使用者が自己負担で労働者に補償をすることもできますが，労災保険を使用して，労働者に適切な保険給付を実施することが多いようです。

　労災保険が使用できるのは，業務災害といえる場合です。業務災害と認められるには，当該事故について業務遂行性と業務起因性が認められなければなりません。

　業務遂行性とは，労働者が使用者の支配下にある状態のことです。業務遂行性がなければ，そもそも業務起因性は認められませんが，業務遂行性が認められるからといって，必ず，業務起因性が認められるわけではありません。

　業務遂行性が認められるのは，**図表2**のような場合です。図表のように3つのケースに場合分けして検討することになります。

［図表2］業務遂行性の判断について

① **事業主の支配・管理下で業務に従事している場合**
- 労働者が自らの担当業務に従事している場合や，事業主からの特命業務や突発事故に対する緊急業務に従事している場合
- 担当業務を行う上で必要な行為，作業中の用便，飲水等の生理的行為を行っている場合

第12章　労働災害の法的責任と対応　　**299**

- その他労働関係の本旨に照らし合理的と認められる行為を行っている場合
など
② **事業主の支配・管理下にあるが，業務に従事していない場合**
- 休憩時間に事業場構内で休んでいる場合，社員食堂で食事をしている場合
や事業主が通勤専用に提供した交通機関を利用した場合など
- 休日に事業場内で遊んでいるような場合は該当しない
③ **事業主の支配下にはあるが，管理下を離れて業務に従事している場合**
- 出張や社用での外出，運送，配達，営業などのため事業場の外で仕事をす
る場合
- 事業場外の就業場所への往復，食事，用便など事業場外での業務に付随す
る行為を行う場合など
- 出張の場合は，私用で寄り道したような場合には該当しない

　業務起因性が認められるのは，具体的には**図表3**のような場合です。業務遂
行性の判断の場合と同様に，3つのケースに分けて検討することになります。

［図表3］ 業務起因性の判断について

① **事業主の支配・管理下にあって業務に従事している場合**
　この場合，災害は被災労働者の業務としての行為や事業場の施設・設備の管
理状況などが原因となって発生するものと考えられますので，他に業務上と認
め難い事情がない限り，業務上と認められます。
※ただし，業務上と認め難い特別な事情としては次のような場合などが考えら
　れます。
- 被災労働者が就業中に私用（私的行為）又はいたずら（恣意的行為）をして
いて，その行為が原因となって災害が発生した場合
- 労働者が故意に災害を発生させた場合
- 労働者が個人的なうらみなどにより，第三者から暴行を受けて被災した場合
- 地震，台風，火災などの天災地変に際して被災した場合
　ただし，事業場の立地条件などにより，天災地変に際して災害を被りやすい
業務上の事情がある場合には，業務起因性は認められる。
② **事業主の支配・管理下にあるが業務に従事していない場合**
　事業場施設内にいる限り，事業主の施設管理下にありますが，休憩時間や就
業前後は実際に仕事をしているわけではなく，私的行為なので，原則として業

務起因性は認められない。

　しかし，事業場の施設・設備や管理状況などがもとで発生した災害は業務起因性が認められる。

　例えば，休憩時間に構内で休憩中トラックと接触して被災した場合など。

③　**事業主の支配下にあるが，管理下を離れて業務に従事している場合**

　出張などの事業場施設外で業務に従事している場合は事業主の管理下を離れているが，労働契約に基づき事業主の命令を受けて仕事をしているわけですから，途中で積極的な私的行為を行うなど特段の事情がない限り，特に否定すべき事情がない限り，業務起因性は認められます。

3　具体的なケース

以下では，具体的に肯定例と否定例を紹介します。

（1）肯定例

①　配達などの業務に従事していた者が商品配達のため使用者に無断でオート三輪車を運転していた際に事故死したケース（松本製菓工場事件：東京地判昭32・5・6労民集8巻3号346頁）

②　タクシー運転手が無断時間外勤務中に事故により死亡したケース（東進交通事件：東京地判昭35・1・27労民集11巻1号89頁）

③同僚のために弁当を買って戻る際に交通事故に遭ったケース（岐阜労基署長（山口精機）事件：岐阜地判平20・2・14労判968号196頁）

④　運転手が他の運転手の交通事故について救出作業をして，その後，事故車の復旧作業中に，後続車に追突され死亡したケース（北陸トラック運送事件：名古屋地判平20・9・16労判972号93頁）

⑤　出張中の労働者が宿泊施設内で懇親会のため飲食によって酩酊して，宿泊施設の階段で転倒し死亡したケース（大分放送事件：福岡高判平5・4・28労判648号82頁）

（2）否定例

①　上司の依頼により同僚の引越しの手伝いに行く途中に発生した事故のケース（横浜北労基署長事件：横浜地判平7・12・21訟月42巻11号2769頁）

② ホテルの客室係が，退勤時間から1時間30分程度後，ホテル施設内の料理運搬リフトの通気孔内に転落して死亡したケース（宝塚グランドホテル事件：神戸地判昭58・12・19労判425号40頁）

③ 休憩時間中に酔って小用を足そうとして，仮停泊中の船から転落したケース（第五新高丸事件：東京地判平2・4・17労判562号72頁）

④ 出張中に現場宿舎で寝泊まりしていた労働者が，同じ現場で働いていた他の労働者の送別会で飲酒し，宿舎に帰った後で行方不明になり，数日後近くの川で溺死していたケース（東芝エンジニアリング事件：東京地判平11・8・9労判767号22頁）

⑤ 大工が建築現場で就職依頼に来た男に侮辱的な言葉を浴びせたなどとして喧嘩になり，暴行を受けて死亡したケース（倉敷労基署長事件：最一小判昭49・9・2民集28巻6号1135頁）

4　労働基準監督署へ請求

労災保険を利用するには，所定の様式に必要事項を記載して労働基準監督署に請求書を提出することが必要です。請求書の中には，労災事故の事実関係を記載する欄があり，事業者がそれらの事実関係を証明するために署名押印をする欄があります。署名押印した場合には，請求書上においては，記載されている事実関係について事業主として認めることになります。もちろん明らかに労災事故である場合で，被災労働者が労災保険の利用を希望しているのに，正当な理由なく事業者として証明しないことは問題があります。

しかし，業務災害であるのか疑わしい場合，例えば，被災労働者の故意による事故と疑われるような場合には，事業者証明することについて慎重になった方がよい場合もあります。ただし，事業主証明がなくても労働者は，労働基準監督署に請求書を提出することができます。その場合，労働基準監督署は請求を受け付けた上で，事業主証明をしなかった企業に証明拒否理由書を提出するよう求めてきます。最終的に業務災害に該当するかどうかを決定するのは労働基準監督署になります。したがって，事業主としては，証明拒否理由書を提出した上で，労働基準監督署の調査などには誠実に対応し，事業主としての見解を労働基準監督署に主張していくべきといえるでしょう。

〔鈴木　啓太〕

Q12-4　労災保険の補償範囲

業務災害が発生した場合，労災保険でカバーされる補償内容はどういった内容でしょうか。

 労災保険の補償範囲は，療養補償給付，休業補償給付，障害補償給付，遺族補償給付などがあります。請求漏れがないよう補償内容を把握しておくことが大切です。

1　労災保険の補償内容

（1）療養補償給付

業務災害によって，負傷したり疾病にかかった場合には，治療費などが労災保険から支給されます

代表的な例としては，病院での入院費や診察代，薬代などが給付の内容となります。柔道整復師の施術（整骨院・接骨院）は，応急手当の場合を除き医師の同意を得た場合に行うことができるとされています（昭和31年11月6日基発第754号）。

療養の給付を受けるためには，「療養補償給付たる療養の給付請求書（様式第5号）」（**書式27**）を療養の給付を受けようとする指定医療機関を経由して所轄の労働基準監督署に提出することが必要です。療養の費用の支給を受ける場合には，「療養補償給付たる療養の費用請求書（様式第7号（1））」の書式を利用します。柔道整復師の施術費や，はり・きゅうの施術費に関しても別に書式があります。療養の内容によって使用する様式が異なりますので，注意が必要です。なお，各様式は，厚生労働省のホームページでダウンロードして使用することができます。

（2）休業補償給付

休業補償給付は，業務災害に遭い仕事を休まざるを得なくなり，給料が減額された場合に支給されます。

給付額は，給付基礎日額（過去3か月分の給料の総額をその総日数で除した金額）の60％が支給されます。休業補償給付は，業務災害により療養したことで賃金を受けることができない日から4日目から支給されます。最初の3日間

第12章　労働災害の法的責任と対応　　303

【書式27　療養補償給付たる療養の給付請求書】

様式第5号（表面）　労働者災害補償保険

業務災害用

療養補償給付たる療養の給付請求書

裏面に記載してある注意事項をよく読んだ上で、記入してください。

標準字体で記入してください。

標準字体	0 1 2 3 4 5 6 7 8 9 ° ー
	ア イ ウ エ オ カ キ ク ケ コ サ シ ス セ ソ タ チ ツ テ ト ナ ニ ヌ
	ネ ノ ハ ヒ フ ヘ ホ マ ミ ム メ モ ヤ ユ ヨ ラ リ ル レ ロ ワ ン

帳票種別 ※ 3 4 5 9 0

①管轄局署　②業通別　③保留　⑥処理区分

②業通別　1業通　3通
1全レセ　3全給付

④受付年月日 ※

⑤労働保険番号　府県　所掌　管轄　基幹番号　枝番号

年金証書番号記入欄

⑦支給・不支給決定年月日 ※

⑧性別　1男　3女　⑨労働者の生年月日　元号　年　月　日　⑩負傷又は発病年月日　元号　年　月　日

⑪再発年月日 ※

※印の欄は記入しないでください。（職員が記入します）

⑫労働者の　シメイ（カタカナ）　姓と名の間は1字あけて記入してください。濁点・半濁点は1字として記入してください。

⑬三者　1自　3死　5他　特疾　1有　定病　⑭特別加入者

氏名　　　　　　　　（　　歳）

⑯郵便番号　□□□-□□□□　フリガナ

住所

職種

⑰負傷又は発病の時刻　午前　午後　時　分頃

⑱災害発生の事実を確認した者の職名、氏名
職名
氏名

⑲災害の原因及び発生状況　（あ）どのような場所で（い）どのような作業をしているときに（う）どのような物又は環境に（え）どのような不安全な又は有害な状態があって（お）どのような災害が発生したか（か）⑩と初診日が異なる場合はその理由を詳細に記入すること

⑳指定病院等の　名称　　　電話（　　）　－
所在地　　〒

㉑傷病の部位及び状態

⑫の者については、⑩、⑰及び⑲に記載したとおりであることを証明します。　　　年　月　日

事業の名称　　　　電話（　　）　－
事業場の所在地　　〒
事業主の氏名　　　　　　印
（法人その他の団体であるときはその名称及び代表者の氏名）

労働者の所属事業場の名称・所在地　　　電話（　　）　－

（注意）1　労働者の所属事業場の名称・所在地については、労働者が直接所属する事業場が一括適用の取扱いを受けている場合に、労働者が直接所属する支店、工事現場等を記載してください。
2　派遣労働者について、療養補償給付のみの請求がなされる場合にあっては、派遣先事業主は、派遣元事業主が証明する事項の記載内容が事実と相違ない旨裏面に記載してください。

上記により療養補償給付たる療養の給付を請求します。　　　年　月　日

労働基準監督署長　殿

病院
診療所
薬局　経由
訪問看護事業者

請求人の　〒　－　電話（　　）　－
住所　　　　（　　方）
氏名　　　　　印

支不支給決定決議書	署長	副署長	課長	係長	係	決定年月日	・　・	不支給の理由
	調査年月日	・	・	・				
	復命書番号	第　号	第　号	第　号				

（この欄は記入しないでください。）

については，使用者が補償しなければならいません（労災保険法14条1項，労基法76条1項）。

　また，休業補償給付とは別に，休業特別支給金も支給されます。給付額は給付基礎日額の20％が支給されます。

（3）障害補償給付

　業務上の災害で負傷又は疾病にかかり，治った場合において，身体に障害が残存している場合には障害補償給付が支給されます。ここでいう「治った場合」とは，症状が安定し，それ以上の治療を行っても治療の余地がなくなった場合をいいます。

　障害の程度は，労働基準法施行規則40条1項別表第2で定められています。1級から14級まで定められており，1級が最も重い障害となっています。1級から7級までに該当する場合は，障害補償年金が支給され，8級から14級の場合には障害補償一時金が支給されることになります。

　障害補償年金は，給付基礎日額に**図表4**の給付日数を乗じた金額が支給されます。支払の始期・終期は傷病が治った日の属する月の翌月から始まり，その事由がなくなった日の属する月まで支給されます。

　また，障害補償年金の支払は，毎年偶数月の6回に分割してそれぞれ前2か月分が支払われます。

［図表4］障害補償年金

障害等級	給付日数
第1級	313日
第2級	277日
第3級	245日
第4級	213日
第5級	184日
第6級	156日
第7級	131日

　障害補償年金を受けることができる場合，障害補償年金の給付の決定があった日から1年以内に1回限り，障害補償年金について前払いで一時金を請求す

ることができます。

　請求することができる金額は，給付基礎日額に**図表5**の給付日数を乗じた金額を請求することができます。請求に当たっては，請求する金額を具体的に明示することが必要です。

[図表5] 障害補償年金前払一時金の額

障害等級	給付日数
第1級	200日，400日，600日，800日，1,000日1,200日又は1,340日
第2級	200日，400日，600日，800日，1,000日又は1,190日
第3級	200日，400日，600日，800日，1,000日又は1,050日
第4級	200日，400日，600日，800日又は920日
第5級	200日，400日，600日又は790日
第6級	200日，400日，600日又は670日
第7級	200日，400日又は560日

　障害補償年金を受けている者が死亡した場合で，すでに支給された障害補償年金及び障害補償年金前払一時金の額の合計額が給付基礎日額に**図表6**の給付日数を乗じた金額に満たないときには，その差額が遺族の請求に基づき，障害補償年金差額一時金として支給されます。

[図表6] 障害補償年金差額一時金の額

障害等級	給付日数
第1級	1,340日
第2級	1,190日
第3級	1,050日
第4級	920日
第5級	790日
第6級	670日
第7級	560日

　障害補償一時金は，給付基礎日額に**図表7**の給付日数を乗じた金額が支給されます（労災保険法15条2項，別表第2）。

[図表7] 障害補償一時金

障害等級	給付日数
第8級	503日
第9級	391日
第10級	302日
第11級	223日
第12級	156日
第13級	101日
第14級	56日

　さらに，1級から14級の傷害に認定された場合，障害特別支給金が支給されます。具体的な金額は**図表8**のとおりです。

[図表8] 障害特別支給金の金額

第1級	第2級	第3級	第4級	第5級	第6級	第7級
342万円	320万円	300万円	264万円	225万円	192万円	159万円
第8級	第9級	第10級	第11級	第12級	第13級	第14級
65万円	50万円	39万円	29万円	20万円	14万円	8万円

2　遺族補償給付

　業務上の災害によって死亡した場合には，遺族には遺族補償給付が行われます。遺族補償給付には，①遺族補償年金，②遺族補償一時金があります。

（1）遺族補償年金

　遺族補償年金の受給権者は，配偶者，子，父母，孫，祖父母及び兄弟姉妹で労働者が死亡した当時その収入によって生計を維持していた者です。

　ただし，夫，父母又は祖父母は60歳以上であること，子または孫については，18歳に達する日以後の最初の3月31日までの間にあること，兄弟姉妹については，18歳に達する日以後の最初の3月31日までにあること又は60歳以上であることが条件となっています。もっとも，これらの条件に該当しない夫，子，父母，孫，祖父母または兄弟姉妹であっても，障害等級5級以上に該当する障害があるなど一定の障害がある場合には受給権が認められています。

遺族補償年金の金額は，給付基礎日額に遺族の人数に区分して決められた給付日数を乗じることで算出されます。給付日数は**図表9**のとおりです。

[図表9] 遺族補償年金の金額

遺族の数	給付日数
1人	153日（遺族が55歳以上又は障害のある妻の場合は175日）
2人	201日
3人	223日
4人以上	245日

（2）遺族補償一時金

障害補償一時金は，①障害補償年金の受給権者がいない場合，②遺族補償年金の受給権を有する者がその権利を失った場合で，他に遺族補償年金の受給権者がおらず，かつ，すでに支給された遺族補償年金の額及び遺族補償年金前払一時金の額の合計額が給付基礎日額に1,000を乗じた金額に満たないい場合に支給されます。

遺族補償一時金を受給できるのは，配偶者，子，父母，孫，祖父母，兄弟姉妹です。

遺族補償一時金の具体的な金額は，**図表10**のとおりです。

[図表10] 遺族補償一時金

遺　族	遺族補償一時金の額
①の場合	給付基礎日額に1,000を乗じた金額
②の場合	すでに支給された遺族補償年金の額および前払一時金の額の合計額と給付基礎日額に1,000を乗じた金額との差額

3　労災保険の利用

業務災害が発生した場合，労基署の調査に誠実に対応することも当然重要ですが，被災した労働者の補償をすることも必要です。労災保険では，上記のように療養補償給付，休業補償給付，障害補償給付，遺族補償給付など補償が準備されています。仮に業務災害が発生したことについて，労働者に一部過失が

あったとしても，過失相殺されずに支給を受けることができます。
　ただし，労災保険のみで労働者のすべての損害を補償することができない場合も多々あります。そのような場合，労働者に仕事に従事させることについて，企業に安全配慮義務違反が認められる場合には，労災保険を超える部分の補償は，企業が補償しなければなりません。安全配慮義務違反に関する詳細な説明は，**Q12-6**をご覧ください。

〔鈴木　啓太〕

Q12-5　通勤災害

　従業員が業務を終え，会社から自宅に移動する際に事故に遭い負傷しましたが，労災保険は使用できるのでしょうか。

　　　　従業員が帰宅途中で通勤とは関係のない目的で帰宅経路をそれていたり，飲み会に参加するなど，逸脱・中断事由がなければ労災保険が使用できます。

1　通勤災害とは

　通勤災害とは，労働者が通勤によって負傷，疾病，障害又は死亡することです（労災保険法7条1項2号）。
　ここでいうところの「通勤」とは，就業に関し，①住居と就業の場所との往復，②就業の場所から他の就業の場所への移動，③住居と就業場所の往復に先行し，又は後続する住居間の往復であり，これらの移動を合理的な経路及び方法により行うことをいいます（労災保険法7条2項）。
　「就業に関し」とは，移動の目的が業務に就くため，あるいは業務を終えたことを伴うものであることが必要となります。例えば，全員参加が命じられ参加すると出勤扱いとされるような会社主催の行事に参加する場合や，会社の命令で得意先の接待や打ち合わせに出席する場合なども「就業に関し」に該当します。他方で，休日に会社の運動施設を利用しに行く場合や，会社主催ではあるものの，参加するか否かが任意とされている行事に参加する場合，一般の組合員が労働組合大会に出席する場合などは，「就業に関し」には該当しません。
　「住居」とは，労働者が居住して日常生活をしている家屋で，就業のための

拠点となる場所です。基本的には，日常生活をしている自宅が「住居」となりますが，やむを得ない事情で一時的に居住の場所を移している場合には，その場所も「住居」として認められることがあります。例えば，長女の出産の世話をするために泊まり込んだ場合には，長女宅も「住居」と認められます。

「就業の場所」とは，業務を開始し，又は終了する場所のことです。通常業務に従事する場所や，取引先に商品を届けてその取引先から直接自宅に帰る場合の取引先などが該当します。また，外勤業務で担当区域内にある数か所の用務先を受け持って自宅との間を往復している場合は，自宅を出てから最初の用務先が業務の開始の場所であり，最後の用務先が，業務の終了の場所になります。

「合理的な経路及び方法」とは，移動の場合に一般の用いる経路及び手段のことです。定期券を購入するなど会社に届けてある鉄道・バスなどを利用する経路など通常利用することが考えられる経路であれば合理的な経路といえます。また，鉄道やバスなど公共交通機関や自動車・自転車などを本来の目的で使用する場合には，一般に合理的な方法といえます。

2　通勤災害から除外される場合

（1）逸脱及び中断

上記①～③の移動の最中に，移動の経路を逸脱し，又は中断した場合には，逸脱又は中断の間及びその後の移動は原則として通勤とはなりません。

「逸脱」とは，通勤の途中において就業又は通勤とは関係のない目的で合理的な経路をそれることです。

「中断」とは，通勤の経路上において，通勤とは無関係のことをすることです。

通勤の途中で展覧会場に立ち寄った場合や，業務終了後に慰労会に参加した場合などには，逸脱・中断と判断されます。逸脱・中断と判断した裁判例の中には，就業場所から徒歩による退勤途中に，夕食の材料などを購入する目的で自宅と反対方向にある商店に向かって40数メートル歩行したケース（札幌中央労基署長事件：札幌高判平元・5・8労判541号27頁）や，通勤の経路上において通勤とは関係のない飲酒行為を行ったケース（立川労基署長（通勤災害）事件：東京地平14・8・21労判840号94頁）などがあります。

もっとも，逸脱・中断が日用品の購入など，やむを得ない事由により最小限

度の範囲で行う場合には、逸脱・中断後、合理的な経路に戻った後は通勤に該当します。例えば、帰宅途中で惣菜を購入する場合や、クリーニング店に立ち寄る場合などがこれに該当します。

3 通勤災害に対する労災保険の給付

通勤災害の場合でも、業務災害に対する保険給付と同様の保険給付が行われます。補償の具体的内容については、Q12-4を参照してください。

〔鈴木　啓太〕

Q12-6 民事上の損害賠償責任

労働災害が発生した場合に、企業が民事上の責任を負うのはどのような場合ですか。また、どういった費目の賠償をしなければならないのでしょうか。

労働災害が発生したことについて、企業に安全配慮義務違反が認められる場合には、企業は民事上の責任を負うことになります。補償内容は、治療費、慰謝料、逸失利益など、労働災害による負傷と因果関係のある損害を補償しなければなりません。

1 企業の民事上の責任

業務災害が発生した原因が労働基準法や労働安全衛生法に違反しているような場合には、企業及び代表者や現場監督者などは刑事上の責任を追及される可能性があります。

また、業務災害の原因として、企業の安全配慮義務違反が認められる場合には、企業は労働者に対して民事上の損害賠償責任を負うことになります。業務災害の場合には、労災保険が使用できるので、一定額については労災保険で補償することができますが、労災保険を超える部分に関しては、企業が労働者に補償しなければなりません。

2 安全配慮義務とは

安全配慮義務とは、使用者が支配管理下にある労働者の安全と健康を守らな

第12章　労働災害の法的責任と対応　*311*

ければならない義務のことです。

　この点，最高裁判所は，自衛隊八戸工場事件（最三判昭50・2・25民集29巻2号143頁）において安全配慮義務について以下のように述べています。

　「国は，公務員に対し，国が公務遂行のために設置すべき場所，施設もしくは器具等の設置管理又は公務員が国もしくは上司の指示のもとに遂行する公務の管理にあたって，公務員の生命及び健康等を危険から保護するよう配慮すべき義務（以下「安全配慮義務」という。）を負っているものと解すべきである。」「安全配慮義務は，ある法律関係に基づいて特別な社会的接触の関係に入った当事者間において，当該法律関係の付随義務として当事者の一方又は双方が相手方に対して信義則上負う義務として一般的に認められるべきものであって，国と公務員との間においても別異に解すべき論拠はなく，公務員が前記の義務を安んじて誠実に履行するためには，国が，公務員に対し安全配慮義務を負い，これを尽くすことが必要不可欠…（以下省略）」と判示しています。

　この事例は，国と公務員に関する判例ですが，安全配慮義務が「ある法律関係に基づいて特別な社会的接触の関係に入った当事者間において，当該法律関係の付随義務として当事者の一方又は双方が相手方に対して信義則上負う義務」と考えるならば，民間の場合においても使用者と労働者の間には同様の義務が存在すると考えられることになります。

　さらに，川義事件（最三小判昭59・4・10民集38巻6号557頁）では，「雇傭契約は，労働者の労務提供と使用者の報酬支払をその基本内容とする双務有償契約であるが，通常の場合，労働者は，使用者の指定した場所に配置され，使用者の供給する設備，器具等を用いて労務の提供を行うものであるから，使用者は，右の報酬支払義務にとどまらず，労働者が労務提供のため設置する場所，設備もしくは器具等を使用し又は使用者の指示のもとに労務を提供する過程において，労働者の生命及び身体等を危険から保護するよう配慮すべき義務（以下「安全配慮義務」という。）を負っているものと解するのが相当である。」と判示しています。この事例は，宿直中の労働者が強盗に刺殺された事故であるが，安全配慮義務の具体的な内容として強盗侵入防止の物的設備を十分に施し，かつ宿直員の安全教育を行う等の義務があったと判示しています。

　このように，使用者が労働者に対して安全配慮義務を負っていることは多くの裁判例により確立されています。

3　安全配慮義務を負う主体

　労働者の直接の雇用主が，労働者に対して安全配慮義務を負うことは当然ですが，直接の雇用主でない場合でも安全配慮義務を負う場合があります。

　例えば，最高裁判所は，元請事業主と下請労働者との安全配慮義務について，元請事業主の管理する設備，工具などを用いて，元請事業主の指揮，監督を受けて稼働しており，元請事業主の労働者とほとんど同じ作業内容であった事案で元請事業主が下請事業主の労働者に対して安全配慮義務を負うと判示しています（三菱難聴訴訟事件：最一小判平3・4・11労判590号14頁）。

　また，親会社と子会社の労働者との関係について，以下のように親会社に安全配慮義務があることを認めた裁判例（長野じん肺訴訟：長野地判昭61・6・27判時1198号3頁）があります。

　「親会社，子会社の支配従属関係を媒介として，事実上，親会社から労務提供の場所，設備，器具類の提供を受け，かつ親会社から直接指揮監督を受け，子会社が組織的，外形的に親会社の一部門の如き密接な関係を有し，子会社の業務については両者が共同してその安全管理に当り，子会社の労働者の安全確保のためには親会社の協力及び指揮監督が不可欠と考えられ，実質上子会社の被用者たる労働者と親会社との間に，使用者，被用者の関係と同視しできるような経済的，社会的関係が認められる場合には，親会社は子会社の被用者たる労働者に対しても信義則上右労働関係の付随義務として子会社の安全配慮義務と同一内容の義務を負担するものというべきである。」と判示しています。

　このように，直接の雇用関係がなかったとしても，安全配慮義務を負う場合がありますので，使用者としては，自社の支配管理下にある労働者に対しては，その労働者の安全・健康について注意を払わなくてはいけません。

4　安全配慮義務の履行

　安全配慮義務の内容は，労働者の職種，労務内容，労務提供場所等の具体的状況によって内容が異なりますが，一つの基準となるのが，労働安全衛生法及び労働安全衛生規則等の安全衛生関係の法令です。

　労働基準法に満たない労働条件は無効とされており（労基法13条），さらに，労働基準法42条では「労働者の安全及び衛生に関しては，労働安全衛生法の定めるところによる。」と規定されていますので，労働安全衛生法に違反する労

働条件は無効ということになります。すなわち，労働安全衛生法の安全衛生基準は最低労働条件となるのです。

労働安全衛生規則では，「第二編　安全基準」の項目があり，その中で具体的な安全基準が規定されています。

企業は，安全配慮義務を果たし労働災害を防止するには，自社の業務に関連する法令に関して十分に把握しその安全基準を満たさなければなりません。リスクアセスメントを実施し，職場の潜在的な危険性又は有害性を洗い出し，リスクの排除・低減措置を講じていかなければなりません。

5　賠償内容

企業に安全配慮義務違反が認められ，民事上の賠償責任が認められた場合には，被災労働者に生じた損害の賠償をしなければなりません。主な賠償項目は**図表11**のとおりです。

[図表11] 主な賠償項目

- 治療費
- 付添費用
- 将来介護費
- 通院交通費
- 家屋・自動車等改造費
- 葬儀関係費用
- 休業損害
- 慰謝料（傷害慰謝料，後遺障害慰謝料）
- 後遺障害・死亡逸失利益など

上記の損害項目の中で高額になりがちなのが，逸失利益です。逸失利益とは，被災しなければ，本来得ることができたであろう利益のことです。後遺障害に該当した場合には，それだけ働きづらくなっているわけですから，等級に応じた労働能力の喪失率が認められることになります。年収額や年齢に応じて計算されることになります。

図表12は，逸失利益算定の一例です。片目を失明した場合には，後遺障害等級8級1号「一眼が失明し，又は一眼の視力が0.02以下になったもの」に該当

します。労働能力喪失期間は67歳までの27年間で計算され，中間利息を控除するための係数であるライプニッツ係数を使用して計算されます。

　図表12の計算例をみても分かるように，逸失利益は，将来において支払うべきものを一時金として支払うことになるため，高額になりがちです。資金力に乏しい中小企業に関しては，保険を利用する等してリスクヘッジすることが大切です。

[図表12] 逸失利益の計算例

≪事例≫
　40歳男性，会社員（年収500万円）が，建設工具を製作する事業場で，作業中に片目を失明した場合。
- 後遺障害等級
　8級1号
- 労働能力喪失率
　45%（8級相当）
- 労働能力喪失期間
　27年（ライプニッツ係数14.6430）

（計算式）
　500万円×0.45×14.6430＝3,294万6,750円
　逸失利益の賠償額　⇒　3,294万6,750円

6　参考裁判例

（1）シルバー人材センターの安全配慮義務（綾瀬市シルバー人材センター事件（横浜地判平15・5・13判時1825号141頁））

① 事案の概要

Xは，退職後，Yシルバー派遣センターに登録して自動車部品などを製造する業務に従事していた。業務内容は，プレスブレーキという鉄板を折り曲げる機械を使用して鉄板を折り曲げる作業をしていた。このプレスブレーキは，作業員が鉄板をテーブル奥のストッパーに合わせてテーブルに載せてから，手を離し足（右足）でフットスイッチを踏み込んでラムを下降させることによりラムの強い圧力で鉄板を折り曲げる仕組みとなっていた。

第12章　労働災害の法的責任と対応　　*315*

　Xは工場長から実演を含めて指導を受けた上で作業を開始し，1時間ほど作業を行ったところ，鉄板の左側がテーブル奥のストッパーの下に入ってしまったため，これを引き出して正しい位置に戻そうとして左手をテーブルとラムの間に差し入れた。原告は，その際，誤ってフットスイッチを踏み込んでラムを下降させてしまい，左手4指をその基節骨基部から切断してしまった。

　XはYセンターに安全配慮義務違反があったとして損害賠償請求をした。

　② 　判旨の概要

　「高齢者事業団，シルバー人材センター，ひいてはYセンターの設立の経緯，高年齢者雇用安定法の成立及び関係規定の内容，労働省の行政指導の内容，Yセンター設立前後の綾瀬市ないし事業団の広報活動の内容，Yセンターにおける就業の機会の確保及び提供の仕組み，一般に指摘されている加齢によって人が持つに至る身体的心理的特性などの認定事実に，「事業団は，健康で働く意欲を持つ高齢者…の希望に応じた臨時的かつ短期的な就業の機会を確保し，及びこれらの者に対して組織的に提供することにより，高齢者の生きがいの充実と社会参加の促進を図るとともに，その経験と能力を生かした活力ある地域社会づくりに寄与することを目的とする。」（規約3条）とのYセンターの目的を合わせ考えれば，Yセンターは，規約4条1号に基づいて高齢者である会員に対して就業の機会を提供するに当たっては，社会通念上当該高齢者の健康（生命身体の安全）を害する危険性が高いと認められる作業を内容とする仕事の提供を避止し，もって当該高齢者の健康を保護すべき信義則上の保護義務（健康保護義務）を負っているものと解するのが相当である。」と判示した上で，「本件プレスブレーキによる作業は，作業内容等の客観的事情とXの年齢，職歴等の主観的事情とを対比検討した場合，社会通念上高齢者である原告の健康を害する危険性が高いと認められる作業に当たるということができる。にもかかわらず，Yセンターは，本件プレスブレーキによる作業も含まれるものとしてXに対して上記工場内作業の仕事を提供し，Xがこれに応じて本件プレスブレーキによる作業に従事した結果，本件事故に至ったのであるから，Yセンターは，Xに対する健康保護義務の違背があったものとして，債務不履行に基づき，本件事故によってXが被った損害を賠償すべき義務があるというべきである。」

③　判例のポイント

本事件では，YシルバーセンターはXを直接指揮監督下において就労させていたわけではありません。しかし，シルバー人材センターなどの事業団が設立された経緯や，Yセンターの目的などから，Yセンターは就業の機会を提供するに当たって，当該高齢者の健康を保護するという健康保護義務があると認定しています。その上で，本件ではプレスブレーキを使用した危険な業務が含まれているにもかかわらず，仕事の提供をした結果，事故が発生したとしてYセンターに賠償責任を認めているのです。

本件のように，直接の指揮命令下にない場合であっても，安全配慮義務違反を問われることがありますので，企業としては，自社の業務の特性を十分に把握し，労働災害の発生を防止するよう工夫しなければなりません。

（2）いじめによる自殺が安全配慮義務違反とされた事例（川崎水道局事件（横浜地川崎支判平14・6・27判時1805号105頁，労判833号61頁））

①　事案の概要

Xはもともと内気な性格であったが，勤務評定はよかった。しかし，配転があり，Xは，新たな課に配属されたところ，上司である課長Y1，係長Y2，主査Y3ら3人が，嫌がらせの言動を繰り返すようになった。Xは，胃痛，食後に吐き気の症状が出るようになり，同症状は心因反応であると医師に診断された。また，B課長は，Xがいじめを訴えたものの，十分な調査を実施しなかった。その後，Xは統合失調症と診断され，欠勤が多くなり自殺するに至った。

②　判示の概要

「市は市職員の管理者立場に立ち，そのような地位にあるものとして，職務行為から生じる一切の危険から職員を保護すべき責務を負うものというべきである。そして，職員の安全の確保のためには，職務行為それ自体についてのみならず，これと関連して，ほかの職員からもたらされる生命，身体等に対する危険についても，市は，具体的状況下で，加害行為を防止するとともに，生命，身体等への危険から被害職員の安全を確保して被害発生を防止し，職場における事故を防止すべき注意義務（以下「安全配慮義務」という。）があると解される。」と判示した上で，「このような経過及び関係者の地位・職務内容に照ら

第12章　労働災害の法的責任と対応　　*317*

すと，工業用水課の責任者であるY1は，Y2などによるいじめを制止するとともに，Xに自ら謝罪し，Y2らにも謝罪させるなどしてその精神的負荷を和らげるなどの適切な処置をとり，また，職員課に報告して指導を受けるべきであったにもかかわらず，Y2及びY3によるいじめなどを制止しないばかりか，これに同調していたものであり，B課長から調査を命じられても，いじめの事実がなかった旨報告し，これを否定する態度をとり続けていたものであり，Xに自ら謝罪することも，Y2らに謝罪させることもしなかった。また，Xの訴えを聞いたB課長は，直ちに，いじめの事実の有無を積極的に調査し，速やかに善後策（防止策，加害者等関係者に対する適切な措置，Xの配転など）を講じるべきであったのに，これを怠り，いじめを防止するための職場環境の調整をしないまま，Xの職場復帰のみを図ったものであり，その結果，不安感の大きかったXは復帰できないまま，症状が重くなり，自殺に至ったものである。

したがって，Y1及びB課長においては，Xに対する安全配慮義務を怠ったものというべきである。」

③　裁判例のポイント

裁判例では，Y1，Y2，Y3のいじめの事実が認定され，また，いじめの事実について十分な事実調査を実施せず，Xの配転を実施するなど，いじめを防止するための適切な処置を実施しなかったとして，B課長，Y1の安全配慮義務違反を認めています。

結果論にはなりますが，B課長がいじめの事実を認識しえた時点で厳正な事実調査を実施し，迅速にしかるべき措置を講じていれば，Xの自殺を防止できていたかもしれません。企業が行う事実調査においては，仲間意識からか十分な調査や措置が講じられないことがありがちです。企業内でこうした悲劇を起こさないためにも公正中立な調査を実施し，迅速に適切な措置を講じなければなりません。

なお，本件では，X自身の心因的要因も加わって自殺の契機となったとして，過失相殺の規定を類推適用し，損害額の7割減額されています。

〔鈴木　啓太〕

事項索引

あ 行

新しい外国人技能実習制度 ･･･････････ 209
　　──のポイント ･･････････････ 209
安全衛生管理体制 ･･･････････････ 214
　　──の整備 ･･････････ 213, 229
安全衛生教育 ･･･････････････････ 200
安全配慮義務 ･･････････････ 229, 310
育児時間の付与 ･･･････････････ 191
遺族補償給付 ･･･････････････････ 306
一斉休憩の適用除外に関する協定書 ･･･ 111
一般司法警察職員 ･･･････････････ 11
違法な派遣 ･･･････････････････ 268

か 行

解雇が法律で禁止されている場合 ･･･････ 162
解雇禁止の例外 ･･････････････ 168
外国人技能実習生 ･･･････････････ 206
外国人技能実習制度 ･･･････････････ 206
外国人従業員の労働保険 ･･･････････ 201
外国人労働者 ･･･････････････････ 199
解雇事由 ･･･････････････････ 160
解雇予告 ･･･････････････････ 161
解雇予告等が不要な場合 ･･･････････ 161
解雇理由証明の期限 ･･･････････ 164
解雇理由の証明 ･･･････････････ 163
過重労働解消キャンペーン ･･･････････ 74
かとく ･･･････････････････････ 77
仮眠時間 ･･･････････････････ 108
過労死 ･･･････････････････････ 240
監視・断続的労働従事者 ･･･････････ 118
間接差別 ･･･････････････････ 188
管理監督者 ･･･････････････････ 131
企画業務型裁量労働制 ･･･････････ 152
偽装請負 ･･･････････････････ 271
機密事務取扱者 ･･･････････････ 118
休業補償給付 ･･･････････････ 302
休憩時間 ･･･････････････････ 108
　　──の一斉付与原則 ･･･････････ 110
休憩時間自由利用の原則 ･･･････････ 112
　　──と例外 ･･･････････････ 112
休憩時間に関する規制 ･･･････････ 109
休日原則の適用除外 ･･･････････ 117

さ 行

休日振替え ･･･････････････････ 116
業務上過失致死傷罪 ･･･････････ 295
業務上災害の場合の解雇規制 ･･･････ 168
業務処理請負と労働者派遣の区別 ･････ 271
記録の保存義務 ･･･････････････ 94
禁止される差別 ･･･････････････ 187
金品の返還 ･･･････････････････ 166
クーリング期間 ･･･････････････ 260
計画年休 ･･･････････････････ 178
　　──の活用例 ･･･････････････ 181
　　──の導入方法 ･･･････････ 178
　　──の付与方式 ･･･････････ 180
健康診断 ･･･････････････････ 236
厚生労働省 ･･･････････････････ 3
構内請負 ･･･････････････････ 274
坑内労働の就業制限 ･･･････････ 191
固定残業代制 ･･･････････････ 120
雇用保険 ･･･････････････････ 202

さ 行

災害時監督 ･･････････････ 41, 42, 48
災害調査 ･･･････････････ 40, 42, 48
再監督 ･･･････････････････････ 62
最低賃金制度 ･･･････････････ 153
　　──の適用単位 ･･･････････ 157
最低賃金の減額特例 ･･･････････ 155
最低賃金法違反の効力 ･･･････････ 156
在留資格と就労の可否等 ･･･････････ 204
三六協定 ･･･････････････････ 102
産前産後休業等 ･･･････････････ 190
資格外活動 ･･･････････････････ 204
時季変更権 ･･･････････････････ 174
事業場外労働のみなし制 ･･･････････ 147
事業所と組織単位 ･･･････････････ 259
指導票 ･･･････････････････････ 54
司法警察員 ･･･････････････････ 10
司法巡査 ･･･････････････････ 11
週休制の原則 ･･･････････････ 115
就業規則 ･･･････････････････ 78
　　──の意見聴取 ･･･････････ 83
　　──の作成・届出義務 ･･･････ 82
　　──の周知義務 ･･･････････ 85
就業条件明示書 ･･･････････････ 270

重点監督の内容 ························· 74
障害補償給付 ·························· 304
使用停止命令 ·························· 57
女性労働者 ···························· 186
申告監督 ······························ 33
　——の流れ ························· 35
ストレスチェック ···················· 219
精神不調者の解雇 ···················· 170
生理休暇 ······························ 192
是正勧告書 ···························· 52
是正勧告に対する対応 ················ 64
是正報告書 ···························· 65
絶対的必要記載事項 ·················· 79
専門業務型裁量労働制 ················ 150
送検 ···························· 279, 281
相対的必要記載事項 ·················· 80

た　行

退職証明書 ···························· 164
男女同一賃金の原則 ·················· 186
地域別最低賃金 ······················ 153
　——の対象者 ······················ 157
地方労働行政運営方針 ················ 22
賃金台帳 ······························ 92
通勤災害 ······························ 308
定額給制 ························ 120, 123
定額手当制 ···························· 120
定期監督 ······························ 22
　——の拒否 ························· 31
　——の流れ ························· 28
手待時間 ······························ 108
特定（産業別）最低賃金 ·············· 154
特定元方事業者 ······················ 231
特別司法警察職員 ···················· 11
都道府県労働局 ······················ 3

な　行

任意記載事項 ·························· 80
妊産婦等に係る危険有害業務の就業制限
··· 191
妊産婦の時間外・休日労働，深夜労働等の禁
止 ··································· 191
抜打調査 ······························ 18
年次有給休暇 ·························· 174
年俸制 ································ 126

は　行

派遣可能期間制限 ···················· 256
派遣期間制限に関する新たな枠組み ····· 256
派遣期間制限の適用を受けない場合 ····· 261
派遣先事業所単位の派遣期間制限 ······· 257
派遣先への労働安全衛生法の適用 ······· 262
派遣元・派遣先の労基法上の責任分担 ··· 252
派遣元と派遣先の義務分担 ············ 251
派遣労働者の懲戒処分 ················ 269
派遣労働者の労働時間管理の枠組み ····· 252
派遣労働者への安全衛生教育 ·········· 262
人単位の派遣期間制限 ················ 259
ビラ配布 ······························ 113
歩合給 ································ 130
普通解雇 ······························ 160
不法就労 ······························ 203
ブラック企業の公表 ·················· 58
フレックスタイム制 ·················· 142
変形週休制 ···························· 116
変形労働時間制 ······················ 137
法定休日 ······························ 114
ポジティブ・アクション ·············· 188
保存期間 ······························ 94

ま　行

マタハラ ······························ 193
みなし労働時間制 ···················· 147
メンタルヘルス ······················ 244
申込みみなし規定 ···················· 265
元請・下請と労災かくし ·············· 232
元請と下請の関係 ···················· 228

や　行

有期労働契約を更新する場合の基準 ····· 97

ら　行

リスクアセスメント ·················· 246
療養補償給付 ·························· 302
臨検 ································· 9
臨検監督 ······························ 16
労基署の所掌事務 ···················· 7
労災かくし ···························· 231
　——による労働者への影響 ·········· 234
労災事故発生報告書 ·················· 43
労災保険 ························ 202, 297

労災保険給付 ······················· 254
労災保険適用事業主 ················ 255
労災補償制度 ······················· 254
労使協定 ····························· 88
労働安全衛生法 ···················· 213
労働基準監督官 ······················· 8
労働基準監督署 ···················· 2, 4
労働契約申込みみなし制度 ·········· 265
　——の対象となる違法派遣 ········ 268
労働災害 ··························· 232
労働者死傷病報告書 ················· 43

労働者の危険又は健康障害を防止するための
　措置 ····························· 230
労働者派遣 ························· 250
　——が禁止される場合 ············ 253
労働者派遣事業と請負により行われる事業と
　の区分に関する基準 ··············· 273
労働者派遣事業における労災補償の責任の所
　在 ······························· 255
労働者名簿 ·························· 90
労働条件明示義務 ··················· 96
労働保険 ··························· 202

判例索引

＜最高裁判所＞

最一小判昭49・9・2（倉敷労基署長事件）
‥‥‥‥‥‥‥‥‥‥‥‥‥‥‥‥301

最三判昭50・2・25（自衛隊八戸工場事件）
‥‥‥‥‥‥‥‥‥‥‥‥‥‥‥‥311

最三小判昭52・12・13（電電公社目黒電報電
話局事件）‥‥‥‥‥‥‥‥‥‥‥113

最三小判昭58・11・1（明治乳業事件）
‥‥‥‥‥‥‥‥‥‥‥‥‥‥‥‥114

最三小判昭59・4・10（川義事件）
‥‥‥‥‥‥‥‥‥‥‥‥‥‥229, 311

最一小判昭63・7・14（小里機材事件）
‥‥‥‥‥‥‥‥‥‥‥‥‥‥‥‥123

最一小判平3・4・11（三菱重工神戸造船所
事件）‥‥‥‥‥‥‥‥‥‥‥‥‥229

最一小判平3・4・11（三菱難聴訴訟事件）
‥‥‥‥‥‥‥‥‥‥‥‥‥‥‥‥312

最三小判平4・6・23（時事通信社事件）
‥‥‥‥‥‥‥‥‥‥‥‥‥‥‥‥175

最二小判平6・6・13（高知県観光事件）
‥‥‥‥‥‥‥‥‥‥‥‥‥‥‥‥130

最二判平12・3・24（電通事件）‥‥‥‥244

最一小判平13・4・26（愛知県教育委員会事
件）‥‥‥‥‥‥‥‥‥‥‥‥‥‥237

最一小判平14・2・28（大星ビル管理事件）
‥‥‥‥‥‥‥‥‥‥‥‥‥‥‥‥108

最一小判平24・3・8（テックジャパン事
件）‥‥‥‥‥‥‥‥‥‥‥‥‥‥124

最二小判平24・4・27（日本ヒューレット・
パッカード事件）‥‥‥‥‥‥‥‥171

最二小判平26・1・24（阪急トラベルサポー
ト残業代等請求事件）‥‥‥‥‥‥147

＜高等裁判所＞

大阪高判昭53・1・31（此花電報電話局事
件）‥‥‥‥‥‥‥‥‥‥‥‥‥‥175

札幌高判平元・5・8（札幌中央労基署長事
件）‥‥‥‥‥‥‥‥‥‥‥‥‥‥309

福岡高判平5・4・28（大分放送事件）‥‥
‥‥‥‥‥‥‥‥‥‥‥‥‥‥‥‥300

福岡高判平6・3・24（三菱重工業長崎造船
所事件）‥‥‥‥‥‥‥‥‥‥‥‥179

広島高岡山支判平16・10・28（内山工業事
件）‥‥‥‥‥‥‥‥‥‥‥‥‥‥187

東京高判平21・12・25（東和システム事件）
‥‥‥‥‥‥‥‥‥‥‥‥‥‥‥‥121

＜地方裁判所＞

東京地判昭32・5・6（松本製菓工場事件）
‥‥‥‥‥‥‥‥‥‥‥‥‥‥‥‥300

東京地判昭35・1・27（東進交通事件）
‥‥‥‥‥‥‥‥‥‥‥‥‥‥‥‥300

秋田地判昭50・4・10（秋田相互銀行事件）
‥‥‥‥‥‥‥‥‥‥‥‥‥‥‥‥187

横浜地判昭55・3・28（三菱重工業横浜造船
所事件）‥‥‥‥‥‥‥‥‥‥‥‥117

大阪地判昭56・3・24（すし処「杉」事件）
‥‥‥‥‥‥‥‥‥‥‥‥‥‥‥‥108

神戸地判昭58・12・19（宝塚グランドホテル
事件）‥‥‥‥‥‥‥‥‥‥‥‥‥301

長野地判昭61・6・27（長野じん肺訴訟）
‥‥‥‥‥‥‥‥‥‥‥‥‥‥‥‥312

大阪地判昭62・3・31（医療法人徳洲会事
件）‥‥‥‥‥‥‥‥‥‥‥‥‥‥135

大阪地判昭63・10・26（関西ソニー販売事
件）‥‥‥‥‥‥‥‥‥‥‥‥‥‥121

東京地判平2・4・17（第五新高丸事件）
‥‥‥‥‥‥‥‥‥‥‥‥‥‥‥‥301

名古屋地判平3・9・6（名鉄運輸事件）
‥‥‥‥‥‥‥‥‥‥‥‥‥‥‥‥121

横浜地判平7・12・21（横浜北労基署長事
件）‥‥‥‥‥‥‥‥‥‥‥‥‥‥300

大阪地判平10・9・30（全日本空輸事件）
‥‥‥‥‥‥‥‥‥‥‥‥‥‥‥‥183

東京地判平11・8・9（東芝エンジニアリン
グ事件）‥‥‥‥‥‥‥‥‥‥‥‥301

札幌地判平14・4・18（育英舎事件）‥‥133

大阪地判平14・5・17（創栄コンサルタント
事件）‥‥‥‥‥‥‥‥‥‥‥‥‥127

横浜地川崎支判平14・6・27（川崎水道局事
件）‥‥‥‥‥‥‥‥‥‥‥‥‥‥300

東京地判平14・8・21（立川労基署長（通勤災
害）事件）‥‥‥‥‥‥‥‥‥‥‥309

横浜地判平15・5・13（綾瀬市シルバー人材
センター事件）‥‥‥‥‥‥‥‥‥314

東京地判平17・10・19（モルガン・スタンレー・ジャパン事件）・・・・・・・・・・・・・・・128

東京地判平20・1・28（日本マクドナルド事件）・・・・・・・・・・・・・・・・・・・・・・・・・・・134

岐阜地判平20・2・14（岐阜労基署長（山口精機）事件）・・・・・・・・・・・・・・・・・・・・300

名古屋地判平20・9・16（北陸トラック運送事件）・・・・・・・・・・・・・・・・・・・・・・・・・300

東京地判平20・9・30（ゲートウェイ21事件）・・・・・・・・・・・・・・・・・・・・・・・・・・・135

東京地判平25・2・28（イーライフ事件）・・・・・・・・・・・・・・・・・・・・・・・・・・・・・・・・・125

千葉地松戸支判平26・8・29（住友重工ツールネット事件）・・・・・・・・・・・・・・・・・・244

〔著者紹介〕

宮﨑　晃（みやざき　あきら）
弁護士法人デイライト法律事務所　弁護士・税理士・ファイナンシャルプランナー。
福岡県大牟田市出身。
福岡県弁護士会労働法制委員会所属。九州北部税理士会所属。
主たる取扱分野は企業側の労働問題，離婚問題。

西村　裕一（にしむら　ゆういち）
弁護士法人デイライト法律事務所　弁護士，ファイナンシャルプランナー。
福岡県弁護士会労働法制委員会所属。
2014年より地元北九州市で小倉オフィス所長弁護士として，労働審判や訴訟といった裁判代理だけでなく，労基署調査への立会いといった労務問題を幅広く取り扱う。また個人分野では，交通事故問題を中心に活動。FMラジオ局でパーソナリティーも務める。著書に「Q＆Aユニオン・合同労組への法的対応の実務」（中央経済社，2017年）。

鈴木　啓太（すずき　けいた）
弁護士法人デイライト法律事務所　弁護士，ファイナンシャルプランナー。
福岡県北九州市出身。
広島大学法科大学院修了。福岡県弁護士会所属。
主たる取り扱い分野は，法人分野では企業側の労働問題，個人の分野では交通事故を中心とした人身障害問題。著書に「Q＆Aユニオン・合同労組への法的対応の実務」（中央経済社，2017年）。

森内　公彦（もりうち　きみひこ）
弁護士法人デイライト法律事務所　弁護士，ファイナンシャルプランナー。
山形県山形市出身。
大阪市立大学法学部卒業　大阪大学法科大学院修了　福岡県弁護士会所属。
主たる取扱分野は，企業側の労働問題，離婚問題。

Q&A　労基署調査への法的対応の実務

2017年9月25日　第1版第1刷発行

著　者	晃　一　太　彦　継
	﨑村　裕啓公
	宮西鈴森　木内　山
発行者	山　本
発行所	㈱中　央　経　済　社
発売元	㈱中央経済グループ　パブリッシング

〒101-0051　東京都千代田区神田神保町1-31-2
電話　03 (3293) 3371(編集代表)
　　　03 (3293) 3381(営業代表)
http://www.chuokeizai.co.jp/
印刷／東光整版印刷㈱
製本／誠　製　本　㈱

ⓒ 2017
Printed in Japan

＊頁の「欠落」や「順序違い」などがありましたらお取り替えいた
しますので発売元までご送付ください。（送料小社負担）
ISBN978-4-502-24091-1　C3032

JCOPY〈出版者著作権管理機構委託出版物〉本書を無断で複写複製（コピー）することは，
著作権法上の例外を除き，禁じられています。本書をコピーされる場合は事前に出版者著
作権管理機構（JCOPY）の許諾を受けてください。
　JCOPY〈http://www.jcopy.or.jp　eメール：info@jcopy.or.jp　電話：03-3513-6969〉